대한민국 最後의 날

판도라의 상자가 열렸다!

趙甲濟

조갑제닷컴

차 / 례

머리글
탄핵정변에서 싱가포르 회담까지의 기록 … 8

01 │ 트럼프는 김정은에게 이렇게 당했다! … 11

02 │ 자유민주주의 최후의 날 … 35

03 │ 세종로의 南北 대치는 內戰의 예고편인가? … 57

04 │ "견제 받지 않은 권력자들이 일으킨 탄핵 쿠데타" … 73

05 │ 챔피언 자리를 내어준 한국 보수 再生의 길 … 91

06 │ 문재인 정권의 작동원리는 변형된 계급투쟁론 … 105

07 │ 新冷戰 시대, 문재인의 아슬아슬한 줄타기 … 129

08 │ 문재인의 原電 백지화는 헌법 위반 … 153

09 │ 김정은과 從北 최후의 날 … 167

10 │ 대한민국과 문재인의 충돌 코스 ··· 193

11 │ 촛불혁명정권의 목표는 '반공자유민주법치체제' 타도인가? ··· 213

12 │ '민중정권'의 '개헌을 빙자한 國體변조 음모(좌익 영구집권 음모)'를
미리 폭로한 문서! ··· 235

13 │ 개헌을 빙자한 國體변경 음모에 드리운 '사람 중심'이란
惡靈의 정체 ··· 263

14 │ 문재인 대통령은 헌법을 준수하고 있는가? ··· 279

15 │ 북한정권의 이대용–신영복 교환 공작은 이래서 좌절되었다! ··· 297

16 │ 3대에 걸친 北의 연가시 전략, 6월12일에 총결산,
또는 총붕괴! ··· 319

탄핵정변에서 싱가포르 회담까지의 기록

남편 없는 여성 대통령의 부적절한 사적(私的) 관계를 '국정농단'으로 과장한 언론이 촛불시위에 기름을 부었다. 검찰이, 혁명적 분위기 속에서 돈 한 푼 받은 적이 없는 대통령을 뇌물죄로 수사하는 가운데 앙심을 품고 있던 비박(非朴) 의원들이 좌파와 싸운 자당(自黨) 대통령을 탄핵하기 위하여 좌파와 손잡았다. 약 15%로 줄어든 박근혜(朴槿惠) 지지 세력은 태극기 집회로 대응하였으나 헌법재판소는 기사모음 수준의 탄핵소추장을 근거로 8-0으로 대통령 파면을 결정하였다. 앞당겨진 대통령 선거에서 반(反)좌파 성향의 보수 중도층이 분열, 41%의 지지를 받은 좌파 대통령이 등장, '적폐청산'이란 명분으로 반공자유 진영의 인사들을 집중적으로 수사, 투옥하고, 대한민국 헌법에 명시된 국가 정통성과 정체성을 부정, 북한 노동당 정권의 한반도 공산화 전략에 유리한 조건을 조성하는 한편, 이승만의 자유민주 및 한미동맹, 박정희의 개방적 부국강병(富國強兵) 노선에서 이탈, 전제(專制)와 폭압의 전통에서

8

벗어나지 못한 대륙문화권으로 회귀하려는 움직임을 보인다.

김정은은 핵무력을 완성하였다는 자신감을 바탕으로 평창동계올림픽을 기회로 삼고, 우호적인 문재인 정권을 활용, 미국이 주도하는 제재 포위망을 뚫기 위한 대화국면을 조성, 동북아 정세를 극적으로 전환시키는 데 성공하였다. 판문점 회담으로 세계적 평화 쇼를 연출하고, 판문점 선언으로 문재인 정권과 동지적 관계를 설정한 김정은은 싱가포르 회담에서 준비 안 된 트럼프를 농락했다. 북한을 사실상 핵보유국으로 인정받은 뒤 핵폐기가 아닌 핵군축 회담으로 끌고 가려 한다.

트럼프는 김정은에게 세뇌되었는지 한미연합훈련을 '도발적'인 것이라면서 중단을 약속하고 주한미군 철수 의사까지 밝혔다. 이는 중국 정부가 제시한 쌍중단(핵실험 중단과 군사 훈련 중단)과 단계적 동시적 북핵(北核) 문제 해결 원칙을 추종한 것이며 미국이 핵문제 해결 과정에서 한미동맹을 희생시킬 수 있다는 뜻을 밝힌 최초의 경우이다. 그럼에도 문재인 정권은 이를 환영하였다. 계급투쟁론을 공유하는 남북한의 집권세력은 이른바 '민족공조'의 기치 하에 대한민국의 안전을 약화시키는 데 협력하는 모습이다. 중국은 트럼프의 대북(對北) 제재에 적극적으로 협력하다가 김정은이 문재인 정권을 통하여 대미(對美) 담판을 시도하자 북한의 친미화를 저지하기 위하여 개입, 한반도 핵게임의 주도권을 장악하려 한다. 김정은이 핵무력을 바탕으로 개혁 개방에 나설 경우, 3대 세습 체제가 과연 확대되는 시장과 정보유입을 견딜 수 있을까?

이런 급변사태의 출발점은 박근혜 탄핵이었다. 탄핵정변으로 한국은 국체(國體) 및 노선의 동시 변경 사태를 겪고 있으며 북한·미국·중국을 연동(連動)시켜 동북아 질서의 재편을 가져오게 될지 모른다. 이는 19세기 말 청(淸)의 쇠퇴, 1945년의 일본 패망에 이은 세 번째의 격변이다. 조선조의 적전(敵前)분열로 일본 식민지로 전락하였던 한국은 두 번째 전환기엔 이승만(李承晚)의 지도력과 트루먼의 도움으로 국민국가를 세우고 그 후 70년의 거대한 문명 건설에 성공하였다. 2018년의 한국엔 이승만이 없고 미국엔 트루먼이 없으며, 핵전(核前)분열 상태이다.

이 책은 탄핵사태에서 싱가포르 회담까지 약 500일을 지켜보면서 매월 월간조선에 썼던, 아직 미래가 결정되지 않은, 유동적인 한국의 기록이다. 지난 70년간 지속된 〈이승만-박정희의 문명건설 전략 對 김일성 3대의 문명파괴 전략〉의 대결은 금명간 결과를 볼 것이다. 지금 한국인은 민족주의로 포장된 인종주의, 민주주의로 위장한 계급투쟁론에 선동되어 국가와 법치를 약화시키고, 이를 뒷받침하는 사실과 과학을 부정하는 자살적 행태를 보인다.

이 시점, 박근혜 전 대통령은 유죄가 확정된 건이 하나도 없는데 탄핵당하고 구속 재판을 받고 있다. 탄핵정변(政變)의 본질은 인기가 떨어진 한 여성에 대한 인권유린 사건이다. 이 정도로 진위(眞僞), 피아(彼我), 선악(善惡) 분별력이 마비된 국민이 재기(再起)할 수 있을지, 역사에 물어보고 싶다. 우리가 피·땀·눈물로 쌓아올린, 자유를 중심 가치로 한 문명의 저력과 반격이 흥망(興亡)을 결정할 것인데, '대한민국 最後의 날'이란 제목은 국민적 자각(自覺)을 위한 자극으로 붙인 것이다.

2018년 6월 25일

趙甲濟

chapter 01

트럼프는 김정은에게
이렇게 당했다!

'부동산 거래의 달인'이 생존을 건 외교를 하는 북한정권에 당한 것.

트럼프는 김정은에게 이렇게 당했다!

동북아의 지각변동을 초래할 판도라 상자를 누가 닫을 것인가? 연극이 끝날 때 한국인이 최대 피해자로 판명될 가능성이 높다.

정상배의 한계

6월12일 트럼프-김정은의 싱가포르 회담 공동 합의문이 나오자마자 전직 대사 한 분은 나에게 전화를 걸어 "트럼프를 국제질서 파괴범으로 국제형사재판소에 고발해야 한다"고 흥분했다. G7 회의는 깽판 치고 김정은에게는 속아 넘어간 점을 지적한 것이다. 트럼프를 단죄할 국제법은 없지만, 김정은을 反인류범죄자로 국제형사재판소에 고발해야 한다는 유엔총회의 결의문이 살아 있는데, 세계 최악의 도살자 앞에서 "만나서 영광이다"고 했던 트럼프가 희대의 사기극 피해자가 된 점은 분명하다.

4개 항 합의문의 제3항이 핵심인데 그 내용은 북한의 비핵화가 아니라 한국과 미국을 걸고 들어가는 한반도 비핵화이다.

〈2018년 4월27일의 판문점 선언을 재확인하면서 조선민주주의인민

공화국은 한반도의 완전한 비핵화를 위하여 노력할 것을 다짐한다.〉

판문점 선언문의 해당 문장 속엔 북한정권이 핵보유국 입장에서 핵 군축 협상에 나서는 것을 한국이 지지한다는 뜻이 숨어 있다. 절대로 북한의 일방적 핵폐기 약속이 아닌 것이다. 트럼프 정부가 북한의 완전하고 검증가능하며 돌이킬 수 없는 핵폐기(CVID) 약속을 관철시키겠다고 다짐한 것은 온데간데 없고, 완전히 김정은의 문법대로 나온 합의문이었다. 부시 정부 때 나온 2005년 9월19일 선언보다 훨씬 후퇴한 합의이다. 트루먼이 살린 한국을 트럼프가 망칠지도 모르겠다는 불길한 예감까지 주는 합의였다. 부동산 거래의 달인이 생존을 건 외교를 하는 북한정권에 당한 것이다.

정치인이 허영심에 빠지면 망하는 경우가 많지만 트럼프도 하지 않았어야 했을 회담을 했다가 영국의 체임벌린처럼 역사에 오명(汚名)을 남기게 되었다. 전쟁을 하지 않고는 없앨 수 없는 북한의 핵무기를 협상을 통하여 없애려고 덤벼들었다는 것 자체가 모순이었다. 문제는, 불가능한 것을 가능하게 만들기 위하여 서로가 서로를 속이고 나중에는 자신마저 속이는 과정에서 희생될 가능성이 가장 높은 쪽은 한국인이라는 점이다.

김정은이 본 문재인

지난 평창 겨울 올림픽에 참석하였던 김영남 북한 최고인민위원회(한국의 국회에 해당) 상임위원장(국회의장 또는 국가원수에 해당)은 다섯 번 감격의 눈물을 흘렸다고 보도되었다. 남북 여자단일팀 아이스하키 경기에서, 남북 선수단이 한반도기를 들고 입장할 때, 삼지연 관현악단 서울 공연 관람 때 등. '우리는 하나다'란 구호에, '역시 한 핏줄이구나'라는 감정에 북받쳤다는 이야기이다. 북한정권의 대남(對南) 공산화 전략의 핵심 전술인 원초적 민족주의 선동이 한국에서 꽃을 피운 데 대한 감격일 것이다.

김정은도 여러 차례 문재인 대통령의 언행에 감격하였을 것이다.

문 대통령이 취임하자마자 좌편향 역사 교과서를 수정한 국정교과서를 폐기하였을 때, 이승만(李承晚) 주도의 1948년 건국을 부정하고 올해를 대한민국 건국 70주년으로 기념할 수 없다면서 1919년 건국설을 주장하고 나왔을 때, 자위적 핵개발의 산실(産室)이 될 수 있는 원전(原電)을 없애겠다고 선언하였을 때, 6·25를 '남침' 아닌 '내전'이라고 (그것도) 유엔총회에서 연설하였을 때, 국정원 국방부의 대북(對北)심리전 활동(댓글 등) 관련자들을 잇달아 구속할 때 기분이 좋았을 것이다. 보수를 궤멸시키겠다는 전 총리의 발언을 실천하듯이 이른바 '적폐청산'의 칼끝이 반공자유 세력을 향할 때는 통쾌한 복수의 맛도 느꼈을 것이다. 이명박, 박근혜, 원세훈, 김관진, 이병기, 남재준 등이 감옥으로 가고, 좌파 운동권 출신으로 분류되던 인사들이 권력층에 포진하는 것을 본 김정은은 '촛불혁명이 민족해방민주주의혁명 전략의 그 민주주의 혁명이 아닌가'라고 생각했을지도 모른다.

그는 문재인 대통령이 '한반도의 주체사상화'를 추진하는 데 걸림돌이 될 세력을 정리해준다고 해석하였을 가능성도 있다.

김일성주의자를 공개적으로 존경

그는 무엇보다도 문재인 대통령이 김일성 숭배자인 윤이상을 진심으로 챙겨주고(묘소의 통영 이장 허용 등), 김일성주의자인 신영복을 사상가로 존경한다는 말을 김일성 손녀 앞에서 하였을 때 감명을 받았을 것이다. '사람이 먼저다'는 구호와 '더불어민주당'이란 당명(黨名)에도 신영복의 사상이 들어가 있고, 대통령 발의 개헌안에도 '국민'을 '사람'으로 바꾼 조항이 여러 개 있다는 보고를 받으면서, 김정은은, 홍준표·김문수 씨가 '주사파(김일성주의자) 정권'이라고 아무리 비판하여도 문 대통령이 흔들림 없이 '자주적 노선'을 밀고 나가는 데 감탄하였을 것이다.

교육부의 새 역사 교과서 집필기준에서 '자유민주주의'가 빠짐으로써 남북한이 공히 '민주주의'를 매개로 연대할 수 있는 길을 열어놓은 점도 높게 평가하였을 것이다. 교육부가 북한정권이 정통성을 주장하는 데 치명적인 약점인, 1948년 12월의 유엔총회 결의(대한민국만이 한반도의 유일한 합법 정부)를 교과서에서 빼기로 한 것도 놓치지 않고 지켜보았을 터이다. 작년이 박정희 탄생 100주년인데도 기념우표를 발행하지 못하게 하고, 기념관에 동상마저 세우지 못하는 것을 지켜본 김정은은 "이승만-박정희-이명박-박근혜 세력이 드디어 몰락하는구나"라는 감상에 젖었을 것이다.

트럼프 미국 대통령이 북한의 핵시설을 선제공격할 태세를 갖추자 문재인 대통령이 나서서 "우리 허락 없이는 안 된다"고 선을 그었을 때는 고마움도 느꼈을지 모른다. 더구나 김정은이 가장 걱정하던 전술핵 재배치에 대하여 국방장관이 미국을 설득하려는 기미가 나타났을 때 단호하게 "안 된다"고 제지한 문 대통령이 아닌가.

문재인 대통령은 수도권을 북한의 핵미사일로부터 보호하는 데 시급한 사드 추가 배치도 하지 않겠다고 선언하였다. 김정은은, 핵미사일 방어 훈련도 국민을 불안하게 한다면서 금지하는 바람에 적전(敵前)-핵전

(核前) 무장해제 상태로 만들어도 언론과 국민, 그리고 야당이 침묵하는 것을 보고는 한국인의 자위 의지를 의심하였을 것이다.

너무 잘 먹혀들어 놀랐을 것

김정은이 문재인 대통령에게 가장 감동한 부분은 후보 시절부터 표가 되지 않을 줄 알면서도 "내가 대통령이 되면 국가연합 또는 낮은단계 연방제를 추진하겠다"고 말해 온 점일 것이다. '헌법위반'이니 '적화통일로 가는 길'이라는 비판에도 굴하지 않은 모습에 존경심마저 생겼을지 모른다.

〈북측은 한반도 비핵화 의지를 분명히 하였으며 북한에 대한 군사적 위협이 해소되고 북한의 체제안전이 보장된다면 핵을 보유할 이유가 없다는 점을 명백히 하였습니다.〉(정의용)

김정은은, 지난 3월 초 자신을 만나고 돌아간 정의용 특사가 발표한 이 내용이 '김정은 위원장의 비핵화 의지'로 보도되는 데는 약간 당혹스럽기도 하였지만 트럼프가 미끼를 무는 것을 보고는 한국 정부가 바람잡이 역할을 하는 한 '비핵화 사기극'은 굴러갈 것이라고 자신하였을 것이다.

김정은은 한미동맹 해체를 노린 '조선반도의 비핵화'를 '선대의 유훈' 운운한 것뿐인데, 한국 언론뿐 아니라 세계 언론이 '김정은이 핵포기를 위한 전략적 결단을 내렸다'는 식으로 보도하고 여기에 미국 정부도 호의를 보이는 데 무릎을 쳤을 것이다. 트럼프가 정 특사의 보고를 받는 자리에서 즉각적으로 김정은을 만나겠다고 하였을 때는 자신의 전략이 너무 잘 먹히는 데 오히려 당황하였을지 모른다. 이는 문재인 정권이 객

관적 중계자의 입장을 넘어서 적극적 협력자 역할을 해준 결과라면서 거듭 감격하였을 것 같다.

절묘한 용어 전술 '완전한 비핵화'

문재인 대통령은 판문점 회담을 앞둔 지난 4월19일 "북한은 (비핵화의 전제 조건으로) 주한미군 철수라든지 미국이 받아들일 수 없는 그런 조건을 제시하지도 않는다"면서 "오로지 북한에 대한 적대정책의 종식, 자신에 대한 안전보장을 말할 뿐"이라고 밝혔다. 그는 이날 청와대에서 열린 48개 언론사 사장단과의 오찬간담회에서 "북한은 완전한 비핵화 의지를 표명하고 있다"면서 "비핵화 개념에서 (남·북·미 간) 차이가 있다고 생각하지는 않는다"고 했다.

'완전한 비핵화'는 영어로 'complete denuclearization'이다. 이는 미국이 추구하는 '완전하고 검증 가능하며 돌이킬 수 없는 핵폐기(CVID : complete verifiable irreversible dismantlement)'를 뜻하는 것으로 오인될 수 있다. 4·27 판문점 선언에도 이 용어가 들어갔다.

〈남과 북은 완전한 비핵화를 통해 핵 없는 한반도를 실현한다는 공동의 목표를 확인하였다.〉

문 대통령의 설명과는 달리 선언문의 '완전한 비핵화'는 '북한의 완전한 비핵화'가 아니다. 이 대목은 북한의 이른바 '조선반도 비핵화'를 뒷받침하여 미국의 핵도, 북한의 핵도 같이 없앤다는 개념으로 사용되었다. '완전한 비핵화'라는 새 용어가 전문가들을 속이진 못하였지만 언론이 별도 설명 없이 보도함으로써 일반인들은 미국이 원하는 완전한 비핵화를 김정은이 수용한 것처럼 오해하게 만들었다. 이런 목적으로 북한의 전문가가 고안한 용어로 보인다.

문 대통령은 이날 "북한이 핵보유국의 지위를 주장하면서 핵확산을 금지한다든가, 동결하는 선에서 미국과 협상하려고 할 것이라고 예측하시는 분들도 있었지만, (그렇지 않다는) 점에 대해 확인됐기 때문에 북·미 회담을 하겠다고 하는 것"이라고 했다.

김정은은 바로 다음 날 문 대통령의 이 말을 무효로 만들어버린다. 북한 노동당 중앙위원회 전원회의 결정서를 통하여 북한이 완전한 핵보유국이 되었음을 선언하고, 앞으로는 핵군축 회담에 나서겠다고 다짐하였던 것이다. 정상적인 언론이라면 문 대통령의 중대한 실언을 추궁하였어야 했으나 오히려 핵보유국 선언을 비핵화 의지 표명이라고 왜곡 보도하여, 독자들을 또다시 오도(誤導)하였다.

주한미군 철수를 이야기할 필요가 없게 되었다

김정은은 한국 및 세계 언론이 너무나 잘 속는 데 놀라면서 다소 거북하게 생각하였을지도 모른다. 문재인 대통령이 주한미군 철수를 북한이 요구하지 않을 것이라고 말하는 것을 듣고는 실소(失笑)하지 않았을까? 2000년 김대중-김정일 회담에서 이미 합의한 내용이 있었던 것이다. 주한미군의 위상변경 밀약이다. 대북(對北) 적대 자세를 버리고 일종의 평화유지군으로 바뀐 주한미군이라면 동북아의 안정을 위하여 통일 이후에도 주둔해도 좋다는 합의였다.

주한미군 법무관 출신의 한반도 전문가 조슈아 스탠튼은 김정은-문재인 정권이 주한미군을 밀어내거나 무력화(無力化)시키는 데 '민족공조'할 것으로 본다. 그는 자신이 운영하는 웹사이트(freekorea.us)에서 이렇게 주장한다.

〈민주적으로 선출된 한국 정부가 미국을 향하여 떠나달라고 이야기 하면 존중해야 한다. 아직은 문재인이 그렇게는 바라지 않는다. 그가 서둘러 그렇게 하면 정치적 반발을 부를 것이라고 생각하는 듯하다. 지금으로선 문정인을 이용하여 미군 철수 가능성을 시사하게 해놓고는 자신은 이를 부인하는 전술을 쓴다. 문재인의 청와대는 이중(二重) 전술을 쓰는데 이게 먹혀 들 수 있는 것은, 모든 사람들은 믿고 싶어 하는 것을 믿기 때문이다. 문재인 정부는 워싱턴에는 문정인이 사적(私的) 견해를 밝힌 것뿐이라고 안심시키면서 평양에는 다른 신호를 보낸다.

중도 보수층은 미국이 제공하는 따뜻한 안보 담요로 몸을 감싼 뒤 잠자리에 들 것이지만 문재인은 그의 반대자를 침묵시키는 검열행위를 점진적으로, 내밀하게 진행할 것이다. 이런 경향이 지속되면 한국인들은 결국 문재인에게 국회의 절대 다수 의석을 주게 될 것이고, 세계에서 가장 잘못 명명된 민주투사 임종석에게 견제받지 않는 권력을 주어 헌법을 고치고, 내가 가정하고 있는 돌이킬 수 없는 현실을 향하여 나아가도록 할 것이다. 그렇게 되면 우리가 알아차리기 전에 한국전쟁에서 지는 것이다.〉

문재인이란 열렬한 협력자

김정은은 4월27일 판문점으로 나오는 게 불안하기도 하였지만 문재인 정권이 너무나 따뜻하게 준비해주니 자신감이 생겼으리라. 평양에서 자신들이 연출하는 것보다 더 세련된 우호적 무대 장치가 마련되었다.

김의겸 청와대 대변인은 회담 당일의 만찬메뉴를 소개하며 "평화와 통일을 위해 애쓰셨던 분들의 뜻을 담아 준비했다"고 말했다.

노무현 전 대통령의 고향 봉하마을에서 오리농법으로 재배한 '쌀', 김대중 전 대통령의 고향인 신안 가거도 해역에서 잡히는 민어와 해삼으로 만든 '민어해삼 편수', 윤이상의 고향 통영의 문어로 만든 '문어냉채', 정주영이 소떼를 몰고 간 서산농장의 '한우숯불구이' 등.

한 언론인은 〈정상회담이 아니라 음식 전시회를 준비하는 듯하다. 죽은 사람 이름을 들먹이는 것이 잔칫상이 아니라 제사상 차리는 것 같아 보인다〉고 했다.

지난 6월 초, 뉴욕타임스는 '어떻게 김정은의 이미지가 핵 미치광이에서 유능한 지도자로 바꿔질 수 있었느냐'를 분석하였다. 이 신문은 '김정은이 문재인이라는 아주 열렬한 협력자의 도움을 받아 근사한 이미지를 만들어냈고 그 이미지에 세계가 넘어갔다'고 했다. 4·27 판문점 선언이 과거에 나왔던 내용을 그냥 반복한 정도이고, 과거 약속은 지켜진 것이 별로 없는데도 김정은의 이미지가 달라진 것은 연출된 근사한 그림, 즉 비디오적인 그림에 의해 여론이 바뀐 때문이라고 했다. 신문은 '김정은이 그 이미지를 개선하는 데 문재인이라는 적극적 협력자를 찾아냈다'고 했다.

뉴욕타임스는 문재인 대통령이 트럼프를 설득하는 데도 성공한 것으로 보인다고 전했다. 트럼프에게 '김정은이 이성적인 사람이며 핵을 포기할 진정성을 가지고 있다'라고 믿게 하였다는 것이다. 김정은은, 문재인 대통령을 만나서 이미지를 확 바꾼 다음 시진핑을 찾아가 '트럼프를 만날 때 든든한 후원자의 역할을 하노록' 했다.

뉴욕타임스는 청와대의 여성 대변인의 말을 인용했는데, 기자에게 "우리는 가구 하나, 그림 하나도 이야깃거리가 되도록 장식했다"고 자랑

했다. 김정은이 분계선을 넘어왔다가 문재인 대통령의 손을 잡고 다시 북쪽으로 갔다가 오는 10초 동안의 쇼가 가장 효과가 있었다.

기사는 마지막에 비판론을 소개했다. 노무현 정부 때 청와대 고위 참모였던 나종일 씨는 "김정은에 대해서는 의심하는 자세가 옳다. 어떻게 한 나라의 지도자가 이렇게 빨리 바뀔 수가 있느냐. 북한에 대해서는 보고 싶은 것만 보려는 사람들이 있다"고 비판했다. 심진섭 씨는 대북 (對北)심리전 장교 출신인데 '세계 전체가 김정은에게 속고 있다'고 했다.

맨정신 가진 언론은 조선일보 정도

6·15, 10·4 선언문을 계승한 판문점 선언문은 핵폐기 선언이 아니라 핵보유를 인정한 바탕에서 낮은단계연방제로 가기 위한 한국의 체제 정비, 즉 반공자유 안보체제의 해체를 노린 문건이다. 북한식 용어, 북한식 전략, 북한식 문장으로 작성되었다. 북에서 불러주고 남에서 받아 쓴 것처럼 느껴질 정도이다.

이 선언문을 북한식으로 해석하면 북한의 핵보유를 인정하고 한미동맹 해체 및 연방제 통일에 합의한 문서이다.

4월28일자 주요 신문 사설 제목은 이렇다.

- **경향신문** = 핵 없는 한반도와 평화의 위대한 여정을 시작하다
- **서울신문** = 전쟁 없는 한반도 평화체제 첫발을 떼다
- **세계일보** = 평화의 첫발 뗀 남북, 비핵화 마침표 찍자
- **조선일보** = 북핵은 '美·北'에 넘기고 對北 지원 앞세운 남북 정상회담
- **중앙일보** = 문재인-김정은, 비핵화 대장정 문을 열다

- **한겨레** = 판문점의 봄, 평화·번영의 시대 열다
- **한국일보** = 판문점 남북 정상회담, 비핵화·평화의 새 시대를 선언하다
- **매일경제** = 한반도 완전한 비핵화 천명한 판문점 선언 이젠 실천이다
- **서울경제** = 한반도 대전환 이제 시작이다
- **한국경제** = '대한민국 가치 수호' 더 중요해졌다

맨정신을 가진 언론은 조선일보와 한국경제뿐이란 생각이 든다. 김정은이 핵무기를 포기할 것이라고 믿는 이들은 아래 글(4월20일 북한노동당 전원회의 결의)을 읽을 필요가 있다. 핵무장을 완성한 사실을 이렇게 자랑하고 있는데, 이를 포기한다면 김정은의 자리가 온전하지 못할 것이다. 김정은은 핵무기를 '평화수호의 강력한 보검'이라고 했는데, 그런 무기를 내려놓으면 북한정권은 독을 뺀 코브라와 같게 된다. 즉 지렁이가 되는 것이다.

이걸 읽고도 핵폐기를 믿는다면…

〈조선로동당 위원장 동지께서는 국가핵무력건설위업의 완성을 위하여 영웅적으로 투쟁하여온 군수공업부문의 과학자, 기술자, 로동자들과 일군들에게 뜨거운 감사를 보내시였으며 우리 당 병진로선의 승리가 이룩됨으로써 평화수호의 강력한 보검을 갖추기 위하여 허리띠를 조이며 간고분투하여온 우리 인민의 투쟁이 빛나게 결속되였으며 우리의 후손들이 세상에서 가장 존엄높고 행복한 생활을 누릴수 있는 확고한 담보를 가지게 되였다고 말씀하시였다.〉

김정은이 문재인 대통령과 합의한 4월27일 판문점 선언문은 〈남과

북은 완전한 비핵화를 통해 핵 없는 한반도를 실현한다는 공동의 목표를 확인하였다〉면서 이렇게 덧붙였다.

〈남과 북은 북측이 취하고 있는 주동적인 조치들이 한반도 비핵화를 위해 대단히 의의 있고 중대한 조치라는 데 인식을 같이 하고 앞으로 각기 자기의 책임과 역할을 다하기로 하였다〉고 했다.

'북측이 취한 주동적 조치들'은 7일 전 북한노동당 전원회의 결정, 즉 핵보유 선언(핵무력 완성에 따른 실험중지, 핵군축회담 제안 등 포함)이다. 문재인 대통령은 사실상 북한의 핵보유국 선언을 높게 평가한 셈이다. 문 대통령은 북한과 함께 〈한반도 비핵화를 위한 국제사회의 지지와 협력을 위해 적극 노력하기로 하였다〉고 했다. 북한은 이를 한반도 비핵화의 전제 조건이라고, 북한이 주장해온 주한미군 철수 및 한미동맹 무력화를 위하여 같이 노력하겠다는 다짐으로 이해할 것이다.

지난 5월 북한 부상 김계관은 성명을 내고 한반도 비핵화의 의미를 다시 분명히 하였다.

"우리는 이미 조선반도 비핵화 용의를 표명하였고 이를 위하여서는 미국의 대(對)조선 적대시 정책과 핵위협 공갈을 끝장내는 것이 그 선결 조건으로 된다는 데 대하여 수차에 걸쳐 천명하였다."

적대(敵對) 정책 포기와 핵위협 제거는 한미동맹 해체를 뜻한다.

국방장관의 변신

판문점 회담 직후 한국군의 한 고위급 장교가 조선일보 기자에게 "'이 사진'은 보도가 안 됐으면 좋겠다"고 했다 한다. 판문점 회담 만찬에서 송영무(69) 국방장관이 김정은(34)으로부터 술을 받는 장면이었다. 김정은이 한 손으로 술을 따랐고, 송 장관은 두 손으로 잔을 들었다.

송 장관은 만찬 후 마원춘 북한 설계국장과 손을 잡고 나왔다. 마원춘은 김정은 체제 선전에 소개되는 마식령 스키장을 설계한 인물. 국제사회는 스키장 건설에 아이들까지 강제 동원된 점을 들며 '북한 인권 탄압의 상징물'이라고 비판해 왔다. 송 장관은 한 언론과 전화 통화에서 "(옆에 앉은 마 국장이) 저를 '형님'이라고 하고 술을 따르고 하더라"며 "외국 사람 만나는 것보다는 정이 통하는 감정이 들지요"라고 했다고 한다. 국방장관마저 감상적 민족주의에 도취되어 피아(彼我) 구분을 상실한 듯하다.

송영무 국방부 장관은 지난 6월2일 싱가포르에서 열린 아시아안보회의 기조연설 이후 질의응답 과정에서 우방국인 일본을 비판하고 김정은을 변호하였다.

송 장관은 "(일본이 과거) 북한에게 계속 속았다고 해서 미래도 계속 속일 것이라고 생각하면 어떻게 (북한과) 협상하고 평화를 창출하겠느냐"며 "오노데라 방위상이 브리핑(기조연설) 때 (북한이 과거에 했던) 약속을 (파기한 사실을) 언급했지만, 그것은 과거의 일이고 지도자가 바뀌었다"고 지적했다고 한다. 송 장관은 "지금 통 큰 결단을 하고 나오는 북한을 이해해주시길 바란다"고도 했다. 김정은은 한국 국방장관이 김정일을 연상시키는 '통 큰 결단'이란 말을 쓰면서 자신을 변호하는 데, 이런 '고마운' 발언에 한국 언론의 비판이 전무(全無)한 데도 놀랐을 것이다.

도널드 트럼프 미국 대통령은 5월 중순부터 문재인 대통령이 전해준 김정은의 비핵화 의지에 대하여 의심을 하기 시작한 것으로 보인다. 뉴욕타임스는 백악관 관계자를 인용해 "트럼프 대통령이 '일방적인 핵 포기를 강요하면 미·북 정상회담을 재고려할 수 있다'는 김계관 북한 외무성 제1부상의 담화 발표에 놀라면서 화를 냈다"고 했다. 이 신문은 트럼프가 "위험 부담을 떠안고 미·북 회담을 계속 진행할지를 두고 참모들에게 질문을 퍼부었다"고 전했다. 트럼프는 김 부상의 담화 발표 직후인 지난 17~18일 참모들에게 미·북 정상회담 진행 여부를 집중적으로 물었다. 19일 밤 문재인 대통령과의 전화통화에서는 북한의 공식 담화 내용과 문 대통령이 김정은과 판문점에서 만난 뒤 자신에게 전해준 내용이 왜 모순되는지를 따졌다는 것이다.

김계관이 던진 낚싯밥을 문 트럼프

5월24일 트럼프 대통령이 한국 정부에 미리 알려주지도 않고 회담 취소를 발표한 것은 처음부터 회담에 회의적이었던 존 볼턴 안보보좌관의 건의를 받아들인 때문이었다. 트럼프는 취소를 선언하자 마음이 허전하였을 것이다. 가수가 수십만 명이 모이게 되어 있는 공연을 취소한 뒤의 심정이 아니었을까. 이때 등장한 것이 김계관이었다. 그는 부시, 라이스, 힐을 갖고 논, 북핵 문제에 관한 한 세계 최고의 외교관이다. 회담 취소 선언 직후 발표한 그의 성명서는 명문이다. 트럼프를 추어올리면서도 북한정권의 자존심을 지키고, 회담의 성격을 '만남' 그 자체에 두면서 단계적 해법(解法)을 제안한다.

〈우리는 트럼프 대통령이 지난 시기 그 어느 대통령도 내리지 못한 용단을 내리고 수뇌상봉이라는 중대사변을 만들기 위해 노력한 데 대하여 의연 내심 높이 평가하여왔다〉면서 〈만나서 첫술에 배가 부를 리는 없겠지만 한 가지씩이라도 단계별로 해결해 나간다면 지금보다 관계가 좋아지면 좋아졌지 더 나빠지기야 하겠는가 하는 것쯤은 미국도 깊이 숙고해보아야 할 것이다〉고 충고하였다.

김계관이 던진 낚싯밥을 문 이는 트럼프였다. 그는 북한으로부터 건설적인 제안이 왔다면서 '6월12일 회담이 열릴지도 모른다'고 트윗을 날렸다. 그 뒤 트럼프가 한 발언에서는 '만남 자체가 의미 있다' '해결엔 시간이 걸린다' '종전선언 검토' 등 싫어하던 개념들이 쏟아져 나오기 시작하였다. 볼턴이 빠진 자리에 김계관이 들어간 느낌마저 주었다.

핵폐기 불가능 체제

문재인 대통령은 앞으로 '김정은이 북한의 핵을 폐기하고 경제발전에 전념하고 싶어 한다'고 한 여러 발언에 대하여 책임을 져야 할 것이다. 일이 잘못되면 김정은은 한 번도 그런 이야기를 한 적이 없는데 어떻게 '(북한의) 완전한 비핵화'가 가능하다고 판단하였는지, 추궁을 당할 것이다. 북한정권이 핵무기를 폐기할 수 없다는 점은, 노동당 규약과 헌법, 4·20 중앙당전원회의 결정문 등에 명백히 적혀 있을 뿐 아니라 체제의 생존이 핵무기와 불가분으로 결합되어 있다는 사실을 봐서도 의문의 여지가 없다.

북한 노동당의 최고 규범인 '조선로동당규약'은 〈조선로동당은 조선민족과 조선인민의 리익을 대표한다〉고 주장한다. 민족사의 정통성을 놓고 대한민국을 상대로 타협이 절대로 불가능한 총체적 권력투쟁을 벌이는 자세를 천명한 셈이다. 대한민국 헌법 제3조가 북한정권을 영토 불법 강점 反국가단체로 격하한 것에 대응한다.

규약은 통일 의지를 이렇게 드러냈다.

〈조선로동당의 당면목적은 공화국 북반부에서 사회주의 강성대국을 건설하며 전국적 범위에서 민족해방민주주의 혁명의 과업을 수행하는 데 있으며 최종목적은 온 사회를 주체사상화하여 인민대중의 자주성을 완전히 실현하는 데 있다.〉

한미동맹을 해체, 남한을 미국으로부터 해방시키고 자유민주 세력을 타도하는 '민주주의 혁명'을 수행, 한반도 전체를 김일성주의 세상으로 만들겠다는 다짐이다. 김정은은 문재인 정부가 추진하는 '촛불혁명'이 이 '민주주의 혁명'에 해당하는지를 검토하고 있을 것이다. 맞다고 판단하면 문재인 정권과 손잡고 한미동맹 및 반공자유민주주의를 해체한 뒤 6·15 선언에 적힌 대로 '낮은단계연방제'로 진행, 한반도 공산화의 첫 관문을 넘으려 할 것이다.

규약은 '민족해방민주주의혁명' 노선을 관철시키기 위하여 〈미제의 침략무력을 몰아내고 (중략) 우리민족끼리 힘을 합쳐 자주, 평화통일, 민족대단결의 원칙에서 조국을 통일〉하겠다고 했다. 6·15 선언 제1항은 〈남과 북은 나라의 통일문제를 그 주인인 우리 민족끼리 서로 힘을 합쳐 자주적으로 해결해 나가기로 하였다〉고 했다. 노동당 규약을 옮긴 듯하다.

2013년 3월 당 중앙위원회 전원회의는 '경제 핵 병진노선'을 명시하였다. 2016년 제7차 당대회 이후 개정된 규약엔 이것이 반영되었다. 〈인민대중 중심의 사회주의 제도를 공고 발전시키며, 경제건설과 핵무력건설의 병진노선을 틀어쥐고 사회주의 경제강국, 문명국 건설을 당의 핵심사업 방향〉으로 못을 박은 것이다.

북한의 헌법에도 '핵보유국'이란 명시가 있다.

〈김정일 동지께서는 우리 조국을 불패의 정치사상강국, 핵보유국, 무

적의 군사강국으로 전변시키시었으며 강성국가 건설의 휘황한 대통로를 열어놓으시였다.〉

북한 체제의 최고 규범인 노동당 규약과 헌법에 명시된 '핵보유'를 김정은이 아무리 절대적 독재자라도 돈을 대가로 팔아넘길 수 있을까? 불가능하다. 불가능한 것을 가능하다고 말하는 사람은 '하늘의 별따기'를 선전하는 것과 같다.

북한 체제는 핵무력을 생존의 무기를 넘어 적화통일의 무기로 삼는다. 전략적 무기인 핵과 정치적 무기인 한국 내 종북세력을 결합시키면 전쟁 없이도 온 사회를 주체사상화할 수 있다고 믿는다.

한국인을 정신 차리게 하기 위한 주한미군 철수론 등장

조슈아 스탠튼(Joshua Stanton)은 주한미군에서 법무관으로 1998년부터 2002년까지 근무한 사람이다. 미국으로 돌아가선 워싱턴에서 변호사로 일하였다. 미 하원 외교 위원회를 도와 대북(對北)제재 관련 법을 만들도록 하였으며, 2004년부터는 freekorea.us라는 웹사이트를 운영하고 있다. 뉴욕타임스, 월스트리트저널, 워싱턴포스트, 포린 폴리시 등 저명한 언론 및 잡지에 기고하고 있으며 한미동맹에 대하여 의회에서 증언한 적도 있다. 특히 북한의 인권문제를 강조하는 사람이다.

그는 두 달 전 "한국의 민주주의를 살리기 위하여 미국의 안전담요를 거두라"는 제목의 글을 사이트에 올렸다. 자유를 지키려는 자주국방 의지를 상실하고 분별력도 의심스러운 한국인을 정신 차리게 하는 방법은 주한미군 철수밖에 없다는 의미이다. 그는 북핵 문제에 있어서 문재인 정권이 김정은에게 굴복, 한국의 자유와 번영을 넘겨주려 하는데도 한국인들은 박수만 치고 있다고 신랄하게 비판하였다.

스탠튼 씨는 한국에 위협을 주는 것은 재래식 군사력에 의한 침공이 아니라고 말한다. 그는 4월27일 문재인-김정은 회담 이후의 변덕스러운 한국 내 여론 변화는 한국인들이 정권의 진정한 의도를 알아채지 못하였음을 보여준다고 했다. 89%가 회담을 성공이라고 생각하고 78%가 김정은을 믿을 수 있다고 답할 정도이면 조지 오웰의 '1984'에 나오는 유명한 문장을 연상하지 않을 수 없다는 것이다.

"그는 자신에게 이겼다. 그는 대형(大兄)을 사랑하였다."

소설의 주인공이 전체주의 국가의 세뇌에 넘어간 것을 가리킨 말이다. 한국인들이 돌변하여 학살자 김정은을 사랑하게 되었으니 이런 국민들을 정신 차리게 하려면 미군을 철수시켜 벼랑에 세워야 한다는 뜻이다.

스탠튼 씨는 한국인의 변덕은 집단 노이로제 증상에 가깝다고 진단한다. 문재인은 10개월 전엔 햇볕정책을 재개하라는 사명을 국민들로부터 받았다고 볼 수 없었는데 지금은 달라졌다는 것이다. 자신이 한국인의 분별력을 과대평가한 것 같다고 했다. 평화적 협상이 김정은을 제외한 한반도의 모든 사람들에게 불리한 결과를 가져 올 것임을 모르는 것 같다는 것이다. 교육 받은 영리한 사람들이 뻔한 장난에 놀아나거나 자신의 운명을 정신병자(사이코패스)에게 맡기려 할 줄 몰랐다는 것이다.

이미 대세가 기울었나?

미군이 떠날 것이라는 전망이 서야 한국인들은 마음을 모으고 이성을 찾을 것이다. 핵무장한 전체주의 국가, 특히 반대자를 말살하겠다고 공언하는 북한정권과 국가의 자원 및 정부의 시스템을 공유하는 것이 무엇을 의미하는지를 진지하게 생각하게 될 것이다. 반대자를 말살하겠다는 북한정권의 경고는 절대로 빈 말이 아니다.

스탠튼 씨는 한국인의 운명을 결정하는 것은 군사적 역량이 아니라 정치력이 될 것이라고 했다. 한국이 민족사의 정통국가이며, 한국의 정치, 사회적 제도가 죽음을 무릅쓰고 싸워서 지켜낼 만한 것이고, 전체주의 체제에 항복하는 것은 종국적으로는 멸망으로 갈 것임을 알게 될 때만 나라를 구할 수 있다는 것이다.

그는, 한국의 역사적 추세가 항복으로 기울었다면 주한미군의 존재는 그것을 막지 못할 뿐 아니라 대세(大勢)를 돌이킬 수 있는 힘이 있는 한국인들까지도 나태하게 만들 것이라고 경고한다. 주한미군의 존재는 한국인에게 가짜 안도감을 주어 경계심을 마비시킴으로써 부모 세대가 막대한 희생을 치르고 쌓아올린 번영과 자유를 청와대가 조용하게 넘겨주는 데 동의하였음을 눈치채지 못하게 할 것이라고 했다.

주한미군은 한국의 안전에 명백하고도 현존하는 위험이 될 수 있는데 그 이유는 한국인들이 생존의 결의를 다지는 것을 방해하고, 애국심을 키우는 데도 지장을 주며, 불굴의 투지를 가져야 살 수 있는데도 그런 부담을 지려 하지 않도록 한다는 것이다.

〈트럼프는, 주한미군을 축소한다거나 철수한다는 계획을 유출시켜라. 그리하여 전체주의와 획실을 두려워하고 자유민주주의를 소중하게 여기는 한국인들을 깨어나게 하라. 자신을 지킬지 포기할지는 그들의 선택이지 미국의 의무가 아니다. 미국이 싸우기 싫어하거나 지켜줄 가치도 없는 한국인들에게 선택을 강요할 순 없다. 동맹이 직업이 되어선 안 된다. 동맹이 자살의 약속이 되어서도 안 된다.〉

수용소와 핵무기가 체제를 유지시킨다

워싱턴포스트의 잭슨 딜 부편집국장은 싱가포르 회담 하루 전 기명 (記名) 칼럼에서 〈만약 트럼프가 북한의 괴물 같은 범죄를 무시한다면 이것들이 그를 괴롭히게 될 것이다〉고 경고하였다. 최근 국제변호사협회 가 세 사람의 존경 받는 변호사에게 의뢰하여 김정은을 국제형사재판소 에 반(反)인도 범죄 혐의로 고발할 수 있는지를 검토시킨 결과 11개 조 건 중 10개를 충족시켰다는 것이다. 집단적 인간 말살, 노예화, 고문, 성 폭행, 고의적인 굶기기, 강제노역, 처형, 성폭행, 강제낙태 등.

그는 핵문제만 해결되면 북한정권을 지원해야 하느냐고 반문한다. 김 정은 정권의 생존은 핵무기 및 강제수용소와 불가분의 관계이다. 유대 인 수용소 같은 강제수용소가 운영되는데, 어떻게 평화협정을 체결하고 외국인이 투자를 할 수 있나?

그는 소련 및 공산권을 무너뜨리는 데는 서방세계의 인권문제 제기가 결정타였다면서 트럼프가 북한인권 문제를 외면하면 큰 실수를 하는 것 이고, 수용소의 유령들이 그를 찾아와 괴롭힐 것이라고 경고하였다. 마이 클 커비 북한 인권 문제 유엔 조사 위원회 의장이 한 말을 인용하였다.

"이 나라가 저지른 말로 표현할 수 없는 만행의 중대성, 규모, 지속 시간, 성격은 현대 세계에서 유례가 없는 전체주의 체제임을 폭로한다."

〈남과 북은 정전협정체결 65년이 되는 올해에 종전을 선언하고 정전 협정을 평화협정으로 전환하며 항구적이고 공고한 평화체제 구축을 위 한 남·북·미 3자 또는 남·북·미·중 4자회담 개최를 적극 추진해 나가 기로 하였다.〉

4월27일 판문점 선언에서 남북한이 중국을 종전(終戰)선언에서 배제시킬 수 있는 것처럼 합의한 것은 북한의 요청에 따른 것으로 보인다. 2007년 10월4일 선언에도 비슷한 내용이 들어가 당시 중국을 자극하였다. 북한은 미국과 핵문제 담판을 하는 과정에서 중국의 영향권에서 벗어나려는 의도를 드러낸 셈이다. 이것이 중국을 자극하여 두 차례의 시진핑-김정은 회담이 이뤄졌다. 러시아 외무장관도 10년 만에 평양을 방문, 김정은의 단계적 핵문제 해결 방식을 지지하였다.

문재인과 김정은 두 사람이 열어젖힌 한반도의 판도라 상자는 다중(多重) 방정식으로 돌아가고 있다. 남북 관계, 미중(美中) 관계, 일중(日中) 관계, 그리고 러시아 변수. 19세기 말, 1945년에 이은 세 번째의 동북아 질서 재편성 타이밍이다. 국체변경에 따른 내전적 상황, 무력충돌, 그것도 핵전쟁 가능성 등을 품고 복잡하게 돌아가는 한반도 정세이다. 나중에 새 질서가 굳어질 때 가장 손해를 보는 것은 핵무기를 갖지 않은 한국이 될 가능성이 높다.

한국 정부가 미국을 압박, 빼내갔던 전술핵을 한국에 재배치하고 한국도 공동사용권을 갖는 합의만 하였더라면 피할 수 있는 위기였다. 북한의 핵과 남한의 전술핵을 균형 맞춰놓고 대북(對北) 제재를 계속하는 한편 수도권에 사드를 집중 배치하였더라면 시간은 한국 편이었다. 이처럼 간단하게 해결할 수 있는 방법을 거부하고 굳이 김정은에게 활로를 열어준 문재인 대통령의 계획은 짐작되지만 지금부터는 그가 통제할 수 없는 상황이 전개될 것이다. 판도라 상자의 뚜껑을 열기는 하였지만 닫을 힘은 없는 것이다. 한반도 게임에서 8000만 한국인은 중국, 미국, 일본, 러시아와 달리 생명을 건 생존투쟁을 해야 한다는 점에서 끔찍한 내일이 보인다. 애당초 판도라 상자는 열지 말았어야 했다.

chapter 02

자유민주주의
최후의 날

'나라의 근본을 확 바꾸자'는 말은 다른 표현으로는 국체(國體)변경이다. 이는 헌법 개정 대상도 아니다. 이를 사고(思考)가 아닌 행동으로 관철시키려 하면 대역죄이다. 그의 이념성향을 감안하면 민중혁명(계급투쟁론적 혁명)을 하겠다는 취지로 이해하는 것이 합리적이다. 한국의 문제는 근본이 아니다. 근본을 지키지 못해서이다.

자유민주주의
최후의 날

탄핵이 인용된다면

헌법재판소가 박근혜(朴槿惠) 대통령 탄핵을 결정한다면 혁명적 상황 속에서 60일 뒤 대통령 선거가 치러지게 되어 있다. '대통령 파면'은 헌법의 이름으로 박근혜를 역대 대통령들 가운데 최의 범죄자로 공인(共認), 단죄하는 것을 뜻한다. 촛불 세력은 이날을 촛불혁명 기념일로 정하자고 나설 것이다. 기념탑이 광화문에 설 것이고 혁명 유공자들은 나라로부터 훈장을 받을 것이다. 박근혜 전 대통령은 구속될 것이고, 곳곳에서 이승만·박정희 지우기 캠페인이 벌어질 것이다. 두 사람으로 대표되는 한국의 반공자유민주주의 세력은 '친일마녀사냥'과 같은 인민재판식 매도의 대상이 될 것이다. 촛불혁명을 4·19, 5·18을 잇는 저항운동의 기념비적 사건으로 헌법 전문(前文)에 넣자는 운동이 일어날 것이다. 언론은 촛불시위를 전폭적으로 지지 응원하였듯이 이런 '보수 부역자' 청산 운동을 뒷받침할 것이다. 우파세력도 생존투쟁에 나설 것이다. 자연히 대선은 남북한 대리전 양상으로 치닫게 될 것이다. 지금과 같은 언론의 보도가 계속된다면 반공노선의 후보가 당선될 가능성은 낮다고 봐야 한다.

2017년에 한국이 70년간 유지해왔던 항로를 변경할 것인지의 여부는 언론에 달려 있다. 연세대 류석춘(柳錫春) 교수의 조사에 따르면 한국 대학생들의 정치의식에 가장 큰 영향을 끼치는 것은 언론(50.4%), 교사 및 교수(39%), 부모 등 가족(11.5%) 순이었다. 한국인이 매일 언론과 접촉하는 시간은 6시간을 넘는다. 잠자는 시간과 맞먹는다. 영향력이 너무 커서 종합권력 집단으로 불리기도 한다. 박근혜 대통령과 새누리당을 파멸로 몰고 간 힘도 언론의 획일적 보도였다. 언론의 한목소리는 위험하다. 상호 비판과 권력 견제에 의해서만 달성할 수 있는 자유민주체제의 균형과 다양성을 말살하기 때문이다. 검찰, 법원, 국회도 종합권력 언론을 따라가면 나라가 균형을 상실, 세월호처럼 한쪽으로 쏠려 뒤집어지는 수가 있다.

자유민주주의는 경쟁과 견제를 속성으로 하므로 자체 수정 능력이 있다. 단, 언론의 자유가 보장되어야 한다. 언론의 한목소리는 언론 자유를 스스로 제약하는 것이고 체제의 자정(自淨) 능력을 마비시키는 일이다. 올해 대통령 선거를 통하여 등장할지 모르는 촛불정권이 언론을 선전 선동기관으로 삼아 국체(國體)변경에 이용한다면 한국의 반공민주주의는 유지되기 어려울 것이다.

한국의 미래에 대한 일반적 오해가 있다. 남북한 체제 경쟁은 끝났다는 오해, 혁명도 쿠데타도 불가능한 성숙된 민주국가라는 오해, 앞으로의 100년도 지나간 70년처럼 행운이 함께 할 것이란 오해이다. 역사적 관점에서 한국은 미래가 결정되지 않은 나라이다.

프랑스의 흥망(興亡)

13세기는 프랑스의 전성기였다. 그 100년간 프랑스의 국토는 세 배로 늘었다. 필립 아우구스투스 왕은 노르만 왕조가 다스리던 플랜태저넷 제국의 프랑스 내 영토를 거의 흡수하였다. 프랑스의 라이벌은 고전(苦戰)하고 있었다. 독일은 여러 왕국으로 분열되었고, 지금의 스페인 땅에선 아직 이슬람 세력을 축출하지 못하고 있었다.

1300년 무렵 프랑스의 인구는 약 2000만 명이었다. 서유럽 인구의 약 3분의 1이 프랑스 왕에게 충성을 맹세한 신민들이었다. 프랑스에서 건너간 노르만 전사(戰士)들이 정복한 잉글랜드 인구는 프랑스의 약 4분의 1이었다. 파리 인구는 23만. 유럽에서는 최대의 기독교 도시였다. 이슬람 세력이 다스리던 스페인의 코르도바가 인구 50만의 최대 도시였다. 파리에서 발전한 고딕 건축은 유럽 전역(全域)으로 퍼져나갔고(이 전성기를 대표하는 건축물이 노트르담 성당이다), 파리 대학은 유럽 지성(知性)의 중심이었다. 프랑스어는 잉글랜드, 플랑더스, 나폴리, 시실리, 헝가리의 궁정에서 공용어였다.

14세기가 열렸을 때 유럽 문명의 중심으로서 프랑스의 미래는 경제, 군사, 종교, 예술 등 모든 면에서 창창하였다. 그 뒤 150년간 프랑스는 어떻게 되었는가? 서기 1400년 프랑스의 인구는 100년 전에 비하여 반으로 줄었다. 흑사병과 함께 100년 전쟁이 찾아온 것이다. 궁술(弓術)을 발전시킨 잉글랜드 군대는 프랑스 내의 실지(失地)를 되찾기 위하여 수시로 프랑스를 침공, 병력이 몇 배나 되는 기사군단을 상대로 연전연

승(連戰連勝)하였다. 한때 프랑스는 수도가 점령당하고 왕은 포로가 되어 국가로서 존립이 의문시당하기도 하였다. 외침을 당하면 서로 싸우던 지배층이 단결하는 게 정상인데 프랑스는 분열하였다. 프랑스의 몰락을 분석한 피터 투르친은 《전쟁과 평화와 전쟁》이란 제목의 책에서 프랑스 몰락의 원인을 국가 단합력의 붕괴에서 찾았다.

〈조지 푸텐함은 1589년에 이런 말을 하였다.

"평화는 풍요를 만든다. 풍요는 자존심을 키우고, 자존심은 분쟁을 부른다. 분쟁은 전쟁을 부르고 전쟁은 약탈을 부른다. 약탈은 가난을, 가난은 참을성을, 참을성은 평화를 부른다. 그리하여 평화는 전쟁을, 전쟁은 평화를 부른다."〉

아사비야

장기간의 평화는 번영을 부르지만 이게 분쟁과 전쟁의 씨앗이 된다는 것이다. 토마스 칼라일은 《영웅 숭배론》의 서문에서 비슷한 관찰을 하였다.

〈인간은 역경을 이기는 이가 100명이라면 풍요를 이기는 이는 하나도 안 된다.〉

이븐 칼둔이라는 아랍 학자는 북아프리카와 중동의 역사(문명과 야만의 대결)를 관찰하고 국가의 흥망을 관통하는 원리로서 '아사비야(asabiya)'를 제시하였다. 아사비야는 공동체의 핵심그룹이 가진 단합력을 뜻한다. 공동체를 지키기 위하여 기꺼이 싸우고 죽겠다는 결의이다. 아사비야가 강한 쪽은 사막 거주 부족이다. 이들은 가혹한 자연 환경 때문에 단합력이 약하면 생존이 어렵다. 반면 농촌이나 도시 거주자는 아사비야가 약하다. 성벽으로 보호를 받고 생산성이 높은 농토를 가져 긴장감이 떨어진다.

가난하면서도 투지가 있는 쪽과 부자이면서도 단결력이 부족한 세력이 접경하면 전자(前者)가 후자(後者)를 친다. 인구는 적어도 군사적 동원력이 강한 전자가 이기는 경우가 많다. 세계사를 보면 전자(前者)에 해당하는 것이 북아프리카의 베르베르족, 중동의 아랍족, 동아시아의 흉노·돌궐·몽골, 유럽의 게르만과 바이킹이다. 후자(後者)는 그리스, 로마, 중국의 한족(漢族) 국가 등일 것이다. 북방의 유목민족이 중국의 북부지방을 약탈한 5호16국 시절, 훈족과 게르만족의 로마 침공, 아라비아 사막에서 일어난 이슬람 세력의 대폭발, 바이킹의 유럽 침공, 몽골의 팽창, 여진족의 중국 점령 등이 문명과 야만의 대결에서 굶주린 군대가 배부른 군대를 누르고 정복 왕조로 군림한 예이다.

일단 문명국가를 정복한 야만 세력이 장기간 집권하면서 문명화되고 사치스러운 생활을 하다가 서서히 아사비야를 잃게 된다. 풍요가 자존심을 자존심이 분열을, 분열이 전쟁을 부르는 순환 과정에 들어가게 되는 것이다.

민족과 민주

이런 원리를 한반도에 적용할 수도 있을 것이다. 핵무기를 가진 굶주린 군대와 미국에 의존하는 배부른 군대가 맞서고 있는 한반도에서 누가 이길 것인가는 아사비야, 즉 지도층 내부 단결력의 존부(存否)에 달려 있다는 이야기이다.

세계사에서 가난하면서도 단합이 잘 된 나라가 잘 살기 때문에 단합이 안 된 나라를 쳐서 이긴 경우는 너무나 많다. 가난한 신라가 잘 사는 백제를 쳐서 통일하고, 야만의 금(金)이 중국 역사상 가장 잘 살았던 북송(北宋)을 멸망시켰으며, 월남이 월맹에 먹혔다. 남과 북이 대결하면 거의가 북이 이기는 것도 추운 지방에서 단련된 민족의 단합력이 강했던 덕분이다.

오늘날 한국의 위기는 가난에서 나온 것이 아니라 풍요에서 나온 것이다. 풍요에서 생긴 분열심, 이기심, 증오심이 국민정신을 타락시키는데 민주와 복지라는 이름으로 이를 증폭시켜 정권을 잡겠다는 이념 집단이 북한에도, 남한에도 있다. 1977년 김일성은 평양을 방문한 호네커 동독 공산당 서기장에서 예언적 이야기를 했다.

"남한에서 민주 정권이 들어서는 것을 환영합니다. 반공주의자가 정권을 잡더라도 노동자·농민들이 활동하기 편해지니까요."

1980년대부터 본격화된 대남(對南) 공산화 공작의 핵심 전략은 '민족'과 '민주'의 가면을 쓰고 민주화 분위기를 역이용하여 한국의 권력구조를 내부로부터 장악, 반공자유민주체제를 껍데기로 만드는 것이었다. 최근의 사태는 한국인의 정신을 공략한 이 작전의 성공을 증명한다.

조직붕괴

한 중국 공산당 간부가 탄핵 정국에 대하여 한 말이다.

1. "권력자는 선전부를 장악하지 못하면 끝난다." 박근혜(朴槿惠) 대통령이 언론을 장악하기는커녕 적대적(敵對的) 관계를 유지하다가 종국엔 언론에 장악된 것을 평한 말이다.

2. "민중을 화나게 만들면 당한다." 중국의 권력자들은 민중을 달래기

위하여 여러모로 신경을 쓴다. 만만하게 보여서도 안 되지만 오만하게 보이면 더 안 된다. 마키아벨리가 이야기하였듯이 권력자는 원한을 사는 일과 경멸당하는 일을 피해야 한다.

3. "박근혜 인민재판은 문화대혁명 때의 유소기(劉少奇) 인민재판과 흡사하다." 한국 사태를 보면서 국민이 성숙되지 못한 곳에서 미국식 민주주의는 맞지 않는다, 중국식 지도체제가 적합하다는 확신을 더욱 굳혔다는 것이다.

박근혜 정부는 뜻은 좋았지만 무능하였다. 국가정체성을 확립하고 비효율적 제도를 개혁하겠다는 의지는 국가경영술의 부족으로 제대로 실천되지 못하였다. 박 대통령은 한국 대통령의 제1임무가 이념투쟁이란 점을 몰랐다. 모택동이 말했듯이 한반도에서 정치는 피를 흘리지 않는 전쟁이고, 전쟁은 피를 흘리는 정치이다. 북한노동당 및 그 추종세력과 싸워서 국민의 생명과 재산을 지키고 기득권 세력과 싸우는 개혁을 하려면 싸움의 기술을 익혀야 하는데 초보적인 개념조차 없었다. 그가 상대한 세력의 정체는 계급투쟁론으로 무장한 좌익 운동권과 그 출신 정치세력이었다. 계급투쟁론의 핵심은 인간의 증오심을 자극하여 이를 동력으로 만들어 정권을 장악하는 것이다. 이는 학설도, 철학도 아닌 권력 장악의 이론이고 전략이다. 이들과 상대하여 이기려면 단체 싸움을 해야 하는데, 이쪽도 반공자유민주주의로 무장한 이념집단이어야 게임이 된다. 박 대통령은 헌법상의 권한 행사만 하면 싸움이 된다고 생각한 듯하다. 지시만 하면 개혁은 자동적으로 이뤄진다고 판단한 듯 조직을 점검하고 강화하는 일에 소홀하였다.

지난해 10월 말에서 12월9일 탄핵 소추안이 국회를 통과하여 대통령의 직무가 정지되기까지의 40여 일은 박근혜 권력이 일순간에 총붕괴되는 과정이기도 하였다. 이는 월드컵 준결승전에서 브라질 팀이 독일 팀에 무너지던 때를 연상시키는 조직붕괴였다.

몇 편의 예고편

朴 대통령은 최순실의 비선 역할이 폭로되자 '들켰다'는 당혹감에 사로잡혀 조직적 저항을 포기하였다. 언론 보도는 오보와 왜곡이 많아 사실관계를 따져서 사과할 것은 하고 반론할 것은 해야 하는데 총론적 사과와 후퇴만 거듭하였다. 10대 맞을 잘못인데 100대를 맞게 된 셈이다.

박 대통령의 결벽증은, 위기의 지도자를 보호하고 극복 전략을 짜야할 충성된 측근 그룹을 아예 만들어놓지 않았다. 대통령 권력을 정치적으로 뒷받침해야 할 새누리당은 친박세력의 적전(敵前) 도망, 비박세력의 이념적 배신으로 무너졌다. 총선 전부터 박 대통령이 자초한 당내(黨內) 분열이 결정적 순간에 그를 파멸로 몰고 간 것이다.

언론의 선동적 보도를 비판, 견제할 정치세력이 사라지니 건국 이후 처음으로 언론이 한목소리를 내기 시작하였다. 보수적 언론까지 한겨레와 비슷해지면서 좌파가 주도한 촛불시위를 일제히 응원하였다(시위 군중 수를 5~10배로 과장). 이 선풍에 국회, 검찰, 특검이 가세하여 박 대통령에 대한 인민재판식 졸속 탄핵 소추가 이뤄진 것이다(국회의 탄핵소추안은 검찰 기소장과 기사를 복사한 수준이다). 탄핵 소추안 통과에는 보수적 언론의 폭로와 비박계의 이반이 결정적이었다. 박 대통령은 보수진영의 자중지란(自中之亂)을 막지 못하여 무력화된 것이다. 정치에선 바깥의 적(敵) 10명보다 내부의 적(敵) 한 명이 더 위험하다.

이런 총붕괴는 몇 편의 예고편이 있었다. 2014년 4월16일의 세월호

침몰 이후 박근혜 대통령은 공황상태에 빠졌다. 언론의 과장 보도와 좌파의 정치공세 앞에서 '국가적 진실'을 지키는 데 실패하였다. 사고 책임의 한계를 분명히 하고 해경의 구조가 결코 실패작이 아니었음을 국민들에게 설득하여야 했었다. 박 대통령은 선동된 언론에 의하여 만들어진 왜곡된 정보를 접수, 해경의 구조가 실패하였다고 단정하고 해경해체라는 전대미문(前代未聞)의 제도적 응징을 해결책으로 내어놓았다. 이는 민간 선박의 침몰 책임을 국가와 대통령이 떠안게 되는 논리를 만들어 후퇴에 후퇴를 거듭하도록 했다. 필요성이 의심스러운 선체 인양을 지시한 것도 박 대통령이었다. 이로써 5000억 원 이상의 예산이 들어가게 되었고, 인양된 선체의 처리는 두고두고 골칫거리가 될 것이다. 드디어 사건의 본질과 아무런 관계가 없는 사고 당일의 7시간 문제가 국가적 쟁점이 되고 탄핵사유로 들어갔다.

지도자의 무능은 범죄이다

박 대통령은 중요 사안에서 진실을 놓고 한 번도 맞서 싸운 적이 없다. 2014년 6월의 문창극 총리 내정자 논란 때도 박 대통령은 진실을 포기하고 선동세력의 손을 들어주었다. 문 내정자의 극일(克日)을 강조한 강연을 친일이라고 조작한 KBS의 선동 보도에 백기를 들고 내정을 취소하였던 것이다. 2015년의 메르스 사태도 제대로 수습하지 못하여 독감 수준의 질병을 재난 수준으로 확대시키는가 하면 예정된 한미 정상회담까지 취소하였다. 좌파는 박 대통령을 독재나 한 것처럼 몰아붙이지만 사실은 좌파적 선동에 맞선 적이 없다. 이념적 무장이 약한 대통령이 보수적 여론은 무시하였다. 외교적 패착(敗着)으로 기록될 친중

반일(親中反日) 정책과 중국군 전승절 참석은 좌파의 묵인, 우파의 소극적 반대 속에서 이뤄진 것이다.

지도자의 가장 큰 부도덕은 무능(無能)이다. 선장이 무능하면 혼자 죽지 않는다. 대통령이 무능하면 나라가 넘어간다. 부패하면서 유능한 지도자와 청렴하면서 무능한 지도자 중 한 사람을 고르라고 한다면 전자(前者)를 선택할 수밖에 없다. 민주국가에서 지도자의 1차적 임무는 국민들이 거짓 선동에 넘어가지 않도록 하는 것이다. 유권자가 선동에 넘어가면 선거를 통하여 사기꾼이나 반역자가 정권을 잡기 때문이다.

박 대통령이 국가적 진실을 지키지 못하여 국민들이 선동세력의 농단에 넘어가도록 방치한 것은 그의 병적(病的)인 집무 방식과 관련 있다.

매일 만나야 할 비서실장은 한 주(週)에 한 번도 만나지 못할 때가 있고 수시로 불러서 만나야 할 핵심 수석은 1년에 한 번도 만나지 않고 장관과 국정원장까지도 거의 만나지 않았다. 중요한 정보는 얼굴을 마주 보고 구두(口頭)로 하는 것이 원칙이다. 대통령이 대면 보고를 자주 받았더라면 최순실 사태도 예방되었을 것이다.

아베 일본 수상은 하루에 부처 실무 국장급만 10명씩 만난다. 천하의 엘리트들을 자주 만나야 대통령은 유능해진다. 그는 새누리당도 양분(兩分)하여 자신에게 아첨하는 세력만 골라 소통하다가 앙심을 품은 비박계에 의하여 이번에 보복을 당하였다. 야당이나 촛불시위보다는 그가 부추긴 새누리당의 분열이 그를 이 지경으로 만들었으니 자업자득(自業自得)이다. 이념적 충성 세력을 만들어야 할 대통령이 팬클럽을 키웠다가 당한 것이다.

박 대통령의 한 핵심 측근은 이렇게 말하였다.

"박 대통령은 정치에서 실패한 겁니다. 5년제 대통령이 도저히 할 수 없는 너무 많은 개혁을 벌였습니다. 이는 적을 많이 만들었다는 이야기입니다. 특히 노조세력을 화나게 했습니다. 개혁을 통하여 득을 보는 이들도 많지만 이들은 대통령 지지 세력으로 돌지 않았습니다. 개혁은 전쟁인데 전쟁을 하려면 우군을 먼저 강화시켰어야 했습니다. 여성으로서의 한계와 제약도 부정적 작용을 하고 말았습니다.”

보수의 붕괴는 자유민주체제 붕괴의 前兆

박 대통령은 언론과의 '전쟁'이란 표현도 했지만 전쟁 준비도 하지 않고 맞서다가 당하였다. 박 대통령의 무능으로 보수세력은 조직으로선 붕괴되었다. 새누리당의 비박계는 좌파와 손잡고 좌파와 맞서온 대통령을 탄핵 소추하였다. 새누리당 잔존세력은 反보수적인 인명진 씨를 비상대책위원장으로 영입, 희미한 보수적 색채마저 지우려 한다. 박근혜 정권의 조직붕괴 원인은 이념의 결핍이었다. 황장엽(黃長燁) 선생이 말했던 대로 이념이란, 공동체의 이해(利害)관계에 대한 자각(自覺)이다. 즉, 적과 동지를 구분하는, 이론화된 신념이다. 새누리당은 피아(彼我) 분별에 실패한 조직이다. 대통령 탄핵 반대표를 던진 의원들이 60여 명이나 되는데도 태극기 집회에는 김진태 의원만 나온다. 탄핵 반대표만 던져놓고는 놀고 있으니 정당이 아니라 협회 수준도 못된다. 보수의 조직붕괴는 자유민주주의 체제의 붕괴, 그 전조(前兆)라는 점에서 심각하다.

박근혜 대통령의 법무참모를 지낸 한 인사는 연초에 탄핵 재판의 추이에 대하여 이렇게 말하였다.

“법률적으로 결정한다면 기각이고 정치적 고려를 한다면 인용 가능성이 압도적으로 높다고 봅니다. 헌법재판소의 기능이 정치와 법률의 경계선에 위치해 있잖아요? 기각 가능성을 20~30%로 봅니다. 좌파 세력은 파면이 된 후에도 박 대통령을 몰아붙여 구속시킬 작정인 듯합니다."

헌법재판관 여섯 명 이상의 찬성이 있어야 대통령 파면이 결정된다. 박 대통령에게 유리하게 작용할 가능성이 있는 판례가 두 개 있다.

2004년 노무현 대통령에 대한 탄핵기각 결정은 이번에 박 대통령에게 유리하게 적용될 수 있다. 노무현 대통령 탄핵 기각 결정문은, 파면 사유가 대통령 5년 임기제를 중단시켜 국정혼란을 초래해도 감수할 수밖에 없을 정도의 중대한 헌법 또는 법률 위반이어야 한다는 판례를 남겼다. 대통령에 대한 파면결정은, 국민이 선거를 통하여 대통령에게 부여한 '민주적 정당성'을 임기 중 다시 박탈하는 효과를 가지며, 직무수행의 단절로 인한 국가적 손실과 國政 공백은 물론이고, 국론의 분열현상 즉, 대통령을 지지하는 국민과 그렇지 않은 국민간의 분열과 반목으로 인한 정치적 혼란을 가져올 수 있다.

〈따라서 파면결정을 정당화하는 사유도 이에 상응하는 중대성을 가져야 한다〉는 논지가 핵심이다. 2004년 헌법 재판소는 〈대통령의 직을 유지하는 것이 더 이상 헌법수호의 관점에서 용납될 수 없거나 대통령이 국민의 신임을 배신하여 국정을 담당할 자격을 상실한 경우에 한하여, 대통령에 대한 파면결정은 정당화〉될 수 있다고 했다.

헌재는 노 대통령이 재신임을 묻는 국민투표를 제안한 것을 헌법 위반으로 판단하였지만 이 정도로는 파면을 정당화할 수 없다고 보았다.

박근혜 대통령에 대한 탄핵 소추 사유 중 핵심은 제3자 뇌물죄의 성립 여부이다. 그 가운데서도 삼성그룹과 관련된 건이 쟁점이다. 삼성물산과 제일모직의 합병에 국민연금공단이 찬성하도록 한 대가로 삼성이 최순실 피고인의 승마선수 딸을 지원하였는가이다. 특검은 이 부분에서 대통령에게 뇌물죄를 적용하여 기소할 가능성이 있다. 물론 헌법재판소도 별도의 심리를 통하여 독자적 판단을 하겠지만 특검의 수사 결론이 큰 영향을 끼칠 것이다.

이념적 재판이 된다면 대통령이 유리

현재의 헌법재판소 구성은 2014년 12월의 통합진보당 해산 결정에서 나타난 찬성 8, 반대 1이 보여주듯이 보수적이다. 특히 안창호, 조용호 두 재판관은 이념적 관점이 확고한 것으로 보인다. 통합진보당에 대한 해산 결정을 내리면서 두 재판관은 보충의견을 붙였는데 이런 대목이 있다.

〈우리들과 우리들의 자손의 안전과 자유와 행복의 바탕인 자유민주주의의 존립 그 자체를 붕괴시키는 행위를 관용이라는 이름으로 무한정 허용할 수는 없는 것이다. 피청구인 주도세력에 의해 장악된 피청구인 정당이 진보적 민주주의체제와 북한식 사회주의체제를 추구하면서 대한민국의 자유민주주의체제를 부정하고 그 전복을 꾀하는 행동은 우리의 존립과 생존의 기반을 파괴하는 소위 대역(大逆)행위로서 이에 대해서는 불사(不赦)의 결단을 내릴 수밖에 없다. 이는 단순히 옳고 그름이나 좋고 나쁨의 문제가 아니라, 존재와 본질에 관한 문제이기 때문이다.〉

이번 대통령 탄핵재판은 정치적 성격을 띨 수밖에 없는데 한국에서 많은 정치 현상은 이념문제로 귀결된다. 촛불시위는 대체로 비폭력적이었지만 주동 단체의 성향은 통합진보당과 연관이 있든지 우호적이다.

언론은 이 점을 거의 보도하지 않았지만 박 대통령 측 서석구 변호사는 이념적 문제를 적극적으로 제기하고 있다. 탄핵사건의 배경에 있는 이념 문제를 안창호, 조용호 두 사람이 어떻게 이해할지가 궁금하다. 정치재판이 되면 박 대통령이 불리하지만 이념재판이 되면 유리할 것이다. 헌재가 이 재판의 본질을 이념적으로 각성하여 보도록 하려면 우파의 태극기 집회 참가 숫자가 늘어야 하고 언론의 보도태도가 바뀌어야 한다. 지난 1월7일엔 경찰 추산에서도 태극기 집회 참석자가 촛불의 두 배나 되었다. 우파세력은 3월1일을 태극기 총궐기의 날로 잡고 있는데 이 무렵엔 탄핵재판도 절정에 이를 것이다.

외국의 경우 대통령 탄핵에는 2~3년의 준비 과정이 있다. 한국은 40여 일 만에 해치웠다. 검사 역할을 하는 국회가 별도의 자체 조사를 하지 않고 검찰 공소장과 언론 보도를 거의 복사한 소추장을 만들었다는 사실이 충격적이다. 이 때문에 헌법재판소가 할 일이 너무 많다. 헌정질서를 중대하게 훼손하는 대통령 임기 단축과 관련된 사안에 대한 이런 졸속 처리는 한국 민주주의와 법치주의의 낮은 수준을 보여준다. 이런 변칙을 가능하게 한 것이 언론의 소나기 보도였고 이는 역사적 심판을 받을 것이다.

문재인 정권 예고편

문재인 전 의원은 탄핵정국에서 가장 과격한 말을 쏟아내고 있다. 정권을 다 잡은 것처럼 행동한다는 비판도 받지만 자신감의 발로일 것이다. 작년 12월28일 그는 부산동구청이 일본 총영사관 앞에 소녀상을 허가 없이 설치한 것을 철거한 데 대하여 맹비난하였다. 자신의 페이스북에 〈부산 시민들의 소녀상 설치는 진정한 독립선언입니다. 부산 동구청과 그 배후 세력은 설치를 두려워합니다. 청산되지 못한 친일행위와 다름없습니다〉라는 글을 올렸다.

국가기관의 정당한 법집행을 '친일'이라고 공격한 것은 전형적인 좌파 선동이다. 그들은 '민족'의 이름으로 반미(反美), 반일(反日)을 선동하고, '민주'의 이름으로 법치를 부정한다.

동구청은 문재인 세력 등의 공격에 굴복, 소녀상을 돌려주고 불법 설치를 허용하였다. 이에 반발한 일본이 한국 주재 대사와 부산 총영사를 소환하고, 진행 중이던 통화 스와핑 협상도 중단시켰다. 소녀상 설치는 종군위안부 문제 해결을 위한 한일(韓日) 합의정신뿐 아니라 국내법에 위반된다. 박근혜 정부가 무력화된 틈을 타서 공권력이 무조건적 반일 세력에 굴복, 법이 짓밟히는 사태를 방치, 결국 외교문제를 스스로 만들고 말았다. 한일관계 악화는 북핵 대응에 필수적인 한미일(韓美日)동맹 균열로 간다. 문재인 씨의 일련의 행동은 그가 대통령이 되었을 때를 예측하는 데 하나의 예고편이다.

● 문재인 씨는 북한의 핵무기 공격으로부터 한국과 미군의 생명을 지켜줄 사드 배치를 중국에 물어보고 결정해야 한다는 태도이다.

● 그는 유대인 학살을 방불케 하는 북한정권의 인권탄압 문제를 유엔이 규탄하는 데 동참할 것이냐 아니냐에 대하여도 북한에 물어보고 정하사는 입장이었다고 한다(송민순 당시 외교통상부 장관 증언).

● 그는 북한의 핵위협으로부터 한국과 일본을 지키는 데 도움이 되는 한일군사보호협정에 반대한다.

● 그는 보수를 불태워버리자고 선동하고 대한민국의 근본을 바꿔야 한다면서 헌법기관인 헌재가 대통령 탄핵 소추를 기각하면 혁명을 해야

한다고 주장한다.

● 문재인의 노선을 요약하면 친북(親北), 친중(親中), 반미(反美), 반일(反日), 반한(反韓), 반법(反法)이다.

國體 변경

그가 민족주의를 내세우지만 같은 민족인 한국의 보수층을 불태워 타도해야 한다고 주장하는 것은 계급적 인종주의자임을 증명한다. 동족(同族)이라도 같은 편이 아니면 말살의 대상으로 삼겠다는 것이다. 이는 북한정권의 민족론과 일치한다. 북한정권은 김일성에 충성하는 민족만을 민족의 범주에 넣는다.

그는 이런 연설도 했다.

〈광화문 광장에서 쏟아진 '이게 나라냐?'라는 국민들의 통탄은 대통령의 하야만으로는 치유될 수 없는 절망감의 표현입니다. 대통령의 퇴진을 넘어 시대를 교체하고 나라의 근본을 확 바꾸라는 준엄한 명령입니다. 국민이 주인인 나라, 국민주권이 바로 서는 진정한 민주공화국을 만들자는 국민들의 합의입니다.〉

'나라의 근본'은 反共자유민주주의 체제이고 헌법이다. 헌법 1, 3, 4, 10조에 기록된 국가정체성은, '개인의 자유와 행복추구권을 불가침의 기본권으로 인정한 바탕에서 우리의 영토인 북한지역을 강점한 북한노동당 정권을 평화적으로 해체, 한반도 전체를 자유민주 국가로 만드는 것'이다. 이게 나라의 근본이다. '나라의 근본을 확 바꾸자'는 말은 다른 표현으로는 국체(國體)변경이다. 이는 헌법 개정 대상도 아니다. 이를 사고(思考)가 아닌 행동으로 관철시키려 하면 대역죄이다. 그의 이념성향을 감안하면 민중혁명(계급투쟁론적 혁명)을 하겠다는 취지로 이해하는 것이 합리적이다. 한국의 문제는 근본이 아니다. 근본을 지키지 못해서이다.

북한노동당 기관지 노동신문은 지난 해 11월23일자에서 남한 언론을 극찬하였다.

'최순실 게이트'가 "불의와 폭력, 위협에 굴하지 않은 량심적인 언론인들에 의해 그 전모가 나날이 파헤쳐지고 있다"면서 "남조선언론들의 이러한 보도활동은 정의와 진리의 대변자, 시대의 선각자로서의 책임과 역할을 다해나가려는 정당하고 의로운 행동"이라고 평가했다. 노동신문은 지난 1월 9일자 사설에서는 올해 남한에서 기필코 '민주개혁 정권'을 등장시켜야 한다고 했다. 북한의 조선말대사전은 '민주개혁'을 이렇게 정의한다.

〈식민지 또는 반식민지였던 나라들에서 로동계급이 영도하는 인민정권이 수립된 다음 반제반봉건민주주의혁명단계에서 정치, 경제, 문화분야에서 제국주의적, 봉건적 제 관계를 청산하기 위하여 실시하는 개혁.〉

최순실 사건으로 보수세력이 조직적으로 붕괴하고 언론이 反보수적으로 돌면서 대통령 선거를 통하여 종북 좌파 연합정권이 들어설 가능성이 높아졌다. 문재인과 지지자들이 만들고 싶은 세상의 청사진은 2012년에 제시된 적이 있다.

그해 3월10일, 민주통합당 한명숙 대표와 통합진보당 이정희 대표는 총선 때 후보자를 단일화하고 총선 이후 구성되는 19대 국회에서 양당(兩黨)이 추진하기로 한 '공동정책합의문'을 발표하였다. 이 합의문은 종북 및 좌파 세력의 속셈을 드러내었다는 점에서 천기누설에 해당한다.

합의문은 〈군복무기간을 단축하고, 양심에 따른 병역거부자를 위한 대체복무제를 신설한다〉고 했다. '나는 사회주의 신봉자이므로 자본주의 군대에서 복무할 수 없다'는 자들이 처벌 받지 않으면 국민개병제(皆兵制)가 와해된다.

합의문은 또 〈호혜평등과 평화지향적인 자주외교를 추진하며 비핵화 및 평화체제 구축을 목표로 남북관계를 획기적으로 개선한다〉고 했는데, 이는 한미(韓美)동맹을 대체할 중국–북한정권–한국 좌파정권의 연대를 함축한다. 이 합의문엔 북핵(北核) 폐기를 위한 약속은 없고, 남한의 원전(原電) 건설 반대만 있었다.

합의문 중 가장 위험한 대목은 〈국가 안보문제 전반에 대한 결정에서 시민참여를 보장한다〉란 문장이었다. 종북좌파 정치세력이 '시민대표'로서 안보정책 전반에 개입하겠다는 예고였다. 예컨대 장성진급심사위원회에 종북성향 민간인들을 들여보내 반공적인 군인들을 배제하거나, 정훈교육 심의위원회를 만들어 반공(反共)교육을 금지시키거나, 북괴군을 주적(主敵)이 아니라 같은 민족군대라고 가르치도록 할 수도 있다.

합의문엔 국가보안법 폐지가 포함되었고 공무원 집단의 정치화를 노리는 내용도 있었다. 〈교사와 공무원의 정치활동을 보장하여 정당한 정치 활동에서 배제되는 집단이 없어지도록 한다〉라는 대목이다.

이 합의문은 대기업·군대·공무원·교사들에 대한 정권의 개입과 압박을 제도화하여 반공(反共)자유민주주의라는 나라의 근본을 허무는 길을 열겠다는 의도를 드러냈었다. 2012년엔 국민들이 두 차례 선거를 통하여 이 시도를 막아냈지만 2017년엔 실현될 가능성이 높아졌다.

대선을 통한 '촛불혁명 정권'의 등장은 한국을 해양문화권에서 대륙문화권으로 돌려놓을 것이다. 자유와 개방과 실용의 바다에서 전제와 억압의 땅으로 돌아가는 것이다. 좌파 정권이 이념적 방향성에 따라 현금 동원력이 엄청난 중국, 핵무장한 북한 쪽으로 기울면 한미동맹과 한일우호 관계는 유지되기 어렵다. 핵을 갖지 못한 한국은 계급투쟁론적 세계관을 가진 지도부에 의하여 자연스럽게 중국 및 북한에 예속될 것이다. 한국이 앞장서서 북한을 핵보유국으로 인정하자고 나올지 모른다.

촛불정권은 경제민주화 정책을 밀어붙여 국가의 개입을 강화하고 복지를 확대할 것이다. 이는 경제불황으로 이어질 것이다. 트럼프의 미국은 한국이 중국 편이라고 생각하는 순간 경제 보복을 할 것이고 이는 불황을 심화시킬 것이다. 촛불정권은 한국 경제가 몰락해야 북한 수준과 근접, 10·4 선언이 약속한 '유무상통에 의한 남북한 균형 발전'을 이룩할 수 있다고 생각할지 모른다.

판도라 상자가 열린다면

민심이 이반하면 촛불정권은 선동언론과 검찰권을 권력 유지의 수단으로 삼아 탄압에 나설 것이다. 우파 세력은 촛불정권이 헌법을 위반, 국가정체성을 변조한다면서 국민저항운동을 벌이면서 헌법 제5조에 따른 국군의 역할을 요구할지도 모른다. 공산주의에 예민할 수밖에 없는 국군의 지휘부에서 군이 체제 수호의 최후 보루 역할을 해야 한다는 생각이 나올지 모른다.

군대도 사회의 내전적 상황을 반영, 이념적으로, 계급적으로, 지역적으로 분열될 가능성을 배제할 수 없다. 정권의 명령에 의해서든, 스스로의 판단에 의해서든 지휘체제가 분열되어 있는 군대가 출동하였을 때 문제가 생긴다. 항명(抗命)하는 부대가 생기고 시민들 편으로 넘어가는 군인들이 속출하면 한국은 시리아 식 내전으로 갈 수도 있다.

한국은 민중혁명도 군사쿠데타도 불가능한 성숙한 민주국가라는 자신감을 흔들어버린 것이 촛불시위와 태극기시위가 격돌하는 작금의 상황이다. 좌우 대결 구도를 가진 나라는 민중혁명과 군사쿠데타 사이의 위험한 줄타기를 하곤 한다. 좌우 정치의 본산인 프랑스는 두 번째로 오랜 민주주의 국가이지만 프랑스 대혁명 이후에도 1830년 7월, 1848년 2월의 두 차례 혁명과 1871년의 파리 코뮌을 겪었다. 이런 좌우 갈등의 정치 생리는 히틀러 등장 이후 적전(敵前)분열 양상을 보이다가 1940년 5월 독일군의 전격전에 걸려 6주 만에 나라가 망하게 하였다.

프랑스는 1958년과 1961년 두 차례 알제리 사태를 둘러싼 위기에 직면, 군사쿠데타 직전까지 갔다. 1968년 5월엔 학생과 노동자들이 궐기하여 드골 정부를 몰아내려 하였다. 신변의 위기를 느낀 드골은 극비리에 서독 주둔 프랑스 군사령부로 날아가 군대의 충성을 확인한 뒤 귀국, 국회를 해산, 선거에서 승리함으로써 위기를 벗어났다. 프랑스型 정치 구조를 가진 한국이 프랑스와 다른 점은 핵무장한 敵의 존재이다. 한국의 내전적(內戰的) 사태는 시리아처럼 주변국의 개입을 부를 뿐 아니라 핵무기 사용의 위험성을 높인다는 점에서 그 어느 나라보다 심각하다. 촛불시위는 판도라의 상자를 열어젖혔다. 문제는 연 세력이 뚜껑을 닫을 힘이 있는가이다.

계급투쟁론 세력이 주도권을 잡은 한국의 정치가 촛불정권을 탄생시키면 반공자유민주주의는 유지될 수 없다. 우리가 공기처럼 당연하다고 생각하는 자유, 평등, 합리, 진실, 복지, 안전이란 가치도 보장될 수 없게 된다. 민주주의는 실수를 견딘다고 하지만 언론이 한목소리를 내면 복원력도 잃게 된다.

chapter 03

세종로의 南北 대치는
內戰의 예고편인가?

세종로에 휴전선을 닮은 대치선이 형성되었다. 경찰은 세종로 4거리와 한국프레스센터 사이를 비무장 지대로 설정, 양쪽을 차단하였다. 묘하게도 남북 대결이었다. 세종로 4거리 북쪽 광화문광장에선 촛불 시위대가 사드 배치 반대, 개성공단 및 금강산 관광 재개를 외치고 있었다. 한국프레스센터 남쪽 태극기 집회장에선 사드 배치 반대자들을 반역자로 규탄하였다.

月刊朝鮮 〈2017년 3월호〉

세종로의 남북(南北) 대치는 내전(內戰)의 예고편인가?

태극기 집회 참여기

태극기 집회에 참석할 때마다 느끼는 첫인상은 사람들의 인상이 밝다는 점이다. 이들을 거리로 끌어낸 시국(時局)은 갑갑한데 표정은 왜 다른가? 행동하기 때문일 것이다. 사익(私益)을 위한 행동이 아니라 다른 사람을 위한 행동이다. 그 다른 사람은 박근혜(朴槿惠) 대통령이나 대한민국이다(박 대통령은 싫지만 대한민국을 위해서 나온다는 이들도 많다). 자신이 아닌 이웃을 위하여 행동하기란 쉽지 않지만 그런 행동은 정신건강에 좋다. 월남전의 승장(勝將)인 보 응우옌 지압 장군을 생전(生前)에 만났는데 그는 건강 비결로 두 가지를 들었다. 매일 맨손체조를 하는 것, 그리고 늘 남을 생각하는 것.

나는 지난해 12월부터 태극기 집회에 참석, 연설도 하고 행진도 한다. 전국을 돌아다닌다. 기분이 좋다. 태극기를 흔들면서 환호하는 대군중을 내려다보면서 연설하는 기분은 끝내준다. 나는 태극기 집회에서 유행하는 구호를 세 개 만들었다.

"(태극기로) 뭉치자, (조직으로) 싸우자, (헌법으로) 이기자!"

"대한민국 좋은 나라, 김정은은 나쁜 놈, 편드는 자는 더 나쁜 놈, 미국은 영원한 친구!"

"촛불로 망치는 나라, 태극기로 살리자!"

태극기 집회가 규탄장의 성격이지만 유쾌한 가장 큰 이유는 태극기이다. 영하 10도의 눈 내리는 대한문 앞의 밤에 수만 명 군중이 함성을 지르면서 흔드는 태극기 물결을 마주하면서 연설하는 것은 황홀한 체험이었다. 나는 "여러분과 함께 평생 잊지 못할 최고의 순간을 함께 보내고 있다"고 했다. "아, 지금이 인생 최고의 순간이구나"라고 느끼는 사람들이 많다. 이구동성(異口同聲)으로 태극기가 이렇게 아름답게 느껴진 적은 일찍이 없었다고 말한다.

태극기를 들었다는 자신감이 집회 분위기를 휩싼다.

"대한민국이 망하지 않는 한 태극기는 내려질 수 없습니다. 진실, 정의, 자유를 상징하는 태극기는 성조기나 삼색기와 통하는 세계의 깃발입니다. 태극기를 든 우리는 애국시민일 뿐 아니라 세계시민입니다. 우리가 최고입니다."

"아, 역사는 이렇게 만들어지는구나"

태극기 시위의 분위기는 어느 도시든 어머니와 아줌마들이 주도한다. 왜 태극기 집회에 여성 참여자들이 많은지는 연구 대상이 될 것 같다. 여성 대통령이 언론, 검찰, 정당으로부터 너무 당하는 데 대한 직감적(直感的)인 동정심이나 모성애(母性愛)일지 모르겠다. 집회장을 울리는 여성 특유의 청아하고 날카로운 목소리, 행진곡이나 군가에 맞춘 적극적인 몸놀림, 그리고 먹을 것들을 가지고 다니면서 나눠준다. 사탕, 커피, 피로회복제를 매는 가방에 넣고 다닌다. 나라 사랑이 자연스럽게 부(富)의 공유로 나타나는 것이다.

이들이 유쾌한 또 다른 이유는 분노의 동지적 공유(共有)일 것이다. 가장 큰 분노는 언론으로 향한다. '기획폭로, 마녀사냥, 인민재판, 촛불선동, 졸속탄핵'으로 이어진 과정에서 언론이 주도적인 역할을 하였다고 하여 '언론의 난(亂)'이라 한다.

여기에 대응하여 '국민각성, 국민행동, 국민저항'으로 나타난 것이 태극기 집회이다. 문명국가에선 보기 힘든 '대(對)언론저항운동'이다. 박 대통령에 대한 동정심, 언론의 선동에 대한 저항, 공동체에 대한 애정을 한 덩어리로 만드는 태극기 집회는 "아, 역사는 이렇게 만들어지는구나" 하는 현장감을 준다. 딘 애치슨 미국 국무장관이 쓴 회고록(퓰리처상 받음)이 있다. 제목이 《만들어지는 현재(Present at the Creation)》인데 태극기 집회는 '만들어지는 역사(History at the Creation)'쯤 되지 않을까?

한국 정치의 역학(力學)공식을 바꿀 것

태극기 집회는 한국 정치의 역학(力學)공식을 항구적으로 바꿀 것이다. 나는 보수(保守)와 우파(右派)를 구별하여 쓴다. '이념 무장이 되어 행동하는 보수'를 '우파'라고 부른다. 한국 보수의 우파화(右派化)는 2003년 3월 1일의 '반핵반김(反核反金) 국민대회'가 서울시청 광장에서 대군중을 모은 것이 중요한 계기였다. 개신교(改新敎)와 안보단체가 좌파 정권의 연속 등장에 대한 위기감을 불러일으키고 일반 시민들이 호응하였다. 그 직후 서정갑(예비역 육군 대령) 회장이 이끄는 육해공군 해병대예비역대령연합회를 모체(母體)로 한 국민행동본부가 등장, 직설적인 의견 광고와 거리투쟁을 통하여 친북(親北) 세력에 대한 이념투쟁을 선도(先導)하면서 '아스팔트 우파'라는 말이 나오기 시작하였다. "침묵하는 다수는 필요 없다. 행동하는 다수라야 역사를 바꾼다" "사랑은 지갑과 손발로 표현됩니다"라는 구호는 일반 시민들의 후원금에 의존하는 독립적 우파 단체를 탄생시켰다. 아이러니하게도 이런 우파 운동을 높게 평가한 사람은 노무현 대통령 시절의 비서실장이었다. 그는 이명박 정부의 등장에 가장 큰 역할을 한 사람으로 '양갑(兩甲·필자와 서정갑 회장)'을 들었다.

이번 태극기 집회는 규모와 성격 면에서 과거의 우파 운동과는 차원을 달리한다. 90% 이상이 자발적 참여자들이다. 박사모를 핵심으로 하는 탄기국, 박 대통령에 대한 '비판적 지지' 입장인 '새로운 한국을 위한 국민운동'이 2016년 11월 초부터 시위를 주도하면서 커지게 되었는데 12월 9일 국회의 탄핵 소추 의결 직후 참여자가 폭발적으로 늘어 연말부터는 촛불 시위를 누르기 시작하였다.

기독교인들과 여성 참여자들이 대거 모여들면서 과거 우파 집회와는 다른 활력을 갖게 되었다. 태극기 집회가 커지는 데 위기감을 느낀 야당과 좌파 세력은 2월 11일 문재인 전 대표의 지휘하에 총동원령을 내렸는데 이에 자극을 받은 우파가 더 큰 태극기 집회를 만들었다.

나는 "촛불 집회를 주도하는 민노총은 60만, 한국의 기독교인들은 1500만이다. 결국은 태극기가 이긴다"고 말하곤 한다. 잠재적 동원력에서 우파가 유리하다는 뜻이다.

태극기 집회가 만들어 낸 가장 큰 정치적 동력(動力)은 "우파도 거리와 광장에서 좌파와 맞설 수 있다"는 자신감이다. 새누리당이 정치적으로 파산한 상태에서 한국의 우파 정통성은 태극기 집회로 넘어온 셈이다. 이를 감당할 정치력을 만들어 낼지는 미지수이지만 침묵하던 다수가 자발적 행동으로 체득(體得)한 자신감을 잘 키워가면 한국 보수 정치의 생리를 바꿀 것이다.

탄핵 인용되면 더 커질 것

새누리당으로 대표되는 보수정당의 고질적인 문제는 이념 무장의 취약성과 이로 인한 대중 동원력의 허약이었다. 여의도에 갇힌 정당이고 웰빙정당이었다. '굶주린 늑대에게 뜯어 먹히는 살찐 돼지'와도 같았다. 태극기 집회는 보수도 행동을 하면 사나운 우파로 변할 수 있음을 보여줬다. 대중 동원력이 약한 보수정당은 좌경화된 언론과 사나운 좌파 세력에 눌려 원내(院內) 다수당의 이점(利點)을 살리지 못하고 끌려다녔다. 1948년 8월 15일을 건국절로 지정하지도 못하고, 좌편향 국사 교과서 개혁도 지켜내지 못하였다. 광화문에 이승만(李承晚) 건국 대통령 동상도 세우지 못한다(좌파정당은 김대중, 노무현 사진을 거는데 보수정당은 이승만, 박정희 사진을 걸지 못한다). 보수정당이 지켜주지 못하니 군대도 언론과 좌파 세력의 동네북 신세가 되기도 한다. 태극기 집회는 이런 고질적 문제를 해결할 수 있는 투쟁력을 키워갈 것이다.

태극기 집회는 박 대통령 탄핵 기각(棄却)을 당면 목표로 삼고 있다. 집회 규모가 촛불을 압도해야 헌법재판관들이 안심하고 법에 따라 결정을 내릴 것이어서 이렇게 외친다.

"촛불에 겁먹지 마라, 태극기가 있다!"

탄핵 소추가 워낙 졸속으로 이뤄졌고 소추장은 검찰 기소장의 복사물 수준이라 법대로 하면 기각이 정답이란 것이다.

기각이든 인용(認容)에 의한 파면이든 태극기 집회는 이어질 것이다. 헌법재판소 결정이 어느 쪽이든 집회의 규모는 더 커질 것이다. 태극기 집회를 키우는 자극은 외부로부터 온다. 언론과 검찰(특검)의 인민재판식 박 대통령 때리기에 대한 보수층의 반발은 헌재가 파면을 선고할 경우 폭발할 것이다. 행동도 강경해질 것이다.

좌파는 헌재의 대통령 파면 결정을 정권 쟁취의 계기로 활용함은 물론이고 대한민국 70년의 주류세력을 헌법파괴 세력으로 몰아 역사적으로 청산하려 할 것이다. 친일(親日) 마녀사냥식의 보수사냥은 반공자유민주주의라는 국체(國體)의 변경 시도로 이어지고 이는 태극기 세력으로 하여금 국민저항권 차원의 행동을 강요할 가능성이 높다. 이것이 60일 대선(大選)과 맞물릴 때 선거판은 체제대결의 살벌한 게임이 될 것이다.

이런 상황에서는 파면된 박근혜 대통령이 선택을 요구받을 것이다. 역사의 죄인으로 몰락할 것인가, 태극기 집회와 연계하여 구국의 잔 다르크 역을 맡을 것인가?

만약 탄핵이 기각되면 태극기 세력은 시간을 벌게 되고 그 기간에 정치 세력화와 우파 후보 옹립을 모색할 것이다. 이는 태극기 세력의 기회이자 위기가 될 것이다.

분진합격(分進合擊)

태극기 집회에서는 이승만의 귀국일성(歸國一聲)이 자주 구호로 제창된다.

"뭉치면 살고 흩어지면 죽는다."

이 말엔 한국인의 민족성을 간파한 건국 지도자의 간단명료한 행동지침이 들어 있다. 국내 조직 기반이 약했던 이승만이지만 세계정세와 공산주의의 본질을 통찰한 바탕에서 모스크바 3상 회의의 신탁통치 결정을 기회로 삼아 우파 통일전선을 형성하는 데 성공한다. 공산주의자들을 스탈린의 앞잡이, 즉 매국노로 규정, 고립시키고 자유민주주의 체제의 건국을 이루었다. 그는 "공산주의자는 반대하지 않는다. 그러나 매국적 공산주의자는 안 된다"고 했다. 전향한 공산주의자 조봉암(曺奉巖)을 농림부 장관으로 발탁, 농지개혁에 써먹다가 1956년 대선(大選)에서 위험한 도전자로 등장하자 진보당 사건을 일으켜 처형하였다. 그는 '민주주의의 경험이 짧아 분별력이 약한 유권자는 진보당 같은 용공 세력의 선동에 속아 선거를 통하여 정권을 넘겨줄 수도 있다'는 걱정으로 후환(後患)을 없애야 한다는 생각을 했을 것이다(수년 전 재심에서 조봉암은 무죄를 받았지만 휴전 직후에 진보당과 같은 이념 정당이 과연 반공국가에서 용인될 수 있었는가에 따른 다른 관점의 검토가 필요하다).

나는 평소 "우파는 분열로 망하고 좌파는 자충수(自充手)로 망한다"는 말을 자주 한다. 태극기 집회에서도 "이승만식 대동단결, 이순신식 백의종군, 서경석식 분진합격(分進合擊)"을 우파의 행동윤리로 강조한다.

서경석 목사가 이끄는 '새로운 한국을 위한 국민운동'은 매주 토요일 오후 2시 대한문 앞에서 단기국이 집회를 하는 같은 시각에 청계천《동아일보》앞에서 태극기 집회를 연다. 그는 집회 때마다 이렇게 말한다.

"여기는 박근혜 지지자뿐 아니라 박근혜 대통령은 싫지만 대한민국은 지켜야 한다는 사람들도 함께 모여 있습니다. 서로 비방을 하지 않아야 합니다. 다 대한민국 세력이니까요. 그래야 커집니다. 그리고 오후

4시에 집회가 끝나면 모두 대한문으로 옮겨서 합류합시다."

우파와 태극기 세력의 미래와 성패(成敗)는 분진합격의 지혜와 포용력을 발휘할 수 있는가에 달려 있을 것이다. 이는 상호 비방을 자제하면서 공동 목표를 정하여 각자의 길을 가다가(分進), 결정적인 공격의 타이밍에 힘을 합치는 것(合擊)이다. 우파는 잘난 사람들이 많아 단일대오로 묶기가 어렵다. 우파는 중구난방(衆口難防)인 경우가 많은데 이는 좋은 무기이기도 하다. 많은 사람이 이 소리 저 소리 하면 막기 어렵다는 뜻인데 이를 전략화하면 분진합격이 되는 것이다. 우파의 가장 큰 힘은 다양성에 기초한 자발성인데 이를 어떻게 조직화하는가에 고민이 있다. 이승만이 살아 있다면 "김정은 세력만 아니면 다 우리 편이다"고 했을 것이다.

뉴미디어 혁명

태극기 집회는 혁명적 성격을 띠고 있다. 올드 미디어에 대한 뉴미디어의 도전이다. 한국 언론은 저널리즘의 원칙을 포기하고 박근혜 대통령을 공격하는 데 일치단결함으로써 공범(共犯) 집단이 되었다. 언론의 존재 이유인 상호 비판, 소수 의견 존중, 권력(검찰, 법원, 국회 등) 비판이 실종되었다. 언론이 견제가 통하지 않는 종합권력으로 변하여 박 대통령을 변호하는 목소리가 봉쇄된 가운데서 태극기 집회는 어떻게 성공할 수 있었나? 그것은 SNS(인터넷, 휴대전화, 유튜브 등)를 활용한 뉴미디어 덕분이었다. 나는 연설 때 가끔 이벤트를 만든다.

"여러분 우리는 두 개의 무기를 갖고 있습니다. 한 손엔 태극기, 즉 헌법의 무기입니다. 또 다른 무기가 있어요. 권총처럼 차고 다니는 무기 있잖아요. 예, 핸드건 말고 휴대폰을 꺼내세요. 그리고 인증샷을 찍고, 보냅시다. 다음번 집회엔 열 명씩 데리고 나옵시다. 우리가 모두 언론기관입니다."

박 대통령이 설날을 앞두고 정규재TV와 인터뷰한 것도 뉴미디어 혁명을 상징하는 사건이었다. 신의 한수, SNS 애국TV, 참깨방송 등 많은 유튜브 방송이 놀라운 시청률을 기록한다. 내가 청계천에서 한 연설 동영상을 유튜브에 올렸더니 1주 만에 12만 명의 시청자를 기록하였다. 유튜브와 트윗, 페이스북과 카톡을 통하여 중구난방식으로 쏟아내는 정보가 올드 미디어의 독점 구조를 깨고 대안적(代案的) 진실을 전파, 태극기 집회를 키우는 원동력이 되었다. 트럼프의 승리와 비슷한 현상이다.

지난 12, 1월엔 태극기 집회가 매주 기록 경신을 하면서 대군중을 모았지만 종이신문은 월요일 자에 한 줄의 기사와 한 장의 사진도 싣지 않았다(촛불 시위는 적은 참가자인데도 친절하게 소개). 태극기 집회에 대한 언론 탄압이었다. 태극기 시위대는 이에 안 보기 운동(신문 안 보기 및 채널 돌리기)으로 대응하였다.

미디어워치(변희재)의 jtbc 태블릿PC 조작 의혹 보도와 조갑제닷컴에 실린 우종창(禹鍾昌) 기자의 '고영태 관련 녹취록' 특종은 올드 미디어가 묵살한 정보를 파헤쳐 최순실 사건의 성격을 재구성하게 만들기도 하였다.

나는 평소에도 언론의 문제는 언론으로 정리해야 한다는 생각을 갖고 있다. "언론의 난은 양심 있는 언론인에 의하여 진압되어야 한다"고 연설하기도 한다.

"언론의 난을 일으킨 기자들은 선배 기자들이 권력과 맞서서 쟁취한 언론의 자유를 공짜로 쓰면서 이를 남용, 스스로 선동꾼이 되거나 선동꾼들에게 상납하고 있다."

거제도에서 온 SOS

지난 2월 2일 부산 서면 태화백화점 앞 사거리에서 열린 태극기 집회
에 가서 연설을 한 뒤 내려오니 50대 초반으로 보이는 아줌마가 나를
붙들었다.

"저의 아들이 해군에서 근무했습니다. 박근혜 대통령이 목함지뢰 사
건 때 당당하게 대처하는 것을 보고 너무나 자랑스러웠는데 저렇게 당
하는 것을 보니 속에 열불이 나서 집구석에 앉아 있을 수가 없었습니
다. 매주 서울로 올라가 태극기 집회에 참석합니다. 그런데 제가 사는
거제에서도 한 번 하고 싶은데 도와주세요."

2월 4일 청계천 집회장으로 나가는데 휴대전화로 이런 메시지가 들어
왔다.

〈내일 오후 3시부터 5시까지 경남 거제시 고현 사거리에서 탄핵무효,
종북척결, 특검해체를 부르짖는 애국 태극기 집회를 개최합니다. 대한
민국을 살리고 지키고자 일반 국민들이 자발적으로 모여 진행하고 있습
니다. 이곳 거제는 노조의 힘이 너무 강하여 어려움이 많습니다. 대한민
국을 사랑하는 언니, 형님, 누나, 아우님들 도와주십시오. 행동하지 않
은 결과는 반드시 돌아옵니다. 찾아와 주세요. 박순옥 드림.〉

나는 이 메시지를 조갑제닷컴에 기사로 올리고 트윗으로 돌렸다. 집
회에 나가서는 박순옥씨의 호소를 낭독하였다. "행동하지 않은 결과는
반드시 돌아옵니다"라는 말을 강조하였다. 전화번호도 알렸다. 이틀 뒤
이런 메시지가 휴대전화로 들어왔다.

〈전국에 계신 애국시민 여러분께 진심으로, 진심으로 감사 인사 전합니다.

여러분께서 많이 동참해 주시고, 응원해 주신 덕분으로 악질 강성 노조들의 소굴인 거제도에서, 그것도 거제도 생긴 이래 처음으로 '애국 집회'를 성황리에 마쳤습니다. 고맙다는 말, 감사하다는 말로도 부족함이 많습니다.

부산, 양산, 대구, 진주, 고성, 통영, 창원 등지에서 대절 버스로 지원 오셨습니다. 또 조갑제닷컴에 소개된 글과 조갑제 선생님께서 강연 때 소개한 내용을 보고 100여 통이 넘는 응원의 메시지와 이국(異國)에서까지 전화가 오고 있습니다. 모두가 내 나라 살리고자 하는 마음 하나입니다. 반드시 태극기의 물결이 승리할 것입니다! 많은 응원 중에서 대표로 소개 하나 올리겠습니다. 캐나다 한인 대표님이 직접 국제전화로 주신 응원입니다. 연세는 있는 듯했지만 진한 감동이 계속 올라오기에 소개합니다.

"여러분은 정말 장하고 대단한 일을 하고 계십니다. 당신 가족들은 자랑스러워해야 할 것입니다. 꼭 가족들께 전하십시오. 나는 정말 대단한 일을 하고 있는 사람이라고!" 하시는데 뜨거움이 올라왔습니다. 우리가 지금 하는 이 애국운동이 자랑스럽기를, 그런 날이 봄과 함께 꼭 오리라 믿습니다. 한마음으로 동참해 주신 여러분, 모두 고맙습니다.〉

세종로의 남북대결

드라마를 만들어 가고 있는 태극기 집회에 끝이 있을까? 태극기 집회와 촛불 집회가 광장에서 맞서는 모습은 한국이 감추어온 내전적(內

戰的) 구도의 적나라한 표현이다. 2월 11일 세종로엔 휴전선을 닮은 대치선이 형성되었다. 경찰은 세종로 4거리와 한국프레스센터 사이를 비무장 지대로 설정, 양쪽을 차단하였다. 묘하게도 남북대결이었다. 세종로 4거리 북쪽 광화문광장에선 촛불 시위대가 사드 배치 반대, 개성공단 및 금강산 관광 재개를 외치고 있었다. 한국프레스센터 남쪽 태극기 집회장에선 사드 배치 반대자들을 반역자로 규탄하였다. 안보관과 역사관을 핵심으로 하는 이념의 차이가 도저히 타협할 수 없는 간극(間隙)을 보였다.

3~4월로 예상되는 헌법재판소의 탄핵 심판 선고, 그 뒤의 선거로 가는 길에서 태극기와 촛불은 지금보다 더 살벌하게 격돌할 것이다. 태극기와 촛불 사이에 비무장 지대는 있을 수 있지만 공존과 타협의 제3지대는 불가능하다는 사실을 잘 보여준 것이 반기문(潘基文) 사퇴였다. 한국에서 일어나는 큰 정치적 사건은 결국 남북한 대결 구도로 수렴된다. 세종로의 남북대결은 한반도 남북대결의 복사판이란 이야기이다.

대통령이 헌법재판소 결정으로 파면되고 60일 내 선거에서 좌파 후보가 대통령에 당선될 경우 태극기 집회는 저항 세력의 강력한 진지(陣地) 역할을 할 것이다. 좌파 정권의 등장은 좌파가 이미 주도권을 잡은 문화예술계, 언론계, 국회, 서울시의 권력에 중앙권력이 더해지는 것을 뜻한다. 이를 믿고 안으로는 반공자유민주주의의 국체를 변경하고, 밖으로는 한미일(韓美日) 동맹체제에서 이탈, 친중·친북화(親中·親北化)하려고 할 때 태극기 세력은 국민 저항권을 행사하는 자유투사들의 보루가 될 것이다.

국체 변경과 동맹 교체(交替) 시도는 필연적으로 사회불안과 경제불황을 부를 것이고 좌우대결은 피를 보는 상황으로 악화될 가능성도 배제할 수 없다. 태극기 세력은 정권의 탄압에 직면하면 국민 저항권 행사를 선언하고 헌법 제5조에 의한 국군의 출동(체제수호의 최후 보루로서)을 요구할 것이다. 그렇게 되면 시리아식 내전으로 가든지 터키식 전군(全軍) 출동에 의한 국기(國基) 수호로 가는 길이 열릴지 모른다. 한국은 미래가 결정되지 않은 나라일 뿐 아니라, 민중혁명, 내전, 쿠데타의 가능성도 열려 있는 나라라는 것을 태극기와 촛불의 대결이 잘 보여준다. 민주국가의 장점은 문제를 노출시켜 해결책을 도모하는 것이다. 남북한의 이념대결과 연계된 남한 내 좌우대결 문제를 피를 흘리지 않고 해결할 정도의 능력이 있는 나라인가, 한국은 시험대에 올랐다.

언론은 '촛불 대(對) 태극기'로 표기한다. 촛불을 태극기에 우선시키는 것은 '북남(北南)'식 표기이고, 국기에 대한 모독이다. 촛불 시위대는 태극기를 들 마음이 없는 세력이다. 태극기와 촛불 대결에선 태극기가 이겨야 하고 국가와 국민들은 그렇게 되도록 도와야 할 헌법적 의무가 있다. 대한민국 국민은 모두 태극기 세력이어야 한다는 이야기이다.

chapter 04

"견제 받지 않은 권력자들이
일으킨 탄핵 쿠데타"

"논평할 가치도 없는 수준 낮은 결정문입니다. 8-0 결정을 내리기까지의 고민이나 자기 아픔의 흔적이 없습니다. 엉터리 국회 소추장과 같은 수준의 결정문입니다. 결론을 정해놓고 끼워 맞춘 느낌이 듭니다. 헌법재판소를 탄핵해야 합니다."(헌법재판관 출신 변호사)

"견제 받지 않은 권력자들이
일으킨 탄핵 쿠데타"

8-0 憲裁 결정문 비판

"탄핵 쿠데타"

박근혜(朴槿惠) 대통령 파면을 선고한 3월10일 헌법재판소 결정문은
〈이 사건 탄핵심판은 보수와 진보라는 이념의 문제가 아니라 헌법질서
를 수호하는 문제로서 정치적 폐습을 청산하기 위하여 파면결정을 할
수밖에 없다는 재판관 안창호의 보충의견이 있습니다〉라고 했다.

박 대통령 대리인들의 판단은 다르다.

손범규 변호사는 이번 결정을 '탄핵 쿠데타'라고 이름 지었다.

"외피는 '탄핵'이지만 내용은 헌재가 스스로 헌법과 법률을 무시하고
대통령을 몰아낸 '쿠데타'입니다. 사법고시에 합격하여 판사만 되면 영원
한 권력을 누리게 되는, 이 견제 받지 않는 권력자들이 일으킨 쿠데타입
니다."

김평우(金平祐) 변호사도 결정문 분석 글에서 손 변호사와 비슷한 시

각을 보였다.

그는 2017년 3월10일은 '이 나라 법치주의가 완전히 무너진 날'이라고 단정하였다. "언론은 보도기관이 아니라 수사기관·재판기관으로 나서서 그 본분을 잃었고, 국회는 이런 언론과 촛불집회에 밀려 작년 12월 9일 증거조사도 없는 '섞어찌개' 식 졸속 탄핵소추로 이미 자신의 본분을 잃었으며, 거기다 박영수 특검이 90일간의 공포검찰 시대를 열어 검찰이 국민의 자유·신체·생명을 보호할 본연의 임무를 저버린 데 이어 이제 헌법재판소가 사법의 임무를 길거리에 갖다 던짐으로써 이제 이 나라 사법은 완전히 그 직분을 잃었다"는 주장이다.

김 변호사는 사실상 혁명검찰 시대가 와서 〈완장을 차고 다니며 인권을 짓밟고 사람을 마구 구속하는 기나긴 공포의 시대가 올 것〉이라고 했다. 그는 〈저들이 벌인 이 2016. 12. 9 정변의 마지막 목적인 조기(早期) 대통령 선거가 역시 불법·졸속으로 치러질 것〉이고 그 뒤에 오는 것은 이 나라 역사에 처음으로 등장할 '완벽한 좌파정부'일 것이라고 전망한다.

김 변호사는 헌재와 달리 이념적 구도로 탄핵 결정문을 해석하였다.

"저들이 오늘 이렇게 언론, 국회, 검찰, 사법, 노조를 모두 장악하게 된 것은 결코 몇 년 만에 된 것이 아니다. 1987년 민주헌법이 시행된 이래 지난 30여 년간 어린 자녀, 젊은이, 지도층을 하나하나 자신들의 민주·민족·민중의 삼민(三民)주의, 즉 김일성의 주체사상으로 물들였고, 그 총결산이 8인 헌재(憲裁) 재판관 전원 일치의 박근혜 대통령 탄핵 결정"이란 것이다. 그는 "그렇기 때문에 저들을 몰아내고 새로운 언론, 새로운 국회, 새로운 검찰, 새로운 법원, 새로운 노조를 만드는 것도 결코 하루 이틀에 되지 않을 것이다"고 강조하였다.

'국민의 신임 배반'에서 '국민'의 정체는?

헌재 결정문은 대통령 파면의 이유로 '국민의 신임 배반'이란 용어를 내어놓았다.

〈결국 피청구인의 위헌·위법행위는 국민의 신임을 배반한 것으로 헌법수호의 관점에서 용납될 수 없는 중대한 법 위배행위라고 보아야 합니다.〉

결정문은 국회가 의결한 탄핵소추장의 아래 문장을 수용한 셈이다.

〈2016. 11. 박근혜 대통령에 대한 지지율은 3주 연속 4~5%의 유례 없이 낮은 수치로 추락하였으며 2016. 11. 12. 및 같은 달 26. 서울 광화문에서만 100만이 넘는 국민들이 촛불집회와 시위를 하며 대통령 하야와 탄핵을 요구하였다. 박근혜 대통령을 질타하고 더 이상 대통령 직책을 수행하지 말라는 국민들의 의사는 분명하다.〉

김평우 변호사는 헌법재판소 앞에서 가는 길을 막고 인터뷰를 시도하는 기자가 "그래도 탄핵 찬성 여론이 70~80%나 됩니다"라고 하자 이렇게 소리쳤다.

"그것은 쓰레기 언론이 만든 거야!"

헌법은 언론의 선동에 의하여 오도(誤導)되기 쉬운 여론으로부터 공동체를 지키기 위하여 존재하는 것이다. '100만 촛불집회'는 있지도 않았다. 이 수치는 주최 측 주장을 언론이 받아 쓴 것이다. 경찰은 최다(最多) 20여 만으로 추산하였다. 지난 3월 1일엔 주최 측 주장으로 500만의 태극기 집회가 있었다. 소추장의 논리대로라면 헌재(憲裁)는 숫자가 더 많은 태극기 편을 들어 탄핵 소추 기각을 결정해야 옳았다.

소추장은 언론 기사를 표절한 셈인데 이게 결정문에 반영되었다. '국민의 신임 배반'이란 말에서 '국민'은 구체적으로 누구인가? 국민의 뜻대로 하는 것은 정치이지 재판이 아니다. 1500만 유권자가 직접 뽑은 대통령을, 8인의 재판관들은 객관성이 결여된, 자의적으로 규정한 '국민'의 이름으로 파면했다. 다중의 뜻대로 하는 '인민재판'이라 부른다.

헌법재판관 출신 김문희 변호사는 헌재에 낸 의견서에서 〈지금 대한민국은 '순간의 분노와 격정'에 휩쓸려 '선거에 의한 정권교체'라고 하는 민주주의의 가장 기본적인 가치를 훼손하려고 하고 있다〉고 경고하면서 〈이런 격정으로부터 공동체를 보호하려고 만든 것이 헌법이다〉고 했다.

없던 탄핵사유를 만들어 넣은 憲裁

법률가들로부터 가장 격한 비판을 받고 있는 결정문 대목은 이것이다.

〈한편, 피청구인은 대(對)국민 담화에서 진상 규명에 최대한 협조하겠다고 하였으나 정작 검찰과 특별검사의 조사에 응하지 않았고, 청와대에 대한 압수수색도 거부하였습니다. 이 사건 소추사유와 관련한 피청구인의 일련의 언행을 보면, 법 위배행위가 반복되지 않도록 할 헌법수호 의지가 드러나지 않습니다.〉

이 문장은 사실과 다르다. 특검과 대통령 측 변호인은 대통령 대면 조사의 방법에 대하여 여러 차례 협상을 진행하였다. 특검은 녹음과 녹화를 해야 한다고 주장하였고, 변호사는 형사소송법에 따라 당사자의 동의가 없는 녹음 녹화는 허용할 수 없다는 입장이었다. 이 문제가 풀리지 않아 대면(對面) 조사가 이뤄지지 않았는데 대통령에게 책임을 씌웠다.

대통령도 한 국민으로서 지킬 인권(人權)이 있고 면책특권도 있다. 그

범위 안에서 방어권을 행사한 것을 위법, 더 나아가서 위헌으로 판단하였다. 청와대 압수수색 거부를 헌법수호 의지가 없다고 판단한 점은 사실오인(誤認)에다가 무리한 법리적용을 더한 경우이다. 청와대가 적법하게 압수수색을 거부한 것임은, 특검이 제기한 가처분 소송에 대하여 행정법원이 기각 판결을 내림으로써 확인된 일인데 이를 헌법수호 의지가 없다고 확대해석한 것이다.

"원님 재판 시대로 돌아갔다"

김평우 변호사는 〈특히 검찰이나 특검의 조사에 응하지 않은 것을 헌법부정으로 해석한 것은 수사피의자의 자백강요금지, 진술거부권 또는 자기부죄(負罪)거부의 특권(privilege against self-incrimination·범죄를 저질렀다고 기소되거나 의심받는 사람이 형사상 자기에게 불리한 진술을 강요당하지 아니하는 권리)을 완전히 부정하는 전(前)근대적인 반(反)헌법적 판결〉이라고 비판하였다.

손범규 변호사가 가장 흥분하는 것은 이 부분이 국회 소추장에도 없는 사안으로서 헌재가 멋대로 끼워 넣은 탄핵사유라는 점이다. 소추(기소)하지 않는 사안은 재판할 수 없다는 이른바 불고불리(不告不理)의 대원칙을 정면으로 위배한 것이라는 이야기이다.

"대통령의 태도가 불량하니 혼내주겠다는 식입니다. 이는 '네 죄를 네가 알렸다' 식의 원님재판 시절로 돌아간 셈입니다. 재판관이 소추자의 입장에 서서 재판한 셈입니다."

이 대목에서 가장 큰 문제는 국회가 소추장에 기재하지 않은 탄핵사유를 헌재가 집어넣고 이 사실을 대통령 측 변호인들에게도 알리지 않은 점이다. 대통령 측 변호인단은 이런 입장을 내어놓았다.

자기 권리를 지키겠다는 게 헌법위반?

〈헌재는 피청구인(박 대통령)이 검찰 및 특검 조사에 응하지 않았고, 청와대에 대한 압수수색을 거부한 점을 피청구인이 헌법수호 의지가 없는 것으로 설시하였으나, 이러한 사실들에 대하여 심판과정에서 전혀 언급한 사실이 없고, 헌재는 피청구인 대리인들에게 위와 같은 경위에 대하여 석명을 요구한 사실도 없어 피청구인 측에서는 전혀 설명할 기회가 부여되지 않았으며, 직무정지 된 피청구인이 청와대에 대한 압수수색을 허용할 것인지의 여부에 결정권을 행사할 수 없었음이 명백하고, 위 사실들은 소추사유에 적시된 내용이 아니어서 과연 피청구인을 파면할 것인지 여부를 결정하는 사유로 삼을 수 있는지 여부가 의심됨에도 이를 판단사유로 삼았던 점 등에 대하여 후일 엄정한 판례 평석이 이루어지기를 바랍니다.〉

파면 결정에 대한 재심이 이뤄진다면 이 부분이 크게 다뤄질 것이다.

헌재는 결정문에서 청와대 압수 수색 거부를 헌법수호 의지 결여로 연결시키는 데 논리의 비약이 심하다. 정당한 자기 방어권 행사가 어떻게 위법(違法)이 되고 더 엄중한 위헌(違憲)으로 격상될 수 있나? 특검이 김기춘 전 실장을 구속할 때 적용하였던 법리를 연상시킨다. 반(反)체제적 문화 예술인들의 활동을 막은 것이 아니라 그런 활동에 국가예산을 대주는 것을 막으려 한 행위를 '직권남용'으로 걸었던 것이다. 국가공동체를 위한 자위적 행위를 범죄로 규정한 점에서 자신의 권리를 지키기 위한 대통령의 행위를 위헌으로 규정한 것과 같은 맥락이다. 인간과 법치와 국가의 존재 이유에 대하여 근원적인 의문을 던지는 것이 헌재 결정문이다.

8인 팀으로 한 야구 경기

대통령 파면 결정에 대한 재심이 이뤄진다면 9인 전원(全員) 재판을 고의로 거부한 8인 재판이 큰 쟁점이 될 것이다. 야구는 9인 팀으로 해야 하는데 여러 번의 경고를 무시하고 8인 팀으로 경기를 강행한 '심판'은 결정문에서 이렇게 주장하였다.

〈9명의 재판관이 모두 참석한 상태에서 재판을 할 수 있을 때까지 기다려야 한다는 주장은, 현재와 같이 대통령 권한대행이 헌법재판소장을 임명할 수 있는지 논란이 되고 있는 상황에서는 결국 심리를 하지 말라는 주장으로서, 탄핵소추로 인한 대통령의 권한정지상태라는 헌정위기 상황을 그대로 방치하는 결과가 됩니다. 8명의 재판관으로 이 사건을 심리하여 결정하는 데 헌법과 법률상 아무런 문제가 없는 이상 헌법재판소로서는 헌정(憲政)위기 상황을 계속해서 방치할 수는 없습니다.〉

'대통령 권한대행이 헌법재판소장을 임명할 수 있는지 논란이 되고 있는 상황'이란 표현은 헌재의 헌법수호 의지를 의심케 한다. 대통령 권한대행은 현직 대통령의 모든 권한을 대행하는 것이다. 대행에게 헌법재판소장 임명에 대한 권한이 없다면 북한군이 쳐들어올 때 선전포고를 할 권한도 없다는 뜻이 된다. '논란'거리도 아닌 것을 '논란'으로 여긴 헌재는 일부 언론과 야당의 억지를 따라가면서 이정미 재판관의 퇴임날짜에 맞추어놓고 8인 재판을 강행하였다는 의심을 정당화한다. 더구나 헌법재판소는 그런 '논란'을 잠재워야 할 권능을 부여받은 기구가 아닌가? 대통령 파면이 한 헌법재판관의 퇴임선물이 된 것인가?

"법률로 헌법을 뒤집어"

김평우 변호사는 이렇게 반론하였다.

⟨8인 재판의 위헌(違憲) 주장에 대해서도 그 대답이 기가 막힌다. 사정상 부득이한 경우에는 재판관 7인 이상이 출석하면 심리할 수 있다는 헌법재판소법 제23조의 규정이 있으니까 평결도 할 수 있다는 것이다. 우리 헌법 111조에는 9인의 재판관으로 헌법문제를 재판한다고 되어 있지, 7인 이상이 재판할 수 있다고 되어 있지 않다. 오히려 헌법재판소법 제22조에는 헌법재판소의 심판은 재판관 전원(9인)으로 구성되는 재판부에서 관장한다고 명문으로 규정되어 있다. 7인 이상이 심리할 수 있다는 것은 헌법재판소법에 있지 헌법에 있지 않다. 그리고 그 법률 규정도 '7인 이상이 심리할 수 있다'고 되어 있지 심판할 수 있다고 되어 있지 않다. 헌법이 높고 법률은 그 아래 있기 때문에 법률로 헌법을 뒤집을 수 없다는 이 간단한 헌법의 기본 원리도 모르는 사람이 헌법 재판관들이라니 놀라지 않을 수 없다. '심리'와 '심판'의 차이도 모르는 사람이 판사라니 정말 믿어지지 않는다.⟩

"부정한 청탁이 아니다"

헌법재판소는 대통령 파면의 한 근거로 '피청구인(대통령)은 최서원으로부터 케이디코퍼레이션이라는 자동차 부품 회사의 대기업 납품을 부탁받고, 안종범을 시켜 현대자동차 그룹에 거래를 부탁했다'라는 점을 들었다.

 헌법재판소는 현대자동차 그룹이 KD코퍼레이션이라는 회사의 제품을 구입한 것이, '최서원의 사익(私益) 추구에 관여하고 지원했다'는 증거이며, 이러한 '피청구인의 행위는 최서원의 이익을 위해 대통령의 지위와 권한을 남용한 것으로서 공정한 직무수행이라고 할 수 없으며, 헌법, 국가공무원법, 공직자윤리법 등을 위배한 것'이라고 판시했다.

 이 내용은 헌법재판소가 검찰의 '공소장'을 사실 확인 없이 인용한 것이다. 검찰 공소장이 사실이 아닌 것으로 확정되면 재심 사유가 될 것이다.

 현대자동차 그룹은 지난 1월 26일 언론에서 '현대차, 최순실 지인(知人) 회사 제품 비싸게 사주고 협력사에 사용 압박'이라는 기사를 보도하자, 그 이틀 후 보도 내용을 전면 반박하는 자료를 발표했다.

 이 보도자료에서 현대자동차 그룹은 '이미 2010년부터 기아자동차에서 KD코퍼레이션의 원동기용 흡착제를 사용하고 있다'는 사실을 공개하고, '2011년에 이 흡착제에 대한 전력소모 수치를 분석한 결과, 20% 이상의 에너지 효율이 발생한 것을 확인했다'고 밝혔다.

 현대자동차 그룹은 보도자료에서 "원동기 납품은 공개 경쟁 입찰방식에 의해 투명하게 진행되었으며, 독일 바스프, 미국 알코아 등 해외 업체의 제품을, 국내 유일의 저온재생(低溫再生) 흡착제를 생산하고 있는 케이디코퍼레이션 제품으로 변경한 것"이라며, "케이디코퍼레이션 제품 사용을 통해 수입 대체 및 국산화 효과를 거뒀다"고 발표했다. 현대자동차 그룹의 이 보도자료는 거의 모든 언론이 묵살하는 바람에 제대로 알려지지 않았다. 박 대통령이 부탁을 한 것이 사실이라고 하더라도 자격 없는 회사를 잘 봐주라는 부정한 청탁은 아니었다면 이게 과연 탄핵감인가?

司法체계의 문란

결정문은 〈최서원에 대한 국정개입 허용과 권한남용〉을 대통령 파면의 사유로 삼았다.

〈재단법인 미르와 케이스포츠의 설립, 최서원의 이권 개입에 직·간접적으로 도움을 준 피청구인의 행위는 기업의 재산권을 침해하였을 뿐만 아니라, 기업경영의 자유를 침해한 것입니다.〉

최순실 변호인 이경재 씨는 헌재의 선고 직후 반박문을 냈다.

〈헌재가 미르와 케이스포츠 재단이 피고인 최서원의 사익(私益)추구를 위해 만들어졌다고 하나 이는 사실이 아닙니다. 2016. 11. 20. 검찰의 공소장에서조차 그런 기재부분이 없습니다. 헌재의 이런 사실인정은 고영태 일당인 노승일, 박헌영, 이성한 등의 증언에 기초한 것인데, 그들의 증언은 신빙성 없음이 그들 간의 대화 녹음파일 공개에서 확인되었는데 (헌재는) 이를 무시하였습니다. 앞으로 진행될 치열한 법정공방을 거친 형사재판 결과와 오늘, 헌재의 사실인정이 다를 경우 제기될 문제점에 대해 우려하지 않을 수 없습니다.〉

형사 재판 결과 최순실 피고인에게 이 부분에서 무죄가 선고될 경우 파면된 박 대통령이 복직하는 것은 아니지만 한국의 사법체계는 치명상을 입는다.

국회의 탄핵 소추장은 독자적 조사 없이 검찰 공소장과 언론 보도를 표절한 것이었다. 증거수집 노력조차 없었다. 일단 대통령을 탄핵소추 의결로 직무정지시켜 놓은 다음 청문회나 특검을 시켜 증거를 수집하려고 하였다.

이렇게 일의 순서가 뒤집어지는 바람에 사법(司法)체계의 문란이란 중대사태가 발생하였다. 1심은 검찰의 기소에 따라 최순실 사건을 재판하고, 특검은 같은 사안에 대하여 검찰 기소장과 다른 범죄혐의로 또 기소를 하였다. 헌재는 이 재판의 결과가 나오기 전에 같은 사안에 대한 판단을 하였다. 나중에 헌재의 판단과 다른 판결이 나온다면 어떻게 되나?

故意가 없는데 違法이 되나?

법률가들이 지적하는 헌재 결정문의 심각한 법률 위반은 박 대통령의 고의성에 대한 입증은커녕 설명조차 없다는 점이다.

김평우 변호사의 지적이다.

〈'고의 없으면 처벌 없다'는 근대법의 기본원리를 위배하여 고의에 대한 아무런 사실적시와 증거설명이 없다. 이 사건 국회의 탄핵소추장과 마찬가지로 이 사건 판결문에도 피청구인 즉 박근혜 대통령이 '고의'나 '범죄 의사'를 가지고 최순실의 국정관여를 방임하거나 도와주어 직권을 남용한 것이라는 고의, 공범자 의사에 대하여 아무런 적시나, 설명도 없이 대통령직 파면이라는 중대한 처벌을 내린 것이다.〉

고의(故意)가 없는 실수는 도덕적 책임이나 민사책임의 대상은 되지만 형사처벌 대상은 아니다. 헌법위반이라고는 절대로 볼 수 없어 파면 사유가 아니다. 김 변호사는 "만약 이 결정문이 영어로 번역되어 널리 알려지만 고의성에 대한 판단의 소홀이 가장 큰 비판을 받을 것이다"고 했다.

증거 없는 국회 소추에 대하여 헌재는 면죄부를 주었다. 김평우 변호사는 법치의 근간을 흔드는 범죄적 행위라고 비판하였다.

증거 무시 재판

〈'증거 없는 소추'의 위헌성에 대해서도 국회법에 증거를 붙여야 한다는 규정이 없으니까, 증거를 붙이고 안 붙이고는 국회 자유라는 것이다. 우리 형사소송법에는 검사가 증거 없이 기소(起訴)하지 말라는 명문규정은 없다. 그러면 검사는 아무 증거없이 사람을 기소해도 자유인가? 설사 법률에 아무런 규정이 없어도 헌법 제12조에는 적법절차 규정이 있으므로 검사가 증거조사도 아니하고, 증거도 없이 국민을 기소하는 것은 적법절차에 위배된 기소로서 위헌이고 만일 고의적이면 이는 직권남용 등의 범죄가 되는 것이다.

국회도 마찬가지다. 증거가 있어야 대통령을 소추할 수 있는 것은 헌법 제12조의 적법절차 규정상 너무나 당연한 것이다. 헌법을 전문으로 재판하는 헌법재판소 재판관들이 국회가 증거 소추하라는 헌법의 규정이 없으니까 증거 없이 대통령을 소추해도 좋다고 하면 이런 재판관이 어떻게 헌법을 지키는 재판소의 법관인가?〉

국회가 대통령 탄핵소추안을 통과시키는 과정에 대하여 헌재가 심리하지 않는 것이 판례로 굳어진다면 앞으로 국회는 과반수 의석만 확보하면 대통령을 제외하고 어떤 총리 장관 대법원장 감사원장 판사 등도 탄핵 소추하여 일단 직무정지 시킬 수 있다. 3분의 2 이상의 의석만 가지면 대통령을 멋대로 직무정지 시킬 수 있다. 헌재가 국회에 독재권을 부여하는 꼴이다. 삼권분립의 원칙이 무너지는 것이다.

이렇게 국가적, 법적 논란이 큰 사안에서 헌재의 대통령 파면 결정이 8-0이었다는 점은 뭔가 부자연스럽다. 작위가 느껴진다. 소수의견이 반영되지 않는 나라에선 전체주의적 광기(狂氣)가 지배한다. 박근혜 대통령을 몰아세우는 선동에는 거의 모든 언론, 검찰, 법원, 국회, 종북좌파, 그리고 북한노동당 정권까지 합세하였다. 한반도에 반(反)박근혜 통일전선이 형성되었다. 이에 대한 유일한 소수의견은 태극기 집회였다.

8-0의 공포

헌재의 8-0 결정은 이런 정치적, 권력적 역학관계를 반영한다고 본다면 이해는 가지만 오랜 시간 평가의 대상이 될 결정문의 필자들에겐 큰 도움이 되지 않을 것이다.

법률 전문가로 보이는 익명(匿名)의 필자는 조갑제닷컴에 이런 글을 보내왔다.

〈한 마디로 말해 이번 탄핵결정문은 단순 폭행, 절도 사건에 대한 제1심 형사단독판사의 판결문보다 낮은 수준의 판결문이라고밖에 할 수 없다. 그렇다면 탄핵인용이라는 결론의 타당성 여부를 따지기 이전에 왜 이런 수준 낮은 결정문이 작성되었을까 라는 의문이 우선 제기된다. 짐작컨대 이는 탄핵인용이라는 결론을 미리 정해놓고 그 결론에 맞추기 위해 법리를 구성했기 때문인 것으로 생각된다. 교과서에서는 법관의 '예단금지(豫斷禁止)'를 강조하지만 실제 재판에서는, 특히 하급심 판결에서는 법관의 예단(豫斷)이 자주 발견된다. 하지만 대통령의 파면 여부를 결정짓는 단심재판인 탄핵심판에서 예단이 있었다면, 이는 더 이상 헌법재판관의 자질 문제를 논하기 이전에 탄핵인용 결정의 효력에 대한 근본적인 의문을 제기한다. 아무리 수준 낮은 탄핵결정문이라도 확정적 효력을 가지기 때문에 모든 국민이 승복해야만 한다는 논리는 나치로 대표되는 이른바 형식적 법치국가에서 자주 사용되던 논리의 연장선상에 있음을 이 시점에서 다시금 인식할 필요가 있다.〉

김평우 변호사는 탄핵 결정 다음날 태극기 집회에 나와 이렇게 한탄하는 연설을 하였다.

"저를 가장 놀라게 하고 슬프게 한 것은 다름 아니라 헌법재판관 8명 전원이 탄핵인용에 찬성했다는 사실입니다. 아니 헌법이 무엇인가를 아는 재판관이 한 사람도 없단 말입니까? 그러면 지금까지 이런 사람들을 헌법재판소 재판관으로 지명하고, 청문회에서 통과시키는 국회는 다 무엇을 기준으로 지명하고 심사한 것입니까? 여러분 이 나라가 과연 국가 맞습니까? 어떻게 이 나라 구석구석이 이렇게 완전히 썩었습니까? 저는 이 89쪽짜리 판결문을 읽는 것이 너무나 부끄럽고 죄송합니다. 이것이 우리 법조계의 엘리트라는 사람들의 법률수준임이 이제 만천하에 드러났습니다."

작년 12월 이후 만난 법률가들에게 탄핵재판의 전망에 대하여 물었을 때 공통적인 반응은 "법리적으로 판단하면 기각, 정치적으로 판단하면 인용"이었다. 검찰총장, 민정수석, 법무장관 출신 등 고위직으로 갈수록 '인용'을 점치는 이들이 많았다. 나는 결정일 하루 전에 '헌법재판관들이 정상이라면 8-0으로 기각해야'라는 글을 올렸다. 8-0으로 인용된 직후 한 고명(高名)한 헌법재판관 출신 변호사가 전화를 걸어와 격앙된 말투로 이렇게 쏟아부었다.

"논평할 가치도 없는 수준 낮은 결정문입니다. 사실 인정 부분을 믿을 수 없습니다. 이런 결정을 내리기까지의 고민이나 자기 아픔의 흔적이 없습니다. 엉터리 국회 소추장과 같은 수준의 결정문입니다. 결론을 정해놓고 끼워맞춘 느낌이 듭니다. 헌법재판소를 탄핵해야 합니다. 이런 헌재를 없애자는 운동이 일어난다면 앞장서고 싶은 심정입니다. 태극기가 희망입니다. 내려져서는 안 됩니다."

승복의 강요는 양심의 자유 위반

헌법정신을 여러 군데서 위배한 헌법재판소의 박근혜 대통령 파면 결정에 무조건 승복해야 한다고 압박하는 것은 양심의 자유에 대한 탄압이다. '승복'이란 개념을 잘못 사용하는 경우이다. 승복의 당사자는 박근혜 대통령이지 일반 국민이 아니다. 박 대통령은 행정적으로는 승복하지 않을 수 없다. 즉, 대통령 자리에서 파면되었으므로 이를 받아들이고 청와대를 떠나야 한다. 대통령이 "나는 떠나지 않고 계속 집무하겠다"고 버티지 않는 한 승복 문제는 끝난 것이다.

지금 언론이나 정치권에서 말하는 승복은 재판 당사자가 아닌 일반 국민들에게 하는 충고이다. 특히 태극기 집회 참여 국민들을 겨냥한 말이다. 그들은 '승복'의 의무를 진 사람들이 아니다. 태극기 집회 참여자들을 포함한 상당수 국민들은 헌법재판소의 결정문을 비판한다. 이 '비판의 자유'까지 '불복'이라고 욕한다면 이는 언론과 양심의 자유를 억압하는 범죄적 행위이다. 8-0의 결정을 부른 전체주의적 분위기의 연출자는 기자, 검사, 판사, 국회의원, 종북좌파 세력이다. 한 태극기 집회 주최 단체는 이들을 '탄핵 5적'이라 불렀다. 한국 사회의 특권층을 형성하는 이들 '신종 양반계급'이 한국 법치민주주의의 성숙과 발전을 가로막고 있다. 국민을 '졸'로 보는 이들은 양반문화의 좋은 점인 '선비정신'(나쁜 점은 당파성)조차 없다.

chapter 05

챔피언 자리를 내어준
한국 보수 再生의 길

보수는 좌파보다 더 성실한가, 더 정직한가, 더 용감한가, 더 단결하나, 더 신사적인가, 자신에게 물어야 한다.

月刊朝鮮 〈2017년 6월호〉

챔피언 자리를 내어준
한국 보수 再生의 길

열린 주체성으로 중도와 손을 잡아야 문재인 정권의 좌경화를 견제할 수 있다.

사실을 놓치면 모든 것을 잃는다

지난 대통령 선거 운동 기간에 있었던 일이다. 공안부처 장관직을 지낸 분이 전화를 걸어왔다.

"조(趙) 사장은 광주사태 때 북한군이 들어오지 않았다고 하는데 그런 생각 재고할 수 없어요?"

선거에 이 문제를 제기하자는 뜻이었다. 평소 존경하는 분이지만 좀 짜증을 냈다.

"없는데요. 들어왔다면 흔적을 남겨야 할 것 아닙니까? 600명이 모두 투명인간이었습니까? 들어왔다면 집권하실 때 뭘 했습니까? 그때 밝혔어야지. 아무리 시국이 어려워도 거기엔 미련을 버리십시오."

투표 하루 전 전직 장관으로부터 '우리 조사로는 홍준표 후보가 2~3%로 이기는 것으로 나온다'는 문자 메시지가 들어왔다. 나는 '너무

낙관적이네요'라는 답신을 보낸 뒤 문재인 후보가 40% 득표로 이기고 홍준표 후보는 안철수 후보와 2등 경쟁을 하고 있다는 여론 조사 내용을 보내고 '구글트렌드'니 '빅데이터'니 하는 것은 여론조사보다 부정확하다는 점을 설명해도 믿으려 하지 않았다. 홍준표, 조원진 후보 지지자들은 서로 당선을 확신하면서 상호 비방전을 (문재인 후보에 대한 비판보다) 더 심하게 하기도 하였다. 희망한 것보다 너무나 큰 표차로 패배하니 부정선거 음모론도 나온다. 위축되고 분열되어 더 각박해진 한국 보수의 한 단면이었다.

사실과 실력에서 벗어난 보수필승론

대한민국 70년의 주류세력이었던 한국 보수는 탄핵과 선거를 거치면서 챔피언의 자리에서 끌려 내려와 새로운 세상에서 도전자로서 생존투쟁을 벌여야 할 처지가 되었다. 이번 대선(大選)에서 재확인된 한국 보수(보수층, 보수세력, 보수정당을 두루 일컫는 말)의 큰 병폐는 사실관계에 투철하지 못한 점이다. 이념대결의 한복판에 있다가 보면 마음속에 미움이 가득 차고 믿고 싶은 대로 믿으려 한다. 이게 진실을 들여다봐야 할 마음의 눈을 흐린다. 사실 확인을 소홀히 하면 공상이나 희망사항에 근거한 전략을 세우게 된다. 사실에 근거한 정치적, 전략적 상상력이 아니라 허위에 기초한 정치적 망상을 하는 것이다.

19代 대통령 선거에서 보수의 필패(必敗)를 예약한 논리는 '보수(단일화)필승론' 이었다. 보수만 뭉치면 중도(안철수 후보)와 손을 잡을 필요 없이 반드시 이긴다는 확집(確執)이었다. 그 주장의 근거는 대선은 어차피 좌우 대결로 가는데 좌파가 분열되었다는 분석이었다. 문재인 세

력과 함께 안철수 세력을 좌파로 몬 것부터가 잘못된 분석이고, 보수가 탄핵사태를 거치면서 줄어들고 분열되었다는 엄연한 사실에 눈을 감은 오진(誤診), 오판(誤判)이었다. 과거의 성공사례를 달라진 오늘에 적용하려 한 것이다.

보수필승론에서 나온 전략은 '홍준표 찍으면 홍준표 된다'였다. 결과는 홍준표 찍는 만큼 안철수의 표를 잠식, 2위 경쟁을 벌임으로써 문재인 당선을 쉽게 만들어준 셈이 되었다.

보수에 절대적으로 불리하게 기울어진 운동장에서 싸운 보수는 자신의 실력에 맞는 목표를 세웠어야 했다. 이는 중도를 대표한 안철수 세력에도 해당되는 말이다. 그것은 자파(自派) 후보 당선이 아니라 문재인 당선 저지이고 이를 위한 중도-보수 연대였다.

살 길은 保中연대

북한정권은 이런 사태 전개를 두려워하여 대남(對南) 선동기관을 통하여 '차악선택론'을 보수패당의 역적질로 몰아세웠다. 중도-보수 연대 가능성을 먼저 깬 이는 안철수 후보였다. 보수층이 의구심을 가진 박지원 국민의당 대표를 뒤로 물리지 않고 오히려 홍준표 후보를 '연대 불가 세력'으로 규정하였다. 안철수 후보는 상당수 여론조사에서 1위로 올랐던 4월 초, 자신의 주된 지지기반이 보수 성향 유권자임을 직시하였어야 했다. 이 표를 지키면서 호남표가 이탈하지 않도록 하는, 영호남 통합에 기초한 보수-중도 대여정 구상이 나올 수 있는 시간대는 그러나 너무 짧았다. 안철수 후보가 텔레비전 토론에서 성숙되지 못한 모습을 보이고 홍준표 후보의 지지율이 오르면서 상당수 보수 표와 젊은 표가 이탈하였기 때문이다. 보수-중도 연대를 성사시킬 시간이 없었고, 사카모토 료마 같은 위대한 중재자도 없었다.

보수필승론은 사실 오인에 기초한 잘못이고, 보수-중도 연대론은 현실을 벗어나 너무 이상적이었다. 사실을 떠난 보수필승론은 폐기해야 하지만 사실에 기초한 보수-중도연대론은 문재인 집권으로 더 필요해졌다. 보수세력은 혼자의 힘만으로는 좌파운동권 정권을 견제할 힘이 없다. 선거 때의 보수-중도 연대엔 실패하였지만 문재인 정권이란 현실 권력이 국가 정체성과 국가 진로를 왼쪽으로 끌고 가려 할 때 이를 저지하기 위한 정치적 연대는 필수적이다.

反좌파 성향인 호남의 30%, 젊은층의 20%를 적대시할 수 있나?

문제는 도전자의 자리로 내려앉은 보수가 정체성을 잃지 않고 중도와 손을 잡으려면 주체성이 있어야 한다. 중도에 이용당한다든지 중도와 손잡는 것은 이념적 배신이라고 여기는 것은 자신감과 주체성이 약할 때의 피해의식이다. 주체성은 정확한 사실파악에 근거한 자유로운 영혼의 작용이다. 보수는 좌파 정권 10년은 좌우합작의 결과였음을 잊고 배우려 하지 않는다. 1997년의 김대중-김종필 연합, 2002년의 노무현-정몽준 단일화. 좌파가 우파를 이용하였다고 비방만 하지 말고 우파가 중도와 왜 손을 잡을 수 없는가를 생각해야 할 것이다. 정치나 외교에서 동맹(同盟)과 합종연횡(合從連橫)은 부도덕한 게 아니라 상식이다. 신라의 현란한 동맹외교에서 보수가 배울 점이 없을까?

신라는 삼국(三國) 가운데 발전이 늦고 작은 나라였는데, 외적(外敵)

에 둘러싸여 가장 많은 전쟁을 치렀다. 살아남기 위해서는 동맹을 맺을 수밖에 없었다. 신라는 5세기 초까지는 고구려의 보호를 받다가 힘이 생기니 백제와 나제(羅濟)동맹을 맺어 고구려의 남진(南進)정책에 대항하였다. 6세기 중반 진흥왕 때 이르자 국력(國力)에 자신을 갖고 나제(羅濟)동맹을 파기, 백제를 치고 한강 유역을 차지하였다. 7세기에 접어들어 백제와 고구려가 신라를 협공하는 판세가 형성되자 신라는 중국을 통일한 수(隋)에 접근하였다가 결국 당(唐)과 동맹하는 데 성공하였다. 신라는 '당당한 사대주의'의 나라였다. 당과 손잡고 백제, 고구려를 멸망시킨 뒤 당이 신라마저 먹으려 하니 세계 최대 제국을 상대로 7년간의 결전을 벌여 이들을 한반도에서 축출, 민족통일 국가를 완성하였다. 당과 싸울 때는 수백 년간의 숙적(宿敵)인 일본과 화해, 후방을 든든하게 만드는 유연성을 발휘하기도 하였다.

신라가 삼국통일을 할 수 있었던 정치적 원동력은 진골 출신인 김춘추(金春秋)가 가야계 출신인 김유신(金庾信)과 일종의 혼인동맹을 맺어 강력한 권력을 구축, 내정(內政)을 안정시킨 점에 있었다. 김유신의 여동생이 김춘추의 부인이 되고 그 사이에서 난 딸은 외삼촌인 김유신의 부인이 되었다. 일본의 메이지유신도 연대(連帶)의 결과이다. 앙숙이던 사쓰마(가고시마)와 조슈(야마구치) 세력이 사카모토 료마의 중재로 동맹, 막부를 타도할 수 있었던 것이다. 남북한 통일도 보수-중도 연대에 의한 내부 권력강화가 먼저 이뤄져야 가능할 것이다.

보수가 중도와 손을 잡는다는 것은 이번 대통령 선거에서 안철수 후보를 시시한 약 30%의 호남 내 反좌파 성향과 약 20%의 온건한 젊은층(20~40대)과 적극적으로 대화하고 공감대를 모색한다는 뜻이다. 보수필승론이나 보수자강론은 일종의 자폐론으로서 우군(友軍)이 될 수 있는 이들을 좌파로 모는 실수이다. 이들과 소통하고 협력하는 법을 배우는 노력이 보수의 경직성을 풀어주어 자체 혁신에도 도움이 될 것이다.

통일 세력 對 분단고착 세력

지난 대선(大選)으로 실력의 바닥이 극명하게 드러난 한국의 보수는 재충전, 재정비, 재구성되어야 재생(再生)의 길이 열릴 것이다. 보수 혁신에 가이드라인이 될 만한 생각을 정리해보았다.

1. 명칭 문제 : '보수'는 힘 빠지는 용어이다. 수세적이고 회고적이기 때문이다. '우파'는 '좌파'의 정당성을 인정하고 국민의 반쪽을 떼 주는 단어로서 적당하지 않다. '자유통일 세력', 더 줄여서 '통일세력'이라고 부르면 어떨까? 미래지향적이고 공세적이며 헌법에 맞다. 문재인 대통령은 평소 국가연합이나 낮은단계연방제를 주장하였는데 이는 헌법위반이고 분단 고착이다. 〈자유통일 세력 對 분단고착 세력〉의 구도로 큰 그림을 그릴 필요가 있다. 이승만(李承晩)이 말한 대로 한반도 전체를 〈외래사상(계급투쟁론)의 포로가 된 김정은 추종세력 對 한민족 전체의 대결〉로 갈라 주도권을 잡는 용어이다.

2. 주체성을 회복해야 한다. 보수는 팬클럽도 패거리도 아니다. 지난 대선 때처럼 보수운동가들이 특정 후보와 정당 운동원으로 변신, 주적(主敵)을 놓아두고 동지들끼리 싸운 것은 불가피한 사정이 있겠지만 주체적 관점이 약하여 정당과 정치인에게 끌려 다닌 탓이다. 보수운동권은 도덕성과 객관성과 주체성을 견지하면서 정당을 견제, 견인해야 한다. 그렇다고 운동의 논리를 정치에 강제하여선 안 된다. 운동은 선명할수록 좋지만 정치는 합종연횡에 의한 권력 쟁취를 본질적 숙명으로 한다.

3. 보수는 어떤 가치를 지키자는 세력인가? 헌법 1, 3, 4, 5, 10조에 명시된 국가 정체성과 민족사적 정통성 및 개인의 자유, 그리고 법치이다. 요약하면 진실, 정의, 자유이다.

4. 한국 보수의 목적은 무엇인가? 건국-호국-산업화-민주화를 이룩한 자긍심의 연장선상에서 법치를 성숙시키고 자유통일을 이루어 일류국가를 만드는 것이다. 끊임없는 혁신과 개혁으로 국가공동체를 공명정대한 나라로 가꿔야 한다.

5. 보수적 품성은 어떤가? 보수는 죽은 사람, 살고 있는 사람, 태어날 이들을 서로 이어주면서 아래 위를 아는 사람들이다. 보수의 반대말은 거짓이고 무례이다. 어느 나라이든 보수적 품성과 보수 문화의 핵심은 상무(尙武)정신으로 대표되는 야성과 기강이다. 보수는 좌파보다 더 성실한가, 더 정직한가, 더 용감한가, 더 단결하나, 더 신사적인가, 자신에게 물어야 한다.

6. 보수는 무엇을 경계해야 하나? 사실보다 신념을 앞세우면 안 된다. 진실 위에 정의를 세워야지 정의 위에 진실을 세우려 하면 독단, 독재로 흐른다. 보수는 종교도, 주의(主義)도 아니다. 도그마에서 벗어나야 전략적 유연성을 발휘할 수 있다. 실력보다 명분을 앞세우면 자멸한다.

7. 보수의 행동 윤리 : 대동단결, 백의종군, 그리고 분진합격(分進合擊)이다. 공동 목표를 갖되 수단은 달라야 한다. 결정적인 순간에 힘을 합친다. 그렇게 하려면 서로 다름을 인정하고 화합하고 협동할 줄 알아야 한다. 즉, 화이부동(和而不同) 정신이다.

8. 중도는 보수의 적(敵)인가. 대한민국 헌법을 존중하고 김정은 정권에 반대하면 다 우리 편이다. 경제, 복지정책을 기준으로 적과 동지를 가르면 안 된다. 헌법을 기준해야 한다.

9. 한국 보수가 소홀히 하는 세 개의 큰 문제 : 첫째, 한국의 보수는 민족사적 정통성과 국가 정체성을 수호하는 세력이므로 정통성의 출발점인 신라의 삼국통일을 높게 평가하여 대한민국의 건국과 더불어 정통성의 두 기준점으로 삼아야 한다. 최초의 민족통일 국가 건설의 연장선상에서 최초의 국민국가 건설이 가능하였다. 신라가 삼국통일을 해 가는 전략에서 드러난 개방적 주체성이야말로 보수가 귀감으로 삼을 만하다.

둘째, 한글전용(專用)의 폐해에 대한 자각(自覺)이다. 한국어는 한자(漢字)와 한글을 혼용(混用)해야 제대로 기능한다. 한글전용에 의하여 한국어가 반신불수가 되고 암호화됨으로써 한자문화권에서 고아가 되고 문해력(文解力)이 떨어져 분별력이 약해지는 것은 보수적 가치를 위협한다. 한자를 잊으면 좌파 선동에 잘 넘어가기 때문이다. 동양문화권에서 한자 말살은 좌파의 책동이었다.

셋째, 자주국방 의지의 실종. 보수는 한미동맹을 너무 강조하다가 보니 자연스럽게 미국에 의존하면서 자주국방 의지를 소홀히 해왔다. 자위적 핵무장론을 주장하는 보수의 목소리가 약한 게 증거이다. 한국이 경제력에서 북한을 50배로 압도하면서도 끌려 다니고 좌파로부터 경멸받는 가장 큰 이유가 자주국방 의지의 취약이라는 점에서 깊은 반성이 필요하다.

보수는 무엇을 개혁하고 무엇을 지켜야 하나?

10. 보수는 '감정적 반일(反日)'에 영합하지 않아야 한다. 민주주의 국가끼리는 전쟁을 하지 않는다는 국제정치의 대원칙이 있다. 독도나 위안부 문제로 한국과 일본의 사이가 나빠지면 한미일(韓美日) 동맹관계가

제대로 작동하지 않는다. 일본에는 북한군의 남침 때 한국을 지원하는 유엔군의 후방사령부가 있고 미국의 해공군 기지가 있는 한국의 후방이다. 북한정권의 대남(對南) 공산화 전략에서 한미 간 이간질만큼 중요하게 여기는 게 한국과 일본 이간질이다.

11. 보수는 무엇을 개혁할 것인가? 보수(保守)는 끊임없이 보수(補修)하여야 한다. 탄핵사태를 계기로 신종 양반계급에 비유되는 특권층이 법치민주주의의 결정적 장애물이란 사실이 드러났다. 이를 개혁하는 것이 한국을 평등한 나라, 공정한 나라로 만들어 젊은이들의 공감을 얻는 일이다. 선동언론, 정치검찰, 귀족노조, 제왕적 국회는 법과 사실을 무시하므로 나라의 발전을 막는 수구(守舊)세력이다. 홍준표 후보는 선거 기간에 '당당한 서민 대통령'의 이미지를 앞세우면서 이런 특권층 개혁을 호소하였다. 문명 및 교양과 함께 서민성, 개혁성, 투지를 보수의 브랜드로 만들어야 한다.

12. 박근혜(朴槿惠) 탄핵 사태를 어떻게 볼 것인가? '지도자의 무능은 만참(萬斬)으로도 부족하다'(김성한)라는 말이 있듯이 좌파와 맞서고 개혁을 한 공적이 있음에도 권력관리를 허무하게 하여 자신부터 지키지 못함으로써 반공자유민주주의 체제의 위기를 부른 책임은 크다. 하지만 파면감은 아니었다. 그를 파면 구속으로 몰고 간 신종 양반 특권층의 법치 농단 행위를 지속적으로 고발하여야 보수의 설 자리를 확보할 수 있다. 특히 헌법재판소의 탄핵인용 결정문은 한국의 법치에 박은 대못이다. 이를 비판하고 무효화시키는 데는 광주사태의 성격을 '무장폭동'에서 '국민저항권 행사'로 돌려놓은 이른바 진보세력의 끈질긴 투쟁을 참고로 할 만하다. 탄핵사태를 주도한 세력 중 핵심은 좌파운동권이었다. 이들이 언론의 후원 아래 민중혁명적 상황을 조성, 대통령을 파면, 구

속으로 몰고 간 상태에서 대선을 치렀다. 진행 중인 혁명적 사태 속의 선거였다.

13. 문재인 정권의 성격 : 좌파운동권 정권이므로 국가와 사회 곳곳에 포진한 세포와 네트워크를 연결, 계급혁명적 상황을 조성, 국가정체성과 국가진로를 바꾸려 할 가능성이 있다. 그 시도가 성공하기 위해서는 보수를 무력화시키고 헌법을 부정하고 언론의 자유를 제약해야 한다.

14. 언론의 자유가 체제 수호의 핵심이다. 선거의 자유, 양심의 자유, 사유(私有)재산권 행사의 자유를 지키는, 모든 자유의 어머니는 언론의 자유이다. 언론의 이름으로 언론을 선동기관으로 만들려는 내부의 적, 권력과 금력으로 저널리즘의 원칙을 무너뜨리려 하는 외부의 적을 다 같이 견제하려면 독자와 시청자들이 더 똑똑해지고, 유튜브 방송 등 대안언론을 만들어야 한다.

15. 한국 보수의 궁극적 존재 이유는 무엇인가? 개인의 자유와 창의에 근거한 문명(文明) 건설, 이를 가능하게 하는 국민의 교양 함양, 그리하여 통일되고 자유롭고 강력하며 번영하는 국가공동체를 만드는 것이다. 문명과 교양이 가장 큰 설득력이다.

참고자료 : 보수주의자의 신조

영국 보수당의 당수였던 마이클 하워드는 보수주의자의 신조(16개항)를 아래와 같이 정리, 신문에 광고를 낸 적이 있다.

"나는 믿는다"

1. 자신은 물론 가족의 건강과 부(富)·행복을 추구하는 것이 인간의

본성이라고 나는 믿는다.

2. 인간 본연(本然)의 야망을 추구하지 못하도록 막는 장애를 제거하기 위해 헌신하는 것이 정치인의 의무라고 나는 믿는다.

3. 국민은 그들이 삶의 주인이고 간섭과 지나친 통제를 받지 않을 때 가장 행복하다고 나는 믿는다.

4. 국민은 커야 하며 정부는 작아야 한다고 나는 믿는다.

5. 관료·형식주의, 갖가지 규정과 조사관, 각종 위원회와 정부기관이 국민을 보호하기 위해 만들어졌지만 인간 행복에 기여하지 않는다고 나는 믿는다.

6. 모든 국민은 잠재 능력을 최대한 발휘할 수 있는 기회를 가져야 한다고 나는 믿는다.

7. 책임 없는 자유는 있을 수 없으며 스스로 돌보지 못하는 사람들을 돌보는 것은 우리의 의무라고 나는 믿는다.

8. 불공평은 우리를 분노하게 하며 기회 균등이야말로 중요한 가치임을 나는 믿는다.

9. 부모는 자녀에게 자신들이 받았던 것보다 더 나은 교육을 제공하기를 원한다고 나는 믿는다.

10. 모든 어린이는 자신들의 부모가 노후(老後)에 평안하기를 바란다고 나는 믿는다.

11. 영국인들은(여기서는 한국인) 그들이 자유로울 때만이 행복하다고 나는 믿는다.

12. 영국(한국)은 어떤 경우에도 자유를 수호해야 한다고 나는 믿는다.

13. 행운과 타고난 재능·노력, 그리고 부(富)의 다양한 배분을 통해서만이 우리 조국이 고귀한 과거와 약동하는 미래를 가진 위대한 사람들

의 고향이 될 수 있다고 믿는다. 나는 그들의 종이 되는 것이 행복하다.

"나는 믿지 않는다"

14. 누군가 부자이기 때문에 또 다른 사람이 가난해졌다고 나는 믿지 않는다.

15. 누군가 지식이 있고 교육을 받았기 때문에 또 다른 사람이 무식해졌다고 나는 믿지 않는다.

16. 누군가 건강하기 때문에 또 다른 누군가가 병들게 됐다고 나는 믿지 않는다.

chapter 06

문재인 정권의 작동원리는
변형된 계급투쟁론

'핵무장한 적과 상대하고 있는 한국의 지도부가 적과 계급투쟁론을 공유한다는 것은 모험이다. 이 낡은 증오의 과학이 관념에 머물지 않고 세상으로 튀어나올 때 판도라의 상자가 열리는 것이다.'

月刊朝鮮 〈2017년 7월호〉

문재인 정권의 작동원리는
변형된 계급투쟁론

공무원들은 '촛불혁명'과 '촛불시민'의 명령을 수행하는 도구?

E=mc²

문재인 정권의 작동원리를 파악하면 앞으로 전개될 이 세력의 전략, 전술, 정책, 목표를 내다 볼 수 있고, 약점과 강점을 알 수 있으며 대책도 세울 수 있다. 이 세상의 모든 작동원리는 단순하다. 세상을 바꾸고 우주를 새롭게 보게 만든 가장 유명한 공식 $E=mc^2$이 대표적이다. 1905년 스위스의 특허국 직원으로 일하던 알베르트 아인슈타인이 발표한 특수 상대성 논문에 붙은 공식이다. E는 에너지, m은 질량, c는 빛의 속도이다. 질량은 에너지, 에너지는 질량으로 전환될 수 있는데 이때 줄어드는 질량에 광속(光速)의 제곱을 곱한 어마어마한 수치만큼 에너지가 생긴다. 이 원리를 응용한 것이 원사폭탄과 원자력 발전이다. 우라늄이 핵분열로 수십 g 없어지면서 생긴 에너지가 도시 하나를 날려버린다.

이 공식의 위대성은 아무 관계없이 보였던 에너지, 질량, 빛을 하나로 통합시킨 점이다. 아인슈타인은 실험을 통하여 공식을 알아낸 게 아니라 생각에서 나온 것이다. 이미 알려진 물리학 지식에 천재적 상상력과 영감(靈感)을 보태어 발견해낸 원리다. 여기서 많은 부수적 지식과 물건들이 생산되었다. 태양을 포함한 모든 별들이 이 공식에 따라서 에너지를 분출하고 있다는 사실을 알게 되었고 블랙홀의 존재를 예언하였으며 극장 비상구를 밝히는 불빛이나 부엌의 연기 감지기도 이 공식에 의하여 작동한다.

나는 심심풀이로 $E=mc^2$ 공식을 문재인 정권의 작동원리에 응용할 수 있을까 생각해보았다. 물론 분석의 편의를 위한 것이고 정치현상에 자연현상의 공식이 정확히 적용될 수는 없는 것이다. 나의 가설은 $E=mc^2$에서 E를 권력, m을 대중(mass), c를 '계급투쟁론(class struggle)의 선전'으로 해석하는 것이다. 선거를 통하여 권력을 만드는 대중민주주의 체제에선 대중이 권력의 산파(産婆) 역할을 한다. 권력은 대중으로부터 자동적으로 생기는 게 아니라 여론을 가진 대중이어야 권력을 만든다. 정당이 바로 대중의 여론을 조직하여 권력을 만들어내는 공장이다.

여론의 조직은 정보화 사회에서 주로 선전을 통한다. 중국 공산당 간부는 박근혜(朴槿惠) 대통령의 몰락을 지켜보면서 "선전부를 장악하지 못하여 권력을 놓쳤다"는 말을 하였다. 선전을 통한 여론 조작이 전체주의 체제에서도 권력 유지에 핵심적인 중요성을 갖는데 여론이 정권의 운명을 결정하는 민주체제의 지도자가 언론의 관리에 실패, 권력 유지에 실패하였음을 통렬하게 비판한 말이었다.

$E=mc^2$ 공식은 질량을 에너지로 전환하는 매개로 광속(光速)의 제곱(c^2)이라는 엄청난 수치를 설정하였다. 요사이 정치의 영역에서 선전 선

동은 그야말로 전광석화(電光石火)처럼 신속하고 널리 영향을 끼친다. 정보를 광속으로 전달하는 텔레비전, 라디오, SNS(트위터, 페이스북, 유튜브, 스마트폰 등)가 상호작용을 통하여 만들어내는 정보의 양과 속도는 가히 c^2의 세계이다. 다양한 언론매체의 등장으로 한국인들은 매일 잠자는 시간(약 8시간)만큼이나 언론(신문, 방송, 스마트폰 등)과 접촉, 영향을 많이 받는다. 대학생들의 현대사 인식에 가장 큰 영향을 끼치는 것은 언론, 학교(교수, 교사 등), 가정 순으로 조사되었다(연세대 류석춘 교수).

光速으로 전개되는 선동

그런데 왜 나는 이 c를 '계급투쟁론(Class Struggle) 선전'으로 가정한 것인가? 정치선전 중 가장 효과가 있는 것은 계급투쟁론에 기초한 구호이다. 계급투쟁론은 역사 발전의 원동력을 지배계급과 피지배계급 사이의 권력투쟁으로 규정한다. 칼 마르크스가 완성한 계급투쟁론은 학문을 위한 것이 아니라 피지배계급(노동자, 농민 등)이 지배계급을 타도하여 정권을 잡기 위한 수단이다. 이 수단의 핵심은 계급투쟁론으로 인간의 본성인 불만, 열등감, 증오심을 조직화하여 이를 저항적 정의감으로 포장하는 기술이다. '증오의 과학'인 셈이다. 한국은 봉건적 지배와 식민지 지배를 받으면서 계급투쟁론이 먹힐 수 있는 민족성과 역사적 토양을 갖고 있다. '사촌이 논을 사면 배가 아프다'는 심리에는 '계투(階鬪)' 선동이 질 먹힌다.

한국 선거 역사상 가장 유명한 구호는 1956년 대통령 선거 때 야당 후보 신익희(申翼熙) 진영이 내건 '못살겠다 갈아보자'였다. 신익희가 투표 며칠을 남겨놓고 급사(急死)하지 않았더라면 당선되었을 가능성이 높다. 박근혜 대통령을 몰락시킨 '촛불세력'의 구호, '이게 나라냐' '적폐청산'도 같은 부류이다. 프리드리히 아우구스트 폰 하이에크는 '노예로 가는 길'에서 사회의 하부층을 상대로 한 네거티브 선동이 먹히면 최악의 인간들이 정상(頂上)에 오를 수 있다고 분석하였다.

〈이들에게 가장 효과적인 선동은 '네거티브 프로그램'이다. 인간의 본성(本性)은 긍정적인 프로그램보다는 외부의 적에 대한 증오심이나 내부의 잘 사는 사람들에 대한 질투심을 중심으로 뭉치기가 더 쉽게 되어 있다. '우리'와 '그들'을 대칭시키고, 외부 그룹에 대한 단결된 싸움을 선동한다. 이런 선동은 대중을 한 덩어리로 묶어내는 데 필수적이다. 내부 지지층으로부터 무조건적인 충성심을 불러내기 위하여서도 필요하다. 나치는 내부의 적으로서 유대인들을 설정, 그들에 대한 증오심을 선동하였고, 소련공산당은 지주(地主)들에 대한 적개심을 선동하여 지지층을 확대 강화했다.〉

'계급투쟁론'이란 열쇠

계급투쟁론적 프레임으로 만들어진 폭로성 정보가 이를 광속(光速)으로 전달하는 정보기술 및 그런 정보에 매일 7~8시간씩 노출되는 인간 환경과 결합되면 c^2의 폭발력을 갖는다. 지난 해 10월부터 박근혜 대통령은 이런 c^2의 파상공세에 직면, 한 번도 반격을 해보지 못하고 선동의 블랙홀로 끌려 들어가 정권도 놓치고 감옥에 간 것이다. c^2를 주도한 것은 언론, 촛불시위 주도 좌파 단체, 그리고 야당이었다. 이들이 쏟아내는 부정적 정보의 홍수에 검찰, 법원, 헌법재판소도 휩쓸려 들어가 사실과 법리도 무력화되었고 현존 권력이 무너지고 새로운 권력이 탄생한 것이다. 이 c^2를 장악한 세력이 대중(m)의 여론을 조직, 문재인 정권(E)을 만들어 냈다고 본다면 $E=mc^2$의 공식은 '이해하기 힘든 상황 전개'를 이해하는 데 도움이 될 것이다.

문재인 정부의 작동원리를 이해하는 열쇠는 계급투쟁론이다. 한국에선 '계급투쟁론'이 '민중민주주의'나 '진보적 민주주의'로 불린다. 2014년 12월의 헌법재판소 결정(통합진보당 해산) 등의 판례에 의하여 민중민주주의는 계급투쟁론과 같은 맥락의 이념으로 판단되었다. 공산주의 활동이 불법화된 나라에서 흔히 쓰는 위장명칭인 셈이다.

헌재 결정문은, 《(민중민주주의는) 주권자의 범위를 민중에 한정하고 민중에 대비되는 일부 특정 집단에 대해 적대적인 관계로 설정하고 있으므로, 피청구인(주-통진당) 주도세력이 내세우는 민중주권주의는 국민을 주권자로 보는 국민주권주의와 다르고, 국민을 변혁의 주체와 변혁의 대상 또는 규제의 대상으로 구분하는〉 것으로서 계급주의를 금지시킨 헌법에 어긋난다고 판단하였다. '민중'을 '프롤레타리아 계급'과 동의어로 본 것이다.

문재인 대통령은 후보 시절부터 계급투쟁론적 민중사관으로 써진 좌편향 국사 교과서를 대체(代替)하기 위하여 박근혜 대통령이 추진한 국정 교과서 편찬을 반대하였고, 계급투쟁론(민중민주주의)으로 뭉친 통진당 해산 결정에도 반대하였다. 대통령이 된 후 그는 국정 교과서 폐기를 지시하고, 통진당 해산 결정에 유일하게 반대하였던 김이수 헌법재판관을 소장 후보로 지명하였다. 그렇다면 문재인 정권의 작동원리에 해당하는 대통령의 이념적 가치관은 계급투쟁론과 관련지어 분석하는 게 타당할 것이다.

통합진보당 해산 반대가 헌법수호 의지?

문재인 대통령의 이념적 가치관을 이해하는 데 가장 중요한 자료는, 김이수 헌법재판관을 소장 후보로 결정, 국회에 임명동의안을 제출하면서 그의 소수의견을 '헌법질서 수호 의지'라고 높게 평가한 점이다.

〈헌재 재판관으로 재직하면서 통합진보당 해산 사건에서 정당의 목적이나 활동이 민주적 기본질서에 위배된다고 볼 수 없다는 기각 의견을 내는 등 헌법질서를 수호하고 확립하기 위해 최선을 다했다.〉

헌법재판소는 2014년 12월 통합진보당이 북한식 사회주의를 추구하는 정당이라고 규정, 8 대 1로 해산을 결정하였다. 국헌(國憲)을 수호하겠다고 선서한 대통령이 反헌법적 정당 해산 결정에서 반대소수의견을 낸 행위를 '헌법질서 수호 및 확립'이라고 본 것은 그의 헌법관·역사관·대북관(對北觀)이 기존의 해석과 근본적으로 다르다는 점을 시사한다.

문재인 대통령의 평소 언행에 비춰 이는 자연스러운 인사 결정이었을 것이다. 문 대통령은 통진당 해산에 비판적이었을 뿐 아니라 선거기간 중 헌법 제3조(대한민국의 영토는 한반도와 그 부속도서로 한다)와 배치되는 국가연합 또는 낮은단계연방제 통일방안을 자신의 소신으로 표명한 이다. 김 재판관은 연방제 통일방안이 헌법 위반이 아니라고 생각하는 사람이다. 문재인 대통령이 국가연합이나 낮은단계연방제 통일을 추진하고 위헌(違憲) 시비가 일어나 헌법재판소에 제소되고 만약 그때 김이수 재판관이 소장으로 있다면 어떤 결정이 내려질 것인가?

통진당 해산에 찬성한 8명의 재판관들은 이 당이 사용하는 정치적 용어, 즉 진보 민주 민중 평등 변혁 자주 통일 등을 글자 뜻 그대로 해석하지 않고 비판적으로 분석, 용어의 참뜻을 밝혀내려고 애쓴 데 반해 김이수 재판관은 글자 그대로 받아들이려 한다. 그는 통진당을, 선의(善意)를 가진 진보적 성향의 개혁 세력으로 본다.

〈피청구인은 자신의 현실인식에 기초하여 우리 사회의 문제를 해소하는 방안으로 점진적 개혁, 개선보다 근본적인 변화, 대안체제의 수립이 필요하다고 보고, 광의의 사회주의적 대안체제로서 '진보적 민주주의' 체제를 주장하고 있을 뿐이다.〉

사회주의는 허용될 수 있나?

사회주의 이론의 핵심은 계급투쟁론이고, 국민주권에 입각한 자유민주주의와 공존할 수 없는 이유는 이게 필연적으로 계급독재를 지향(志向)하기 때문이다. 〈사회주의적 대안체제로서 '진보적 민주주의' 체제〉는 '있을 수 있는 것'이 아니라 계급적 특권을 부정하는 국민주권론에 기초한 대한민국 헌법 체제 안에선 허용될 수 없는 것이다. '사회주의 허용'은 헌법 개정을 통해서도 불가능하다. 국체(國體) 변경을 가져오는, 즉 자신을 부정하는 헌법개정은 어느 나라에서도 불허(不許)된다.

김이수 재판관은 통진당 해산 반대 의견에서 파격적인 주장을 하였다.

〈적어도 북한이 대외적, 공식적으로는 사회주의 이념을 내세우고 있는 점은 분명하고, 그들의 정치적 노선이 표면적으로 사회주의적 지향을 보이고 있는 것도 사실이다. 그렇다면 사회주의적 이상과 원칙의 계승, 발전을 내세웠던 민주노동당으로부터 태동하였고, 여전히 사회주의적인 요소를 내포히는 강령을 내세우고 있는 피청구인의 주장이 북한의 그것과 일정 부분 유사한 것은 어찌 보면 자연스러운 현상일 것이다.〉

대한민국은 민족사의 정통성과 삶의 양식을 놓고 공산주의자(사회주의자)와 타협이 절대로 불가능한 이념전쟁을 벌이고 있는 나라이다. 이 념전쟁에서는 적(敵)의 이념과 가치관을 공유하거나 추종하는 것이 바로 반역인데도 김 재판관은 〈일정 부분 유사한 것은 어찌 보면 자연스러운 현상일 것이다〉고 변호하였다. 〈이 현상의 원인을 오직 피청구인이 북한을 추종했기 때문이라고만 보는 것은 지나치게 단순한 해석이라는 비판을 피하기 어렵다〉는 그의 말은 이렇게 고쳐야 한다.

〈이 현상의 원인을 자연스러운 것으로 보는 것은 지나치게 순진한 해석이란 비판을 피하기 어렵다.〉

통일방안에 대한 중대한 오해

金 재판관은 통진당이 주장하는 연방제 통일방안이 盧泰愚(노태우) 정부 이후 대한민국의 공식 통일방안과 본질적으로 다르지 않다는 놀라운 주장도 하였다.

〈한편 북한의 통일방안과 유사하다는 혐의를 받고 있는 피청구인(통진당 지칭)의 연방제 통일방안의 주된 취지는 남과 북이 대등하고 평화적으로 공존할 수 있는 방식이어야 한다는 점에 있는데, 사실 이는 노태우 정부 이후 여러 정부에서 통일을 위한 해법으로 제시하는 바와 본질적으로 다르지 않으며, 현재에도 우리 사회의 여러 정당들과 전문가들에 의해 수용되고 있는 방안이다.〉

재판관 8명의 법정의견에서 통진당의 연방제 통일방안은 심도 있게 다뤄졌다. 통진당의 연방제 통일방안은 북한식 연방제 통일방안과 같은데, 이는 남한에서 종북세력이 집권, 자유민주주의 체제를 뒤엎고 대한민국이 북한식 사회주의 체제로 흡수되도록 하는 징검다리이다. 즉, 통진당이 내세우는 진보적 민주주의, 민중주권, 자주적 정부, 사회 변혁, 연방제 등은 모두가 한반도를 북한식 사회주의 체제로 통일하기 위한 전술적 용어들이다. 쉽게 말하면 통진당이 북한노동당의 충실한 하수인 (下手人)이 되어 대한민국을 항거 불능 상태로 만든 다음 북(北)의 공산 독재 체제에 먹히도록 하겠다는 것이다.

반면 대한민국 정부의 통일방안은 한결같이 교류와 평화적 공존 과정을 거쳐 자유민주적 통일국가를 만들겠다는 의지를 담고 있다. 사회주의 독재를 지향하는 통진당의 통일방안과는 공통점이 없다. 문재인 대통령이 주장하는 국가연합 통일방안도 북한을 국가로 인정하는 것을 금지한 헌법에 위배되며 낮은단계연방제는 적화통일 방안이므로 헌법이 받아들일 수 없다.

김이수 헌법재판소장 후보자는 국회인사청문회장에서 5·18 당시 군법무관으로서 사형을 선고했던 버스 운전사 배 모 씨에게 고개를 숙여 사과했다. 헌법재판소는 김 후보자가 배 씨에게 과거 사형을 선고한 이유에 대하여 "피고인은 단순히 운전만 한 것이 아니라 버스를 운전해 경찰 저지선을 뚫는 과정에서 경찰 4명이 사망하고 4명이 중경상을 입는 일이 발생했다"며 "미필적 고의에 의한 살인이 인정돼 1980년 소요 살인죄로 사형이 선고됐다"고 설명했다. 배 씨는 사형 선고를 받고 32개월가량 복역한 뒤 사형집행이 면제돼 풀려났고, 1997년 재심을 청구해 무죄 선고를 받았다.

경찰관 네 명은 이렇게 죽어갔다

김이수 재판관이 마치 무슨 잘못을 저지른 것처럼 그 앞에서 머리를 숙이게 하였던 배 씨가 무슨 행동을 하였는지 알아보자. 나는 배 씨가 모는 버스를 목격하였던 당시 전투경찰 남동성 씨를 만난 적이 있는데 그의 증언을 정리한다.

〈나는 경북 대구의 경북대학교 정외과 2년을 마치고 전투경찰관으로 입대, 전남 도경 2기동대 소속으로 광주에서 근무하다가 광주사태를 맞게 됐다. 광주사태가 클라이맥스로 치닫고 있던 5월20일 밤, 나는 전남도청 앞에서 데모대를 막고 있었다. 광주의 밤하늘은 여기저기서 타오르는 불길로 환했다. '타닥타닥' 불타는 소리와 가끔 '펑!' 하면서 치솟는 화염이 전장을 방불케 했다.

우리 전경부대는 도청 앞의 네거리 중 노동청 광주지방 사무소 쪽의 길목을 지키고 있었다. 약 100m 떨어진 곳에 주유소가 하나 있었는데, 그곳이 군중들의 수중에 들어갔다. 데모대는 이 주유소에서 기름을 퍼내 차에 불을 질러, 불타는 차들을 우리 쪽으로 계속 밀려붙였다. 트럭, 버스, 승용차, 지프 등 갖가지 차들이 슬금슬금 밀려오다가 중간 지대에서 멈췄다. 불타거나 불탄 차들이 서로 뒤엉켜 절로 바리케이드가 쳐진 형세였다.

밤 9시쯤 됐을까, 군중 쪽에서 버스가 한 대 이쪽으로 달려오고 있었다. 버스는 부서지고 불탄 차들 사이를 요리조리 빠져나와 우리 전경(戰警)부대를 향해 질주하는 게 아닌가. 나는 "피해라!" 하고 소리쳤다. 그러면서 그 버스를 향해 돌을 집어 던졌다.

그때 우리는 최루탄이 거의 떨어져 데모대가 몰려오면 투석(投石)으로 대항하고 있었다. 전경들은 양쪽으로 쫙 흩어졌다. 버스는 속도를 늦추며 오른쪽에 있는 담벼락을 긁으면서 스르르 멈추었다.

버스 쪽으로 달려가 보니 어둠 속에서 비명이 새나오고 있었다. 버스와 담벼락 사이에 경찰관들이 여러 명 끼거나 깔려 뒤엉켜 있는 게 아닌가. "어머니! 어머니!" 하는 신음이 들렸다. 우리는 끌어내리려고 팔, 다리를 잡아당겼다. 벌써 축 늘어진 팔, 다리였다.

거의 같은 순간 운전석에서 두 사람이 튀어나오더니 담벼락을 넘고 달아나는 게 보였다. 한 사람은 이미 달아났고 다른 한 사람이 담벼락에 다리를 걸친 순간, 두 명의 경찰관들이 달려들어 이 뚱뚱한 사람의 다리를 붙들고 늘어졌다. 그는 뒷발길질을 하여 뿌리치고는 달아났다.

우리는 플래시로 버스 바퀴를 밝히면서 사상자들을 끌어내 병원으로 옮겼다. 경찰관들은 사고 당시 담벼락 밑에 앉아서 잠시 쉬고 있었다. 전열(前列)에 있었던 젊은 전경대원들은 달려오는 버스를 보고 피해 달아날 수가 있었으나 이들 경찰관들은 앉아 있다가 뒤늦게 버스를 피하기 위해 담벼락에 붙어 서 있다가 버스와 담 사이에 끼이거나 깔린 것이었다.

(편집자 주 : 이 사고로 함평경찰서 소속 정춘길 경장, 강정웅 순경, 이세홍 순경, 박기웅 순경 등 네 명이 숨졌고 김대민 순경 등 네 명이 중상을 입었다. 버스를 몬 운전사 2명은 그 뒤 경찰에 구속, 복역하다 석방됐다. 이들은 군중들이 버스를 탈취, 밀지 않으면 죽인다고 위협하여 몰고 가다가 연기 등으로 앞이 보이지 않게 되자 차를 세웠는데 그런 사고가 났다고 진술했다.)》

이런 배 씨에게 사형을 선고한 행위를 사과한 김이수 재판관을 과연 '헌법수호 의지'가 확고한 사람으로 볼 수 있는가는 별론(別論)으로 하고서라도 문재인 대통령이 그를 헌법재판소장 후보자로 지명한 것은 통진당 해산 반대 의견을 낸 점에 대하여 특별한 호감을 가지고 있음을 짐작하게 한다.

민주주의를 저항운동의 관점에서만 이해

권희영 교수(한국학중앙연구원 교수)는 2014년에 고등학교 한국사 교과서 8종을 분석, '5종의 좌편향 고교 한국사 교과서는 위헌 정당으로 규정되어 해산이 청구된 통합진보당 노선과 닮았다'고 평했다. 김광동 박사는 비상교육 교과서의 경우 좌파의 선동선전용 자료에 가깝다고 아래와 같이 요약했는데, 이는 다른 교과서에도 그대로 적용될 것이다.

〈결론적으로 비상교육 교과서는 (가)대한민국의 정당성을 일방적이고 의도적으로 훼손시키고, (나)저항운동 및 시위운동에 대한 반복적 의의를 설명 강조함으로써 역사인식을 종합적으로 이해하지 못하게 하며 왜곡된 인식을 심어주고, (다)전체주의인 공산주의에 대하여 정확한 이해와 대응을 할 수 없게 하고, 소련 및 중국의 역할을 일방적으로 사실과 다르게 긍정적으로 설명하며, (라)나아가 민족유린과 문명파괴의 70년을 만든 북한 전체주의를 미화하고, (마)대한민국이 이뤄온 성취의 기록을 서술하지 않음으로써 대한민국에 대한 자긍심을 의도적으로 배제시키고, (바)각종 편향된 사진, 자료, 사례 등의 나열을 통해 전반적으로 국민통합 및 국가에 대한 기본인식의 공유가 아닌, 국민갈등과 역사인식의 왜곡을 만들어 내는 데 맞춰져 있다는 사실에 비춰볼 때, 전혀 교육적이지 않은 것은 물론이고, 反대한민국적이어서 대한민국의 역사교과서라 볼 수 없고, 단지 진보단체 내지 좌파단체의 선동선전용 자료에 가깝다고 평가된다.〉

문재인 대통령의 현대사 인식은 이러한 국사 교과서와 비슷하다. 지난 6월10일 이른바 6·10 항쟁 기념사에서 문재인 대통령은 우리가 누리는 민주주의는 반공투쟁과 경제건설의 뒷받침이 없었으면 불가능하였다는 점을 간과(看過)하고 민주화 운동의 역할만 강조, 이른바 민중사 관적 인식을 엿보게 하였다.

그는 〈우리나라 민주주의의 시작은 해방과 함께 바깥으로부터 주어 졌다〉라고 했는데 이는 우리의 항일(抗日)독립운동을 과소평가한 것이 다. 이승만, 김구, 상해임시정부는 일찍부터 독립국가의 정치제도를 자 유민주주의로 상정(想定)하였다. 반면 김일성은 중국공산당과 소련공산 당에 소속되어 독자적 목표가 없었다. 우리나라의 민주주의는 해방에 의하여 주어진 것이 아니라 독립운동을 통하여 역량이 양성되었다. 문 대통령은 〈오늘 우리의 민주주의를 이만큼 키운 것은 국민들이었다〉면 서 〈그 길에 4·19가 있었고, 부마항쟁이 있었고 5·18이 있었고, 6월 항 쟁이 있었다〉고 하더니 〈그 길은 지난 겨울 촛불혁명으로 이어졌다〉고 했다.

촛불혁명 정권의 대통령?

민주주의를 문명건설이 아닌 저항운동의 관점에서 좁게 해석한 것이 다. 민주주의는 이념이라기보다는 자유, 안전, 복지를 구현하는 제도이 다. 이 제도를 건설하는 데 있어서 이승만의 반공자유민주주의 국민국 가 건설, 국군의 북한군 남침 저지, 박정희의 조국근대화, 기업인 및 근 로자들의 경제발전 노력은 저항운동 이상으로 중요하였다. 문재인 대통 령은 대한민국을 대외적으로 대표하는 국가원수이고 국군통수권자이 다. 그는 한국의 민주주의를 설명함에 있어서 국가와 국군과 국민의 관 점을 빼고 오로지 저항운동가의 입장에 섰다. 이는 지지기반을 좁게 만 든다. 대통령은 국민과 역사 전체를 대표하여야 크게 보인다.

그는 자신의 정부를 사실상 촛불혁명 정권으로 규정하였다. 〈촛불은 한 세대에 걸쳐 성장한 6월 항쟁이 당당하게 피운 꽃〉이었다면서 〈촛불혁명을 통해 민주공화국을 실천적으로 경험했다〉고 했다. '촛불혁명'이든 군사혁명이든 민중혁명이든 계급혁명이든 '혁명'은 헌법을 벗어나 체제를 변혁하려는 행동이다. 그런 '혁명'은 대한민국 헌법 질서 안에서는 허용되지 않지만 문재인 정부가 스스로 혁명정부라는 의식을 갖고 그런 식으로 국정(國政)을 운영할 가능성을 보여준다. 문재인 정부의 성격이 촛불혁명 정권이라면 검찰과 법원도 혁명 검찰, 혁명 재판소 역할을 해야 하니 법치와 인권은 설 자리가 좁혀진다. 우리 헌법의 불가침적 가치인 '개인의 자유'는 민중주의나 촛불혁명론과는 맞지 않는다.

文 대통령은 〈촛불시민은 민주사회가 나아갈 방향과 의제를 제시했다〉면서 〈촛불은 미완의 6월 항쟁을 완성시키라는 국민의 명령〉이라고 규정하였다. 이낙연 국무총리가 취임사에서 공직자는 촛불혁명의 정신을 받들어 수행하는 도구가 되어야 한다고 강조한 것과 일맥상통한다. '촛불시민'이란 말은 촛불을 들지 않았거나 반대하였던 국민을 배제하는 의미이다. 촛불시민은 많이 잡아도 투표자의 41%이다. 그를 찍지 않았던 59%는 '촛불시민'이 아니므로 열외(列外)가 되는가. 그는 촛불혁명 정신을 진정한 민주주의, 촛불시민을 특권적 국민이라고 생각하는 듯한데 이는 국민주권론에 근거한 대한민국 헌법에 위배된다.

대통령은, 〈문재인 정부에서 민주주의는 발전하고 인권은 확대될 것〉이라면서 〈헌법, 선거제도, 청와대, 검찰, 국정원, 방송, 국민이 위임한 권한을 운용하는 제도 등 권력기관이 국민의 의사와 의지를 감시하고 왜곡하고 억압하지 않도록 만들겠다〉고 했다. 문재인 정부와 지지세력이 취임 이후 30일간 취한 일련의 조치, 즉 국군의 사드배치 발목 잡기,

검찰 인사 개입, '임을 위한 행진곡' 제창 결정, 4대강 재조사, 국정교과서 폐지, 통진당 해산 반대자를 헌법재판소 소장 후보자로 임명, 공영방송 사장 퇴진 압박 등이 과연 개인의 자유를 강화하고 법치를 확립하는 방향인지 의구심을 갖게 한다.

"공직자는 촛불혁명의 명령을 수행하는 도구"

'혁명'은 〈헌법의 범위를 벗어나 국가 기초, 사회 제도, 경제 제도, 조직 따위를 근본적으로 고치는 일〉(인터넷 속뜻 사전)이다. 이낙연 국무총리도 취임사에서 민중혁명적 시각을 드러냈다. 그는 〈문재인 정부는 지난 겨울부터 봄까지 6개월에 걸쳐 연인원 1700만 명이 동참한 촛불혁명의 산물이다〉고 말한 뒤 〈문재인 정부의 공직자들은 촛불혁명의 명령을 받드는 국정과제의 도구들이다〉고 말하였다. 그는 선거로 당선된 문재인 대통령을 촛불혁명이 당선시킨 것처럼 왜곡하였다. 이는 단순한 정권교체를 혁명, 즉 체제교체로 확대해석하는 것이다. '도구론'은 이른바 민중민주주의자들이 핵심을 이루는 촛불혁명 세력을 위하여 공무원과 국가기관이 봉사해야 한다는 암시로서 문재인 정부 핵심 요직자들을 묶고 있는 계급투쟁론적 가치관의 반영으로 보인다.

국무총리가 공직자들과 국가기관을 '촛불혁명의 도구'로 부리겠다면 이는 헌법 제7조 공무원의 직무 위반, 헌법 제11조의 평등권 위반이 될 소지가 높고 이는 헌법 65조의 탄핵사유가 될 가능성이 크다. 더 심각한 문제는 공무원들이 받들어야 할 촛불혁명 주도 세력의 反헌법적 성향이다.

● **대한민국 헌법 제7조** : ①공무원은 국민 전체에 대한 봉사자이며, 국

민에 대하여 책임을 진다. ②공무원의 신분과 정치적 중립성은 법률이 정하는 바에 의하여 보장된다.

● **대한민국 헌법 제11조** : ①모든 국민은 법 앞에서 평등하다. 누구든지 성별·종교 또는 사회적 신분에 의하여 정치적·경제적·사회적·문화적 생활의 모든 영역에 있어서 차별을 받지 아니한다. ②사회적 특수계급제도는 인정되지 아니하며, 어떠한 형태로도 이를 창설할 수 없다. ③훈장 등의 영전은 이를 받은 자에게만 효력이 있고, 어떠한 특권도 이에 따르지 아니한다.

남북한에 걸친 계급투쟁론 – 민중주의 통일전선

7년 전에 작고한 황장엽(黃長燁) 선생은, 2009년에 펴낸 '인간중심 철학원론'(시대정신)에서 계급투쟁론의 폭력성을 이렇게 비판하였다.

〈유산(有産)계급은 무산(無産)계급의 불구대천의 원수라고 하면서 유산계급을 무자비하게 살해하도록 무산계급을 추동한 공산주의자들은 계급적 이기주의를 절대화한 비인간적인 범죄자들로서 단죄되어야 한다. 이것은 개인이기주의보다도 집단이기주의의 비인간적 해독성(害毒性)이 비할 바 없이 크다는 것을 보여주고 있다. 오늘날 집단이기주의에 기초하여 집단적 투쟁을 일삼고 있는 사람들은 공산주의자들이 인류생활에 끼친 범죄적 해독작용과 실패에서 응당한 교훈을 찾아야 할 것이다.〉

1977년 김일성은 평양에 온 호네커 동독 공산당 서기장에게 "우리는 남조선에서 민주주의가 이뤄지면 반공주의자가 집권해도 유리하다"면서 민주화가 보장하게 될 사상의 자유 속에서 계급투쟁론을 확산시킬 수 있다는 자신감을 피력하였다. 한국에서 계급투쟁론은 민중, 민주,

민족, 진보, 평화, 평등의 용어로 위장하였고 언론과 지식인과 정치인들조차도 이들의 용어 혼란 전술에 넘어가 확산을 도왔다.

계급투쟁론은 저항적 명분론이 강한 한국의 지식인 풍토와도 맞아 운동권뿐 아니라 사회 전반에 '정의로운 논리'로 스며들었다. 어느 새 북한의 계급투쟁론과 남한의 민중민주주의는 남북한에 걸친 통일전선을 형성, 대한민국의 정체성과 정통성을 위협하게 되었다. 계급투쟁론은 필연적으로 국가 및 법치를 부정하므로 공동체의 작동원리를 약화시킨다. 국가의 기능, 즉 헌법, 군대, 경찰, 공권력을 무시하고 역사와 전통과 미풍양속과 애국심을 부정하며 국민 교양을 무너뜨리고 인간성을 저질화시킨다.

계급투쟁론은 모든 가치를 계급혁명에 종속시키므로 인간의 3대 분별력을 마비시킨다. 한국인의 정신세계에 바이러스처럼 침투한 계급투쟁론이 국민들의 진위(眞僞), 피아(彼我), 선악(善惡) 구분 능력을 망가뜨리고 있음은 여러 군데서 여러 모습으로 나타난다.

천안함 폭침이 북한 소행이 아니라고 믿는 이가 어른의 약 30%이고 학력이 높을수록 많다. 문재인 대통령 취임 이후 북한이 중거리, 단거리, 지대함(地對艦), 지대공(地對空) 미사일 발사 시험을 해도 대통령이 나서서 사드 신속 배치에 발목을 잡는다. 시위대는 사드 기지 접근로를 막아 기름이 끊긴 주한미군의 사드가 북한이 미사일 시험을 할 때도 제대로 작동하지 못하였다. 더 심각한 것은 이에 대한 비판이 없다는 점이다.

법원까지도…

자유민주주의 체제를 지키기 위해서는 좌경이념에 대하여 폭 넓은 비판의 자유가 허용되어야 한다는 판례를 남긴 바 있는 이용우(李勇雨) 전 대법관은 최근 나온 자신의 회고록(〈자유민주주의를 위한 일념으로〉)에서 법원의 이해할 수 없는 판결 성향을 걱정하였다. 그는 〈최근의 판결 경향은 나의 생각, 나의 안보관, 내가 가진 이념과는 완전히 반대 방향으로 가고 있다〉면서 〈내가 대법원에서 자유 대한민국을 지키기 위하여 심혈을 기울여 선언한 판례들이 철저히 무시당하고 있고, 이로 말미암아 대한민국의 안보와 직결된 남북 간의 핵심쟁점(국가보안법 폐지, 주한미군 철수, 연방제 통일 등)에 대하여 남한을 반대하고 오히려 북한의 주장을 추종하는 종북 세력에 대하여 더 이상 '종북'이라고 칭하지도 못하게 함으로써 국민들에게 대한민국의 위기에 대한 경각심을 울리는 것조차 금지시키고 있다〉고 했다.

제주 4·3소송에서는 대한민국 출범의 정당성을 부정하는 취지의 전시를 공공연히 허용하면서 이를 전국의 어린 학생들에게 현대사 교육용으로 사용하는 것을 방치하고 있고, 하급심 판결들은 국가보안법의 적용을 최대한 기피하려는 경향을 보이고 있으며, 간첩 혐의 피고인들에겐 그들 변호인의 주장을 받아들여 일반 형사범보다도 더 높은 수준의 형사절차법적 인권을 향유하게 함으로써 유죄판결을 어렵게 하고 있다는 것이다.

李 변호사는 〈이런 추세로 나간다면 조만간 국가보안법도 별도의 폐지 입법을 기다릴 필요도 없이 저절로 사문화(死文化)되어 버릴 것 같다〉고까지 걱정하였다.

이 前 대법관은 헌정질서 수호의 최종 보루인 법원에 본질적 질문을 던진다.

〈오늘의 법관들도 대한민국의 정체성에 대하여 회의를 하고 있는 것일까. 좌파들이 내건 국가보안법의 철폐나 주한미군의 철수 등 주장이 당위성에 있어서 솔깃하게 다가오기 때문에 그들의 주장에 끌려가고 있는 것일까.〉

남한에서 계급투쟁론은 국가에 대한 충성심을 약화시키고 적(북한과 종북세력 및 간첩 등)에 대한 경계심을 마비시키며 동맹국에 대한 감사의 마음을 실종시켰다. 유럽의 좌파, 즉 사회민주주의 세력은 공산당과 싸워 자신들의 정체성을 확립하였는데 한국의 좌파는 조국을 상대로 싸우고 적에게는 굴종, 반역세력화하고 말았다. 이들이 북한정권의 인권탄압이나 핵개발에는 침묵해도 선거를 통하여 정권을 잡을 수 있게 된 것은 계급투쟁론적 선전 선동이 일반 유권자들에게 얼마나 깊게 침투하였는지를 증명한다. 한국의 보수층도 한미동맹에 너무 의존, 절박한 자주국방 의지가 실종되었다. 안보는 미국이 지켜준다고 생각하니 자연히 종북세력에 대하여도 온건한 태도를 취하게 되었다.

대통령까지도…

계급투쟁론은 민주주의와 민족주의로 위장하는데 '계투(階鬪)'의 인질이 된 민족주의는 반미(反美), 반일(反日), 친중(親中), 친북(親北) 분위기를 만들고 제국주의론과 민족해방론으로 국제정세를 보게 한다. 노무현 전 대통령이 2007년 10월 김정일을 만났을 때 한 이야기에서 그런 시각을 발견하게 된다. 그는 적의 수괴 앞에서 이렇게 말한다.

"뭐 제일 큰 문제가 미국입니다. 제국주의 역사가 사실 세계, 세계 인민들에게 반성도 하지 않았고 오늘날도 패권적 야망을 여실히 드러내고 있다는 인식을 가지고 있습니다. 그리고 그 점에 관해서 마음으로 못

마땅하게 생각하고 저항감도 가지고 있고 새로운 기회가 필요하다는 인식도 가지고 있습니다. 영국도 보기에 따라 자주적으로 하지 못하고 있다는 비판을 받고 있는 것입니다. 그렇게 보면은 세상에 자주적인 나라가 북측에 공화국밖에 없고 나머지는 다 덜 자주적인 나라가 되는 것입니다. 나는 지난 5년 동안 북핵문제를 둘러싼 북측의 입장을 가지고 미국하고 싸워왔고, 국제무대에서 북측의 입장을 변호해 왔습니다."

그 직후 한국을 방문한 미국의 로버트 게이츠 국방장관에게 "아시아에서 최대 안보 위협은 미국과 일본이다"고 했고(게이츠 회고록) 이에 대하여 게이츠는 '약간 돈 사람'이라는 평을 남겼다.

관념의 유희가 현실과 충돌할 때

문재인 정권과 그 지지세력뿐 아니라 법원 등 국가 지도부의 생각에 한국식으로 변형된 계급투쟁론이 큰 영향을 끼친다면 이는 심각한 위기를 예고한다. 계급투쟁론은 이미 역사의 쓰레기통에 들어간 낡은 것인데 관념의 유희를 즐기는 한국의 좌파들이 정권을 잡은 것을 기화로 삼아 이를 현실에 적용하려 할 때 문제가 생길 것이다. 그런 정책은 헌법과 충돌하고 한미동맹은 물론이고 국제정세와 어긋나며 무엇보다도 북한의 핵문제 해결을 어렵게 만들고 경제적 타격과 국론의 분열로 돌아올 것이다.

민주적 전통이 단단한 칠레에서 1970년에 선거를 통하여 집권한 사회주의자 아옌데 대통령은 극좌 노선(反美, 親蘇, 국유화 정책)을 펴다가 물가 폭등을 유발, 중산층이 이반하고, 군부 쿠데타를 불렀다. 당시 국회와 대법원은 아옌데의 정책을 국가 정체성을 부정하는 헌법위반이라고 규정, 사실상 군부의 출동을 촉구하기도 하였다. 피노체트가 지휘한 칠레의 쿠데타는 장기 독재로 진행되는데, 공산주의를 파괴하기 위하여 민주주의를 파괴하였다는 비판이 많지만 나라를 구하였다는 평도 있다.

핵무장한 적과 상대하고 있는 한국의 지도부가 적과 계급투쟁론을 공유한다는 것은 모험이다. 이 낡은 증오의 과학이 관념에 머물지 않고 세상으로 튀어나올 때 판도라의 상자가 열리는 것이다.

문재인 대통령을 만든 힘은 $\langle E=mc^2 \rangle$으로 설명할 수 있지만 c(계급투쟁론)의 힘이 무력화되면 E, 즉 권력도 무력해지는 공식이다. 현실과 맞지 않는 민중주의적 포퓰리즘 정책이 안보나 경제위기를 불러 국민들의 각성이 일어난다면 c의 값이 떨어질 것이다. 한국인은 흔히 '죽어 봐야 죽는 줄 안다'고 하는데 위선적 명분론의 유희가 불러올 위기를 피하려면 문재인 대통령이 권력을 잡기 전과 달라지는 길밖에 없을 것 같다. 그에게 정권을 선물한 c^2는 몰락을 부를 수도 있다. 문재인 정부가 남한식으로 변형된 계급투쟁론에 근거, 촛불혁명 노선을 밀고 나간다면(예컨대 국가연합이나 낮은단계연방제 추진) 헌법과 정면충돌할 것이고, 탄핵사태를 부를 것이기 때문이다. 그때는 $\langle E=mc^2 \rangle$의 c가 '헌법(constitution)'이 되어 헌법으로 무장한 대중(m)이 그를 끌어내리는 힘이 될지 모른다.

chapter 07

新冷戰 시대,
문재인의 아슬아슬한 줄타기

"시간은 우리 편이 아니다." 韓美日 동맹과 中러北의 대결 국면 속에서 核前 무장해제에
核前 분열상태인 한국. 핵무장 국가들에 둘러싸인 非核國 한국은 자유와 번영을 지킬 수
있나?

新冷戰 시대,
문재인의 아슬아슬한 줄타기

힘으로 해결하지 못한 核문제를 입으로 해결할 순 없다.

우크라이나의 길을 가는 한국

문재인(文在寅) 대통령은 북핵(北核) 문제를 다룰 때 국제 정치의 현장에서 확인된 아래 3대 법칙을 명심할 필요가 있다.

1. 핵은 핵으로만 대응할 수 있다(파키스탄이 핵무장을 한 뒤에는 인도로부터 공격을 당하지 않고 있다). 북한엔 김정은이 핵 발사 단추를 누를 때 말릴 사람이 없고 남한엔 막을 방법이 없다.

2. 핵무기를 가진 집단은 핵무기를 갖지 않은 경쟁 상대를 흡수통일할 가능성이 높다(냉전시절에 소련이 핵무장을 하고 미국이 핵무장을 하지 않았더라면 어느 쪽이 무너졌을까?).

3. 핵무장 국가들이 모여서 핵무장하지 않은 나라의 운명을 결정하는 회담을 하면 비핵(非核)국가는 희생될 수밖에 없다. 예컨대 미국, 중국, 러시아, 북한, 일본(準핵무장국), 한국이 한반도의 미래를 결정하는

회담을 한다면 한국은 자유와 번영을 지킬 수 있나? 1994년 미국, 러시아, 영국의 3대 핵무장 국가는 우크라이나가 핵무기를 포기하면 주권과 영토를 지켜주겠다는 '부다페스트 각서'를 체결하였다. 2014년 러시아가 핵무장을 포기한 우크라이나를 침공, 크리미아를 병합하고 동부를 분쟁지역으로 만들어도 미국과 영국은 약속을 지키려 하지 않았다. 우크라이나에선 뒤늦게 핵무장론이 야당에서 나오고 있다.

한국은 우크라이나(또는 백제)의 길을 가고 있다. 한편 북한은 통일신라와 이스라엘의 길, 즉 자주국방의 길을 매진해왔다. 체제의 존립 목적을 오로지 생존권과 자주권 확보에 걸고 모든 것을 희생하면서 종합적인 핵전력(核戰力) 발전에 집중해온 북한이다. 한국은 북한의 50배나 되는 경제력을 갖고도 미국에 국방을 의존, 핵무장을 포기함으로써 지금은 야윈 늑대 앞에서 벌벌 기는 살찐 돼지 신세가 되고 말았다.

미국 상원의원으로서 정보위원회에서 오래 활동, 한반도 사정에 밝은 한 인사는 사석에서 한국인 지인(知人)에게 농담 반 진담 반으로 말하더라고 한다.

"당신은 북한의 형제가 자랑스럽지 않으세요?"

북한 노동당 정권이 도덕적으로는 악마적 집단이지만 적어도 권력의 논리가 지배하는 정치에선 존경할 만한 점이 있지 않느냐는 질문이었다. 지난 7월 초의 ICBM 발사 성공 이후 미국에선 북한 폭격론이 퇴조하고 협상론이 힘을 얻고 있다.

올해 초 한미(韓美) 군의 전략 부서에선 합동 회의를 여러 차례 갖고 북한의 핵능력을 군사력으로 무력화(無力化)시키는 방안을 검토하였다. 결론은 '어렵다'였다. 이 결론은 트럼프 대통령에게도 보고되었다고 한다. 북한이 얻어맞은 뒤 서울에 핵 공격을 할 가능성이 있고, 수도권에 미국인이 군인 포함 20만 명이나 살고 있다는 점(중국인은 약 100만)이 큰 장애요인으로 밝혀졌다고 한다.

한국에서도 희망에 기초한 통일대박론이나 북한붕괴론이 잦아들고 핵무장한 북한 정권과 어떻게 공존할 것이냐의 수세적(守勢的) 논의가 본격화되는 추세이다. 그만큼 핵무기가 구체적 힘을 발휘하고 있다는 증거이다. 북한 체제가 상당 시간 안정적으로 지속될 것이며 핵을 포기하지 않을 것이란 전제를 깐 분석들이 대종을 이룬다.

북한정권의 大兄이 핵

한반도엔 두 개의 기적이 있다. 70년 만에 최빈국(最貧國)이 선진국 반열에 들어서게 만든 '한강의 기적', 그리고 변화를 거부하고도 살아남아 핵강국이 되고 있는 '평양의 기적'이 그것이다. 북한의 핵무장 성공은 이 체제의 본질에 대한 이해가 있어야 알 수 있다. 북한 정권의 본질은 조지 오웰의 '1984'에 나오는, 대형(大兄)이 다스리는 오세아니아와 너무나 흡사하다.

'1984'의 가장 핵심적인 장면은 사상경찰 심문관 오브리언이 反체제 지식인 윈스턴을 고문하면서 뱉어내는 이야기이다.

"우리 당은 순전히 우리 자신을 위하여 권력을 추구하는 거야. 우리는 나른 사람들을 위한다는 것에 대하여는 아무 관심도 없어. 우리는 오로지 권력에만 관심이 있어. 부(富)나 사치, 오래 사는 것, 혹은 행복, 그런 것들이 아니라 권력, 순수한 권력에만 관심이 있다고. 우리는 우리가 하는 일이 무엇인지를 정확하게 안다는 점에서 과거의 어떤 독재 체제와도 다르다는 점을 알아야 해. 우리와 비슷하였던 자들을 포함하여 그 어느 누구와도 우리는 달라. 그들은 비겁하고 위선자들이었어. 나치 독일과 러시아 공산주의자들은 방법론에선 우리에게 매우 근접하였지만 그들은 자신들의 동기를 인정할 용기가 없었단 말이야. 그들은 원하지 않았는데도 일시적으로 권력을 잡게 된 것처럼 가장하고 저 모퉁이만 돌면 거기엔 모든 사람들이 자유롭고 평등하게 사는 천국이 있는 것처럼 속였지. 그렇게 실제로 믿었을지도 몰라. 우리는 그렇지 않아. 우리는 아무도 권력을 넘겨주기 위하여 권력을 잡지는 않는다는 점을 잘 알지. 권력은 수단이 아니고 목적이야. 혁명을 수호하기 위하여 독재를 확립하는 게 아니야. 독재를 하기 위하여 혁명을 하는 거라고. 탄압을 하는 목적은 탄압이다. 고문의 목적은 고문 그 자체라고. 권력의 목적은 권력이고. 이제 알겠어?"

권력의 본질에 대한 이런 정의(定義)를 권력유지를 위하여 충실하게 적용하고 있는 것이 바로 북한 노동당 정권 아닐까? 그렇기에 북한정권은 소련과 동구권이 무너져도 존속할 수 있었던 것이 아닐까? 권력을 목표로 하는 권력, 순수한 권력, 모든 것을 권력에 종속시키는 절대권력, 인류가 일찍이 경험해보지 못한, '1984'에서만 상상하였던 권력이 북한에 있는 것이다.

그 권력의 총체적 표현이 절대무기로서의 핵미사일이다. 핵은 북한정권의 대형(大兄)이다.

"시간은 우리 편이 아니다"

지난 6월28일 미국의 대북(對北) 전문가 여섯 명이 국무장관, 국방장관, 대통령 안보 보좌관 앞으로 북한과의 대화를 촉구하는 공개편지를 보냈다. 6명은 조지 P. 슐츠 전 국무장관(레이건 정부 시절), 빌 리처드슨 전 지사, 윌리엄 P. 페리 전 국방장관(클린턴 정부 시절), 리처드 C. 루거 전 상원의원, 지그프리드 S. 헤커 박사, 로버트 C. 갈루치 조지타운 대학 교수이다. 이들은 수십 년에 걸쳐 북한 문제를 군사적으로, 정치적으로, 기술적으로 다룬 경험자들임을 강조한 뒤 전제 조건 없는 비공식적 양자(兩者) 회담을 시작할 것을 권고하였다. 고위 대통령 특사를 평양에 보내 미국은 북한에 적대적인 의도가 없으며 평화적 방법을 찾으려 한다는 뜻을 전하면 북한은 탄도 미사일 및 핵무기 실험을 동결할 가능성이 있다고 지적하였다. 편지는 대화가 북한을 핵 무장국으로 인정한다는 신호로 인식되도록 해선 안 된다면서 현재 상황에서 중요한 위험은 북한이 기습적으로 핵 공격을 하는 것이 아니라 오산(誤算)과 오판(誤判)이 전쟁으로 이어질 수 있다는 점이라고 했다.

6인의 전문가는 외교가 성공한다는 보장은 없지만 적당한 군사적 옵션도 없다고 했다. 북한이 미국의 공격을 받으면 한국과 일본을 공격할 것이다. 제재에 의존만 하여서도 해결할 수 없다. 외교적 노력이 없으면 북한이 미국을 공격할 수 있는 장거리 미사일을 개발하는 것을 막을 수 없다는 것이다. 이들은 〈북한의 계획을 저지할 수 있는 기회의 창이 지금은 있지만 이게 마지막 기회일 것이다〉면서 〈시간은 우리 편이 아니다〉고 결론지었다.

"올해 안에 북한을 때리지 않는다면…"

국방부 대변인을 5년간 지내고 작년에 퇴임, 언론계로 돌아온 김민석 박사도 최근 헌정회(憲政會) 주최 세미나에서 "우리에게 시간이 많지 않다"고 했다. 그는 몇 가지 흥미로운 정보를 공개하였다. 2013년 2월12일의 북한 핵실험은 우라늄탄으로 보인다면서 그들이 300kg 이상의 고농축 우라늄을 보유하고 있는 것으로 추정된다고 했다. 그는 북한이 올해 안으로 추가 실험 없이 플루토늄 핵폭탄을 소형화하여 노동 미사일에 장착할 가능성이 높다고 했다. 노동 미사일은 1990년대부터 실전 배치되었고, 사정거리가 1300km로 한국과 일본을 동시에 위협할 수 있다. 탑재 탄두의 직경이 1.2m로서 소형화에도 유리하다. 김 박사는 북한의 노동미사일 탑재 핵무기 실전 배치를 막지 못한다면 우라늄탄 대량 제조와 ICBM 핵무장도 막을 수 없을 것이라고 했다. 북한이 핵미사일을 실전 배치한 다음에는 북한에 대한 예방적 선제공격이 어려워진다. 미국이 북한의 핵시설을 공격하면 북한은 한국과 일본을 핵무기로 공격하겠다고 나올 것이고 이렇게 되면 정치권은 분열되고 미국의 선제타격을 반대하는 여론이 형성될 것이기 때문이다.

김 박사는 북한의 핵능력을 제거할 수 있는 시간은 노동핵미사일이 실전배치되기 전, 즉 올해 안이고 이 시한(時限)을 넘기면 북한의 핵 질주를 막을 수 없어 결국은 다양한 종류의 핵폭탄과 ICBM을 가진 핵 강국으로 등장, 한국은 고립될 위험이 있다고 했다. 북한은 핵전력을 배경으로 미국과 평화협정을 맺으려 할 것이고 그렇게 되면 서울의 유엔군사령부는 해체될지 모른다. 유엔사의 해체는 그 후방기지인 일본 요코스카와 요코다 등의 주일미군기지에 직접적인 영향을 준다. 유엔사가 해체되면 미국과 일본은 주둔군지위협정(SOFA)을 다시 체결해야 하는데 북한의 핵위협을 받는 일본 국민은 주일미군이 한국을 지원하지 못하게 하든지 철수하라는 요구까지 할 가능성도 있다. 주일미군이 흔들리면 미국의 군사력은 태평양 전쟁 이전(以前) 상태인 하와이와 괌까지 후퇴하게 된다는 것이다. 김 박사는 이런 상황에서 미국의 선택은 북한이 핵미사일을 실전 배치하기 전, 즉 올해 안으로 〈북한의 핵과 미사일 대부분을 제거하거나 북한의 핵으로 오염된 한반도를 포기하는 것이다〉고 했다. 〈이는 상상할 수 없는 가정으로 보이지만 사실상은 개연성이 상당히 높다〉는 것이다.

"미국이 전술핵 재배치 거부한다면 우리는 NPT 탈퇴해야"

북한이 핵미사일을 실전배치한 다음 한국은 결정적으로 불리한 국면으로 몰린다. 예컨대 북한이 재래식 군사력으로 김포 반도를 점령한 다음 한미 연합군이 반격하면 핵무기로 대응하겠다고 위협할 것이다. 미국이 핵무기로 대응하겠다고 나서면 북한은 로스앤젤레스를 ICBM으로 치겠다고 위협할 것이고, 정치권도 협상파와 주전파(主戰派)로 분열될 것이다.

김 박사는 북한이 핵미사일을 실전배치하기 전에 미국이 한반도 바깥에 있는 해군, 공군력 및 정밀타격 미사일과 유도폭탄 등으로 북한의 핵 시설을 파괴하는 것이 유력한 해결책이라고 주장하였다. 한반도 바깥의 전력(戰力)으로 때려야 중국의 개입 명분을 무효화시킬 수 있다는 것이다. 그는 90% 이상의 성공 확률이 있다고 주장하면서 장사정포에 의한 북한의 반격이 있더라도 최소한의 피해로 대응할 수 있을 것이라고 했다. 이는 물론 모험이지만 〈북한의 핵위협으로 미군이 한국과 일본에서 철수하면서 동북아 전략 전반에 영향을 주는 깃〉보다는 나은 선택일지 모른다.

미국과 한국이 군사적 공격에 의한 북핵 문제 해결을 포기한다면 한국은 '공포의 균형' 전략으로 적(敵)의 핵무장과 핵전략에 대응할 수밖에 없게 된다. 정책 전문가들 사이에서는 통상적 방어 전략 외에 자위적 핵무장, 핵무장 준비 선언, 전술핵 재배치 등의 다양한 의견들이 나오고 있다. 박근혜(朴槿惠) 정부의 국가안보실 안보전략비서관 출신인 전성훈 전 통일연구원장은 최근 아산정책연구원 홈페이지에 올린 '북핵 폐기와 평화통일을 위한 북한 관리 전략'이란 보고서에서 미국에 전술핵 재배치를 강력히 요구하여야 한다고 강조하였다.

〈북한의 점증(漸增)하는 WMD와 미사일 위협을 고려할 때, 미국의 핵확장 억지 공약은 현 상태로는 역부족이며 대폭적으로 강화되어야 한다. 만약 미국이 우리의 전술핵 재배치 요구를 거부할 경우 한국은 북핵 폐기 시(時) 재가입을 전제로 NPT(핵확산금지조약) 제10조에서 허용한 대로 조약에서 잠정적으로 탈퇴하고 자체적인 핵개발 프로그램을 가동해야 한다. 개발한 핵은 북한과 핵군축협상을 통해 폐기하고 다시 비핵국(非核國)으로 NPT에 복귀하겠다고 분명하게 밝히면 국제사회의 이해를 구할 수 있을 것이다.〉

"중국의 雙中斷 요구 수용은 패배주의"

미국이 약속한 핵확장 억지, 즉 핵우산만 믿고 있기엔 북핵의 위협이 너무나 심각하므로 1990년대에 철수해간 전술핵 재배치를 요구, 한반도에 공포의 균형을 만들어야 하며 미국이 재배치 요구를 거부할 경우엔 자위적 핵무장을 위한 NPT 탈퇴 등 결정적 조치를 취해야 한다는 것이다. 몇 달 전까지 북핵(北核) 대책 업무에 종사하였던 사람의 주장이라 우리가 처한 상황의 심각성이 더욱 실감난다.

〈전술핵 재배치는 한국 정부와 군은 물론 일반 국민들이 북핵에 대해 가질 수 있는 공포감을 해소하는 데 기여할 수 있다. 대북(對北) 억지력 구축이 주변국을 겨냥한 것이 아니라는 점을 이해시키기 위한 정치, 외교적 차원의 조치를 인내심을 갖고 끊임없이 추진해야 한다.〉

전성훈 전 비서관은 전술핵 재배치는 한국 정부와 국민의 공포감을 해소하는 데도 중요하다는 점을 강조한다. 북한이 핵미사일 실전 배치를 기정사실화하고 각종 도발을 가해올 때 한국인들이 불안해지면 이민 급증, 은행 인출 사태, 외자 유출, 경제 위기 등의 부작용이 일어날 수 있다. 전술핵 재배치는 이를 막기 위한 안전판 구실도 한다는 이야기이다. 그는 북한이 핵무장을 근거로 군축회담을 제의할 때 조심해야 한다고 했다.

〈최근 중국과 우리 사회 일각에서 거론되고 있는 소위 '雙中斷'(북한의 핵·미사일 도발과 한·미 군사훈련 중단) 방안은 북한의 선제 핵개발로 형성된 불리한 안보구도에 굴복하는 패배적인 발상으로서 우리의 안보이익을 심각하게 침해하는 또 하나의 안보참사가 될 것이다. 세계 군비통제 역사상 일방의 핵전력과 다른 일방의 재래식 전력을 상호 감축한 전례도 없다.

핵을 보유한 북한과 핵확장 억지라는 선언적 정책에 의존하는 한·미 사이의 전략적 불균형이 협상을 통해 한·미의 안보이익을 훼손하는 상황으로 고착화되는 것을 막기 위해서는 '협상대상의 동등성' 원칙을 견지하여 '재래식 對 재래식', '핵 對 핵'의 협상 구도를 정립해야 한다. 이렇게 해야만 재래식 분야와 핵 분야에서 각각 '북한 對 한·미'간 상호억지(mutual deterrence) 관계를 구축함으로써 한반도의 안보상황을 안정적으로 관리할 수 있다.〉

협상국면에 대비한 전략자산으로 전술핵 재반입 필요

북한의 핵시설을 군사력으로 공격하여 문제를 해결하는 방법은 북한이 핵미사일을 실전(實戰) 배치한 다음엔 불가능하다. 자연히 협상으로 해결하려는 움직임이 관련국가에서 일어날 것이다. 그때에 대비하여 핵對 핵의 협상 구도를 만들려면 한국에 미국의 전술핵을 갖다 놓고서 북핵(北核)과 한국 내의 전술핵을 같이 없애자는 협상 전략을 써야 한다는 것이다.

전술핵은 북핵을 견제하는 공포의 균형 수단일 뿐 아니라 북핵 기정사실화 이후에 전개될 협상 국면에서 좋은 카드가 된다. 〈북한과의 핵군축 협상에 대비하여 협상용으로 사용할 핵자산을 한반도에 들여와야 한다〉는 이야기이다.

전성훈 씨는 북한의 핵능력을 미 본토나 제3국에 배치된 미국의 핵자산과 맞바꾸어 줄이거나 없애는 것은 비현실적인 발상이라고 지적한다. 북한은 미국이 본토의 핵능력을 감축해야 할 정도의 전략적 상대가 아니며, 유럽이나 괌에 배치된 핵능력도 북한만을 상대로 한 핵전력이 아니기 때문에 합당한 거래관계가 성립되지 않는다는 것이다. 미국이 전술핵 재배치를 통해 한반도에서 자체 핵능력을 보유하고 이를 한국과 공유하는 체제를 갖춰야만 북한으로 하여금 쌍방 핵군축에 적극 나서도록 유인할 수 있다.

여기서 전성훈 전 안보전략비서관은 NATO의 5개국이 미국과 맺은 핵공유(Nuclear Sharing) 약속을 상정(想定)한 이야기를 하고 있다. 미국은 독일 등 5개국에 전술핵을 두고 있는데 전시(戰時)엔 이들 나라가 공동사용권을 갖는다. 이 제도의 도입은 필자가 수년 전부터 주장하였는데 박근혜 정부 안에서 심도 있게 논의된 것으로 보인다. 김민석 전 국방부 대변인도 퇴임 후엔 공개적으로 "한국이 당장 핵무장을 할 수 없는 현실을 감안한다면 미군의 전술핵을 북핵 폐기 때까지 한시적으로 빌려올 수밖에 없다"고 말한다.

전성훈 씨는 〈만약 미국이 전술핵 재배치를 거부한다면 정부는 북핵 폐기를 위한 한시적인 협상용 조치임을 전제로 NPT 제10조에 따라 조약에서 탈퇴하고 자체 핵개발을 통해 핵무장력을 갖춘 후 북한과 당당하게 '남북한 동시 핵폐기 회담'에 임해야 한다〉고도 했다.

핵무장 준비선언

김민석 박사는 한 걸음 더 나아가 '핵무장 준비 선언'을 할 필요가 있다고 했다. 핵무장 준비 선언은 실제 핵무장을 위한 준비작업은 하지 않고 외교적으로 선포하고 핵무장에 필요한 행정적인 절차만 사전에 준비하는 것이다. 따라서 한미원자력 협정을 파기하지 않고도 할 수 있다. IAEA의 사찰을 받더라도 핵무장을 위한 물리적 준비과정이 없기 때문에 NPT 규정을 위반할 사안이 발생하지 않는다. 이는 대만과 일본을 자극하고 북한과 중국에 큰 압박으로 작용할 것이다. 미국의 핵우산이 유명무실해지거나 한반도를 포기하는 상황이 발생할 경우 핵무장으로 직행할 수 있는 명분을 갖게 되고 실제로 핵무장을 해야 할 경우 준비 기간을 단축시킨다.

김 박사도 최후의 선택으로서 NPT를 탈퇴하고 핵무장을 할 경우에도 조건부로 추진해야 한다고 했다. 즉 북한의 핵문제가 해결된다면 한국도 비핵화한다는 조건이다. 남아공도 과거 핵무기를 개발한 적이 있으나 안보여건이 개선되자 만든 핵무기를 스스로 폐기하고 국제사회로 복귀하였다. 핵무장 준비 선언 또한 필자가 수년 전부터 주장하였던 내용이다. 보수층 안에서도 호응이 낮았던 자위적 핵무장, 전술핵 재배치 및 공동사용권 확보, 핵무장 준비 선언 등이 현실적 대안으로 논의되기 시작한 것은 한국인의 머리 위로 드리워진 핵전쟁의 그림자가 더욱 짙어지고 있음을 반영한다.

국민투표로 死生決斷의 의지 표출

대한민국 헌법 제72조는 〈대통령은 필요하다고 인정할 때는 외교·국방·통일, 기타 국가안위에 관한 중요정책을 국민투표에 부칠 수 있다〉이다. 핵확산금지조약(NPT) 제10조는 〈각 조약 당사국은 자국(自國)의 주권을 행사하는 데 있어서 본 조약의 주제와 관련된 비상사건이 자국의 최고 이익을 위태롭게 만들었다고 판단한다면, 본 조약으로부터 탈퇴할 수 있다〉이다.

북한의 핵미사일 실전 배치는 헌법과 NPT 10조에 다 해당한다. 이런 법리적 정당성을 확인한 다음 문재인 대통령은 국민투표로써 한국인의 주권적 결단을 확인, 이를 정치적, 외교적, 전략적 자산으로 삼을 수 있을 것이다. 국제법의 기초는 민족자결주의이고, 그 핵심은 생존을 위한 권리이다. 대통령이 제안할 '국민투표안'엔 다음과 같은 내용이 반영될 수 있을 것이다.

1. 자위적 핵무장의 권리를 확인 : 유엔과 국제사회가 북한정권의 핵무장을 막지 못하였으므로 대한민국은 국가생존 차원에서 핵무장을 포함한 모든 자위적 수단을 강구할 권리를 가지고 있음을 선언한다. 국민들

은 자위적 핵무장과 NPT에서 탈퇴할 수 있는 권한을 정부에 부여한다.

2. 방핵(防核) 예산 : 북핵(北核)으로부터 국민들을 보호하기 위한 목적으로 핵미사일 방어망 건설 등에 매년 GDP의 1%를 국방 예산에 추가한다.

3. 이적(利敵)행위자 조사 : 북한의 핵 및 미사일 개발을 지원하고 비호한 과정을 밝히고, 범법자(犯法者)들을 가려내기 위한 특별조사 기구(필요하다면 특검 구성)를 구성한다.

4. 훈련과 대비 : 비상계획위원회를 복원, 방어시설 건설과 민방위훈련을 강화하도록 한다.

5. 대한민국 대통령은 자위적 핵무장 4大 원칙을 부기(附記)할 수도 있을 것이다.

가. 우리의 핵무장은 국가생존을 위한 최후 수단이고, 자위적 목적이다.

나. 우리의 핵무장은 합법적 조치이다.

다. 우리의 핵무장은 공격용이 아니다. 북핵(北核)을 없앰으로써 세계평화에 기여하기 위한 목적이다.

라. 따라서 북한이 핵무장을 폐기하면 우리도 핵개발을 중단한다.

6. 자위적 핵무장 선택권을 정부에 위임하는 안이 국민투표에서 통과되고 정부가 NPT 탈퇴를 검토하는 순간부터 한국이 핵문제 해결의 주도권을 잡게 될 것이다. 국내정치는 안보(安保)를 중심으로 움직일 것이고, 국가생존 문제를 구경꺼리로 삼아온 사대주의적 노예근성을 청산, 국민정신과 국가기강을 정립하는 계기가 될 것이다.

7. 국민투표에서 압도적으로 가결된 '사위적 핵무장 선택권' 정책은, 내외적으로 한국인의 생존의지를 드높이고 중국과 북한에 강력한 메시지를 보내며 미국의 신뢰를 얻고 국내의 이념갈등까지 봉합시킬 수 있다.

언론이 놓친 중요 합의

핵 위기는 문재인 대통령으로 하여금 그의 이념적 지향점과 매우 다른 현실의 벽을 실감하게 하였을 것이다. 한미정상회담 직후 점심 때 만난 한 고위 외교관 출신은 "이번 한미 공동 발표문에는 언론이 다루지 않은 중요한 대목이 있다"고 깨우쳐 주었다. 중국을 겨냥한 한미일(韓美日) 공조 강화에 대한 언급이 있다는 것이었다. 원문(原文)에서 관련 대목을 찾았다.

1. 한미일 공조(韓美日 共助) 강조 : 〈두 지도자들은 한미일(韓美日) 삼각 협력관계를 한층 발전시키고 지역의 관계를 돈독히 하기 위한 그들의 의무를 재확인하였다. 두 지도자들은 삼각 안보 협력이 북한의 위협에 대응하는 방어 및 억제력을 향상시키는 데 기여한다는 점을 확인하였다. 이미 수립된 양자(兩者) 및 다자(多者) 기구를 활용하여 이 협력을 더욱 발전시키기로 결정하였다. 오는 7월에 열리는 G20 회의 도중에 있을 한미일 정상 회담에서 3각 협력 증진 방안을 더 논의하기로 결정하였다.〉

이는 미국이 2012년 이명박 정부 말년 이후 지속되어온 한일 갈등을 우려하면서 한미일 삼각 협력관계의 틀 속에서 두 나라 관계를 건설적 방향으로 전환하고 싶어 하는 의욕을 드러낸 것이다. 특히 한미일 공조(共助)가 북한의 위협을 억지하는 데 중요하다는 점에 두 사람이 공감하였다는 점이 흥미롭다. 문재인 대통령은 선거 전후(前後)로 반일적 태도를 보였다. 한일군사정보보호협정 체결에 비판적이었고, 부산 주재 일본 총영사관 앞에 불법적으로 설치된 소녀상을 동구청이 회수한 것을 원색적으로 공격하였다. 취임 후엔 아베 일본 수상에게 양국(兩國)

이 최종적으로 타결한 바 있는 종군위안부 문제를 다시 제기할 뜻을 비치기도 하였다. 그런 점에서 문 대통령이 트럼프의 3국 협력 방안 모색에 응한 것은 예상 밖이다. 이는 트럼프가 대중(對中) 공동전선을 구축하기 위하여 상당한 압박을 가하였음을 짐작하게 한다.

2. 대중(對中) 견제구 : 〈트럼프 대통령과 문 대통령은 아시아 태평양 지역에서 '법에 기반한 질서'를 지지하고 수호하기 위하여 함께 노력할 것임을 확인하였다.〉 이는 국제법을 위반하면서까지 남중국해 등에서 영향력을 확장시키고 있는 중국에 공동 대응하자는 의미를 품고 있다. '법에 기반한 질서'를 위협하는 아시아 태평양 국가는 중국뿐이기 때문이다.

3. 결국 문재인과 트럼프 대통령은 '대중(對中) 한미일 공조'에 합의한 셈이다. 사드 배치에 대하여 중국의 불만을 경청해야 한다는 자세이던 문재인 대통령을 이런 방향으로 몬 것은 엄중한 북핵(北核) 상황과 미국의 대한(對韓) 압박일 것이다.

신냉전 체제

한·미·일 공조 움직임에 대한 시진핑(習近平) 중국 주석의 반응도 빨랐다. 그는 7월 초 푸틴 러시아 대통령과 회담, 미군의 사드 배치를 같이 반대한다는 합의를 하였다. G20 정상회담에 즈음하여 문재인 대통령을 만나서는 한국과 중국이 수교한 지난 25년간에도 중국과 북한은 변함없는 혈맹(血盟)관계였다는 점을 강조하였다. '혈맹'이라는 감성적 용어는 북한을 압박, 핵을 포기시킬 마음이 없음을 간접적으로 고백한 셈이다. 신냉전(新冷戰) 구도가 깊어지면 중국은 북한의 핵무장이 대만을 지원, 중국을 견제하려는 미국을 다시 견제할 수 있는 유용한 카드라는 계산을 굳히게 될 것이다.

한미 정상회담의 약속대로 문재인 대통령과 도널드 트럼프 미국 대통령, 아베 신조(安倍晉三) 일본 총리는 지난 6일 G20 정상회의가 열리는 독일 함부르크에서 한·미·일 정상 회동을 갖고 "북한에 훨씬 강화된 압박을 가하는 게 중요하다"고 합의했다. 7일에는 3국 공동으로 유엔의 새로운 대북(對北) 제재 결의 추진과 중국·러시아의 적극적 역할을 촉구하는 내용의 '공동성명'도 발표했다. 청와대는 "3국 정상회담 후 공동성명을 발표한 것은 1994년 이후 여덟 차례 회담 중 처음"이라고 의미를 부여하였다.

문재인 대통령은, 북한의 핵미사일 개발, 특히 ICBM(대륙간탄도미사일) 발사 성공을 계기로 한반도를 둘러싸고 한·미·일과 중·러(북) 사이에 새로운 냉전 구도가 형성되는 국면에서는 한·미·일 편에 설 수밖에 없다는 현실적 판단을 한 것 같지만 독자 노선의 여지를 확보하려 애쓰고 있다. 그는 트럼프로부터 남북회담에 대한 원론적 지지를 약속 받은 데 이어 한반도 평화협정 구상을 밝혔다.

문재인 대통령은 6일(현지시각) 독일 베를린 舊시청에서 열린 쾨르버 재단 초청 연설에서 한반도의 냉전구조 해체와 항구적인 평화정착을 위한 한반도 평화구상을 제시했다. 문 대통령은 5대 원칙으로 6·15 공동선언과 10·4 정상선언 계승을 통한 평화 정착, 북한 체제의 안전을 보장하는 한반도 비핵화 추구, 항구적인 평화체제 구축을 위한 한반도 평화협정 체결, 한반도 신 경제지도 구상, 정치·군사적 상황과 분리한 비정치적 교류협력 사업 추진을 들었다.

문 대통령은 "여건이 갖춰지고 한반도의 긴장과 대치국면을 전환시킬 계기가 된다면 언제 어디서든 북한의 김정은 위원장과 만날 용의가 있다"면서 "핵 문제와 평화협정을 포함해 남북한의 모든 관심사를 대화테이블에 올려놓고 논의할 수 있다"고 했다. 한국 대통령이 북한의 해묵은 주장인 평화협정 체결 추진에 동의한 것은 이번이 처음이다. 영자 신문은 평화협정을 'Peace treaty'라고 했는데 이는 '평화 조약'으로서 미국의 경우 의회의 비준을 받아야 한다.

함정

문재인 대통령의 평화협정 주장은 중국의 1년여 전 주장과 비슷하다. 왕이 중국 외교부장은 작년 2월 베이징에서 줄리 비숍 호주 외무장관과 회담한 뒤 기자회견에서 "중국은 비록 한반도 핵 문제는 중국에 (책임이) 있지 않지만 6자회담 의장국으로서 비핵화를 실현하고 정전협정을 평화협정으로 바꾸는 것을 동시에 추진하는 협상을 벌일 것을 제안한다"고 말했다. 중국이 한반도 비핵화와 평화협정 추진을 공식 제안한 것은 그때가 처음이었다고 보도되었다. 중국은 북한이 핵 미사일 실험을 동결하면 한미군사 훈련을 중단해야 한다는 이른바 '쌍중단'도 제의하였는데 문 대통령 특보 문정인 씨도 같은 주장을 최근에 한 적이 있다.

'평화협정' 추진은 아래와 같은 문제가 있다.

1. 북한이 대륙간 탄도탄 발사 시험에 성공하였다고 주장하는 가운데 미국과 국제사회가 대북(對北)압박에 집중하고 있다. 이런 압박 국면에서 북한이 주장해온 '평화협정'을 한국이 들고 나오면 한미 긴의 균열은 물론이고 국제사회의 압박 분위기를 깬다. 김정은은 문 대통령의 평화협정 추진 선언을 굴복으로 해석하고 역이용 전략을 꾸밀 것이다.

2. 북한은 '평화협정'을 미국과 체결하겠다고 한다. 문재인 대통령은 이것도 허용하겠다는 뜻인가?

3. 김정은은 핵포기는 없다는 뜻을 명백히 하고 있다. 북한 헌법에 핵무장을 못 박았다. 그렇다면 비핵화가 평화협정 논의의 전제조건이 될 가능성이 낮다. 비핵화를 전제나 목표로 삼지 않는 평화협정 논의는 북한정권에 탈출구를 열어주는 것이다.

4. 북한은 '평화협정' 공세를 통하여 주한미군 철수 및 한미동맹 해체를 꾀한다. 문 대통령은 주한미군 철수 및 한미동맹 해체도 북한과 논의하겠다는 뜻인가?

5. 평화협정이 맺어지려면 한국 전쟁의 종전(終戰)선언이 선행되어야 한다. 전범(戰犯)집단인 북한은 손해배상, 책임자 처벌, 불법 억류 국군 포로 송환 등의 의무이행을 하여야 한다. 문재인은 전쟁범죄 행위의 피해국 대통령인데, 이런 종전 절차 없이 평화협정을 맺겠다는 것인가?

평화가 아니라 재앙을 부르는 평화협정

정상적인 평화협정은 전쟁에서 승패(勝敗)가 난 뒤 패전국과 승전국 사이에서 이뤄진다. 제1차 세계대전 이후 베르사유 평화협정, 태평양 전쟁 이후의 샌프란시스코 평화협정이 좋은 예이다. 평화가 정착되지 않고 분쟁이 계속되는 가운데서 평화협정을 맺은 경우도 있다. 이스라엘-이집트 평화협정은 성공적이고, 월남 평화협정은 실패작이 되었다. 한반도에선 평화가 정착되기는커녕 北의 핵무장과 핵위협으로 위기가 고조되었는데, 평화협정 이야기가 나온다. 분쟁 그 자체를 해결하지 않고 평화협정을 맺는 것은 원수지간의 남녀(男女)가 화해하지 않고 결혼하는 격이다.

통일연구원의 최진욱 연구원(당시)은 2007년에 쓴 논문에서 이런 지적을 하였다.

〈미국은 한국전쟁 당시 북한에 대해 단독으로 전쟁선포를 하지 않았기 때문에 미 의회가 북·미 평화협정을 비준할 법적 근거가 희박하다.〉

그는 〈평화조약은 신뢰 회복이 선행되어야 하며, 평화조약 당사자 간 신뢰가 형성되기 전에 평화조약을 체결하는 것은 대단히 위험하다〉고 경고한다.

한국, 미국, 북한, 중국 등 4자 간이든 미북 간이든 일단 평화협정이 논의되기 시작하면 한국은 핵무기가 없기 때문에 소외될 것이다. 핵무장한 세 나라가 핵무장하지 않은 한국을 존중할 리가 없다. 회담이 시작되면 어떻게든 합의를 보려는 욕심이 작동, 북한에 유리한 국면이 조성되고 과거 미국이 여러 번 그러하였듯이 얻는 것 없이 양보만 할 가능성이 높다. 힘으로 해결하지 못한 핵문제를 입으로 해결할 순 없다. 한국은 북한의 비핵화가 전제되지 않는 평화협정 논의 자체를 반대해야하는데 문재인 대통령은 비핵화와 평화협정 논의를 동시에 추진하겠다는 것이다.

지금은 평화협정을 논의할 수 있는 신뢰 구축이 전혀 되어 있지 않다. 구경꾼 입장이 되어 미국과 월맹에 평화협상을 맡겼다가 망한 월남의 사례는 한국에 좋은 교훈이 될 것이다. 전쟁 자체를 해결하지 않은 채 맺은 평화협정은 월맹에 의하여 2년 뒤 휴지가 되고 협정 정신을 믿었던 월남은 망하고 수십만 명의 월남인들은 보드 피플이 되어 남중국해를 떠돌다가 상어 밥이 되었다. 도쿠가와 이에야스는 "적의 말을 믿는 자는 삼족을 멸해야 한다"는 말을 하였다고 한다. 준비 없는 원전(原電)

백지화 선언처럼 현실을 무시한 평화협정 추진은 평화가 아니라 '재앙'을 부를 것이다.

수미 테리 전 백악관 국가안보회의 한국담당 보좌관은 지난 2월 하원 외교위 청문회에서 미북 간 평화협정에 반대한다는 입장을 밝혔다. 그는 서면 증언에서 "북한은 정전협정을 대체할 효과적이고 지속적인 평화 기구를 구축하려는 목적이 아니라, 한국에서 미군을 철수시키고 미한(美韓)동맹을 해체시키기 위해 평화협정을 요구하고 있다"고 주장했다.

'原電 백지화 식'이 되어선 안 된다

아산정책연구원 이기범 연구위원은 '정전협정의 평화협정 대체 논의의 위험성'이란 논문에서 평화협정은 한반도에 평화를 가져오는 제도가 아니라고 역설하였다. 그는 월남 공산화의 길을 연 파리 평화협정을 비판한다.

〈남베트남의 소멸을 초래한 1973년 'Paris Peace Accords'에는 몇몇 독소조항들이 있었다. 이 조약 제4조23 및 제6조24는 미국이 남베트남에 군대를 주둔시킬 근거를 상실시켰다. 그리고 제9조25는 남베트남에서의 '민족자결권(people's right to self-determination)' 행사를 강조함으로써 남베트남이 북베트남에 병합되도록 하는 법적 근거를 제공하였다. 즉, 미국이 철군한 상황에서 1973년 'Paris Peace Accords'의 민족자결권 개념이 강조되었을 때 남베트남의 병합을 민족자결권 행사로 호도할 수 있었다.〉

1953년 정전협정이 평화협정으로 대체된다면 이 평화협정에 북한의 핵 개발 포기 또는 한반도 비핵화가 명시된다 하더라도 이에 대한 반대급부로 주한미군 철수 또는 한미상호방위조약 폐기, 민족자결권 존중 등이 포함될 것임을 예상할 수 있다. 이는 남한 공산화를 민족문제로 공식화하여 미국이나 국제사회가 개입하지 못하게 하는 독소가 될 수 있다는 것이다.

이기범 연구위원은 북한이 평화협정을 요구하는 것 자체가 비논리적이라고 본다. 북한의 핵 문제는 북한이 의도하고 있는 것처럼 미국 對 북한의 문제가 아니라 국제사회 對 북한의 문제이며, 북한은 국제사회에 대한 자신의 '의무'인 핵 포기를 대가로 미국과의 평화협정 체결을 요구해서는 안 된다는 것이다. 만약 북한의 핵 포기와 주한미군 철수 또는 한미상호방위조약 폐기를 맞바꾼다면 북한의 불법행위를 대한민국 해체로 보상해주는 형식이 된다.

합리적 검토 없이 원전(原電) 백지화를 발표한 전례에 비추어 문재인 대통령은 평화협정 논의가 가져올 가공한 결과에 대한 검토도 없이 선언부터 한 게 아닐까? 자위적 핵무장이나 전술핵 재배치 같은 협상 카드를 준비하지도 않은 채 하는 평화협정 논의는 대체(代替) 에너지원을 준비하지도 않고 원자력 발전소를 폐기하는 것과 같다. 자위적 핵무장이나 전술핵 재배치 없이 핵무장한 북한을 상대로 평화협정 논의를 시작하는 것은 몽둥이도 들지 않고 무장 강도와 담판하러 가는 꼴이다.

북한의 핵시설을 무력화시킬 수 있는 군사적 공격 시한(時限)이 올해 안인데, 사드 배치를 올해 안에 하지 않으면 미국은 핵 미사일을 사용한 북한의 반격에 대한 방어 기능이 없어 군사적 해결 방안을 단념하여야 한다. 문재인 정부의 사드 배치 지연작전이 이를 노린 것이라면 문제가 심각하다.

주한미군 중립화와 중립화 통일

　김민석 전 국방부 대변인에 따르면 중국이 사드 배치를 반대하는 진짜 이유는 성주 사드가 한국을 타격할 수 있는 중국의 단거리 탄도 미사일(둥펑-15)을 탐지할 수 있기 때문이라고 한다. 〈따라서 중국이 성주에 사드 체계를 배치하지 말라는 요구는 중국이 둥펑-15로 한국을 공격할 때 방어하지 말라는 얘기와 다름없다〉는 것이다. 한국 정부가 불법 시위대의 성주 기지 접근로 봉쇄까지 방임하면서 사드의 연내(年內) 정상 작동을 지연시키는 것은 북한에 대한 미국의 군사적 공격을 막고 중국의 위협은 막지 않기 위한 것이란 말인가? 그렇다면 이 정부의 국적(國籍)을 묻지 않을 수 없다.

　문재인 대통령은 후보 시절 '국가연합 혹은 낮은단계 연방제 통일'을 주장하였다. 이는 북한을 국가로 인정하지 않는 대한민국 헌법 위반인데 평화협정을 논의하는 과정에서 이 위헌적 통일방안이 끼어들 가능성도 배제할 수 없다.

　2000년 6월 평양회담에서 김대중, 김정일은 '주한미군의 중립화'에 공감하였는데 이는 한미동맹 해체의 다른 말이다. 평화협정 논의에 북핵 폐기, 주한미군 중립화, 중립화 통일이 한 세트로 거론될지도 모른다.

　중국-북한-한국의 좌파 세력이 주도하는 중립화 통일 논의는 대한민국의 정체성과 진로를 동시에 바꿀 것이다. 북핵 위기는 종결 단계에서 대한민국의 좌표를 해양문화권에서 대륙권으로 옮겨놓을지 모른다. 지난 70년간 대한민국은 해양문화권의 자유진영 편에 섰기에 자유와 번영을 누릴 수 있었다.

chapter 08

문재인의 原電 백지화는
헌법 위반

전기사업법·전원개발촉진법·원자력안전법 등 위반. 신고리 5, 6호기 공사 중단시키면 약 13조 원 피해. 한국의 원자력 발전엔 대통령의 권력도 무시할 수 없는 깊은 適法절차의 뿌리가 있다. 광우병 선동 식의 과학·사실·법률 위반이 계속되면 탄핵 사유가 될지 모른다.

문재인의 原電 백지화는
헌법 위반

신고리 5, 6호기 공사 중단 취소 소송

지난 7월 한국전력공사(이하 한전) 주주인 박종관, 주숙희 씨는 권성 등 9명의 변호사를 소송대리인으로 하여 한국수력원자력 주식회사(이하 한수원)를 상대로 지난 7월14일자 이사회 결의 무효 확인 청구 소송과 본안 판결 확정시까지 그 효력을 정지해달라는 가처분 신청을 대구지방법원 경주지원에 냈다.

한수원은 원자력안전위원회(이하 원안위)로부터 38개월간 심의를 거쳐 2016년 6월 발전용 원자로 및 관계시설의 건설허가를 받았다. 그 무렵 삼성물산, 두산중공업, 한화건설 등의 컨소시엄과 공사금액 8조6000억 원 가량의 신고리 5, 6호기 건실공사 도급계약을 제결하였다. 공사는 순조롭게 진행되어 지난 6월 말 현재 공정률 29.5%에 공사비 1조6000억 원 가량이 집행되었다.

지난 6월19일 문재인 대통령은 고리원전 1호기 영구정지 선포식 기념사에서 "원전 중심의 발전정책을 폐기하고 탈핵 시대로 가겠다"면서 신규 원전 건설계획은 백지화하고 건설 중인 신고리 5, 6호기(의 건설 계속 여부에 대하여)는 안전성과 함께 보상비용 등을 종합적으로 고려하여 사회적 합의를 도출하겠다고 말하였다.

6월27일 문 대통령이 주재한 국무회의는 5, 6호기 공사를 일시 중단하고 한시적으로 독립기구인 공론화위원회를 운영하며, 시민 배심원단을 구성, 의견을 수렴하고 건설 여부를 결정하기로 하였다.

6월29일 산업통상자원부는 한수원에 한 장의 협조 요청 공문을 보냈다.

한수원은 공기업 특성상 에너지법 제4조 제3항에 의거, 국가의 에너지 시책에 적극 참여하고 협력하여야 할 포괄적 의무가 있다면서 신고리 5, 6호기 공사를 공론화 기간 중 일시 중단할 수 있도록 필요한 이행 조치를 신속하게 취해주기 바란다는 요지였다.

6월30일 한수원은 삼성물산 컨소시엄 등 공사 관련 17개 업체에 위의 공문을 그대로 전달하였다. 1000여 명의 근로자가 일하던 공사현장은 혼란 상태에 빠졌고, 공사업체, 근로자, 지역주민들은 "법적 근거가 뭐냐"고 반발하였다. 한수원 노동조합도 원전 건설을 중단하면 결정에 참여한 이사진과 정부 관계자 전원을 배임 행위로 고소, 고발하겠다고 선언하였다.

7월7일 한수원은 경주시의 본사에서 이사회를 열어 공사 중단 여부를 논의하였으나 결론을 내리지 못하였다. 13일에는 이사회가 노동조합원들과 지역주민들의 반대로 무산되었다.

7월14일 한수원은 비밀리에 경주시 스위트 호텔에서 이사회를 열고

재적 이사 13명 중 12명 찬성, 1명 반대로 공론화 기간 중 공사 일시 중단계획을 의결하였다. 시공업체에 피해 보상 비용 1000억 원 가량을 지급하기로 결의하였다.

소송대리인들은 이런 이사회 결의는 아무런 법적 근거가 없음은 물론이고 절차적 정의(正義)를 현저히 위반하였으며, 전기사업법·전원개발촉진법·원자력안전법 등의 법률을 위반하였으므로 무효라고 주장한다.

대통령 권력이 무시할 수 없는 깊은 適法절차의 뿌리

하루아침에 중단된 신고리 5, 6호기 공사는 2008년부터 9년간 전기사업법, 에너지 기본법, 저탄소 녹색성장 기본법에 근거하여 장기간의 검토와 공론화 과정을 거쳐 추진되었다. 특히 건설허가를 받는 데는 전원(電源)개발촉진법과 원자력안전법에 따라 38개월간의 복잡한 절차를 거쳤다. 공사비 8조6000억 원, 공사업체 760개, 연인원 5만 명이 이미 투입된 초대형 국책 사업이다.

5, 6호기 공사는 빙산의 일각이고 그것을 뒷받침한 국가적 장기 정책결정 과정이 법적 구속력을 가지므로 대통령이라고 해서 결코 무시할 수 없다는 게 소송제기자들의 논리이다. 적법절차의 깊은 뿌리를 권력이 자의적으로 자를 수 없다는 이야기이다.

2008년 8월27일 에너지 정책의 최상위 국가전략인 '제1차 국가에너지 기본계획(2008~2030)'이 이명박(李明博) 대통령을 위원장으로 하는 국가에너지위원회의 심의를 거쳐 수립되었다. 2030년까지 원자력 발전의 설비 비중을 41% 수준으로 높인다는 것이었다. 절차적 정당성을 위하여 정부의 거의 모든 부처, 에너지 공급 및 수요자, 시민단체가 참여하여 공청회, 공개토론, 워크숍을 여러 차례 가졌다.

2008년 12월엔 전기사업법에 의거하여 제4차 전력수급기본계획 (2008~2022)이 공론화 과정을 거친 다음 전력정책심의회의의 심의를 거쳐 수립되고 여기서 신형원전(APR 1400)을 적용한 신고리 5, 6호기 공사계획이 확정되었다.

2013년 9월30일 한수원은 전기사업법에 따라 산자부 장관의 전기사업(발전) 허가를 받았다. 한편 2014년 1월14일 저탄소녹색성장기본법, 에너지법에 따라 제2차 에너지 기본계획이 확정되었다. 일본의 후쿠시마 원전 사고를 반영, 설비 기준의 원전 비중을 41%에서 29%로 낮추기로 결정하고 신규 원전 건설계획은 유지하기로 하였다.

2016년 6월27일 한수원은 원자력안전위원회에 의한 38개월간의 심의를 거쳐 원자력안전법 10조에 의한 발전용원자로 및 관계시설의 건설 허가를 받아 다음 날 공사에 착수하였다.

위헌적이고 불법적인 결정

지난 6월 문재인 대통령이 문제 많은 연설을 통하여 원전 백지화를 선언한 것은 이명박(李明博), 박근혜(朴槿惠) 정부에 걸쳐 적법 절차를 거쳐 확정된 국가 기본 계획을 즉흥적으로 폐기한 행위이다. 촛불혁명 정권이므로 헌법과 법률을 혁명적으로 해석할 권리가 있다고 생각하는 게 아닌가 의심이 들 정도였다.

가처분 신청의 법리는, 신고리 5, 6호기 공사 중단으로 한수원의 주식을 100% 보유한 한국전력공사의 재산상 손해가 예상되고 이에 따라 한전 주식을 가진 가처분 신청인도 부당한 피해를 보게 되므로 공사중단 조치를 취소시켜달라는 것이다.

권성, 천기흥, 하창우, 김정술, 구충서, 석동현, 이재원, 양윤숙, 우인식 변호사로 구성된 소송대리인단은 가처분 신청서에서 공사중단의 불법성을 신랄하게 지적한다.

피신청인(한수원)은 '군사작전'을 방불케 할 정도로 사전예고 없이 비밀리에 이사회를 '기습적'으로 열고 '전격적'으로 처리하여 공사 중단을 결의하였다고 했다. 국가공권력이 국민에 불리한 결정을 내릴 때는 먼저 국민이 자신의 견해를 진술할 기회를 주어야 하는데 이런 기회 또한 봉쇄되었다. 대리인단은 문재인 정부의 공사중단 결정 과정에 대하여 '초법적'이고 '위헌적이고 불법적'이라는 표현까지 썼다.

대리인단은, 문재인 대통령의 원전 백지화 선언과 국무회의 심의는 결코 '적법한 국가의 에너지 시책이 될 수 없다'고 주장한다. 이미 관계법령에 의하여 적법하게 확정된 에너지 시책, 즉 기존의 '에너지기본계획'이나 '전력수급기본계획' 등의 내용에 명백히 위반되기 때문이다.

아무리 국정 최고책임자인 대통령이 대선공약임을 내세워 원전정책을 전면적으로 재검토하고 탈핵(脫核) 시대로 가겠다고 선언했다 하더라도 그 내용이 관계법령에 따라 적법절차를 거쳐 확정되지 않는 한 그것이 국가의 에너지 시책으로 변화되거나 승격될 수 없음은 법치행정의 원칙에 비추어 당연하다는 것이다.

산자부 등은 한수원이 공공기관이므로 에너지법에 의하여 국가시책에 협력할 의무가 있다고 주장하지만 이 또한 억지이다. 공사 중단은 원자력의 안전관리에 관한 사항이므로 에너지법이 아니라 원자력안전법 등에 따라야 하는데 정부 주장은 관련법을 사문화(死文化)시키는 주장이란 것이다.

불법행위로 인한 총 피해액은 12조6000억 원

소송대리인단은 공사중단이 가져올 국익 피해도 지적하였다. 한전은 영국에 신고리 5, 6호기와 같은 모델(한국형 신형 원전 모델 APR-1400)을 적용한 21조 원짜리 원전 3기를 수출하는 협상을 진행 중인데 이사회의 불법적인 결의로 말미암아 협상이 깨질 위험에 처하게 되었다는 것이다. 한국은 2009년 APR-1400 모델 4기를 21조 원에 아랍에미리트(UAE)에 수출한 바 있다. 영국의 파이낸셜타임스 등 현지 언론은 "영국은 탈(脫)원전 정책을 표방한 한국과 원전 사업을 진행하고 싶어하지 않는다"고 전한다. 국내서 불량품 취급을 받는데 해외에 팔 수 있냐는 우려가 현실화되고 있다는 것이다.

변호사들은 3개월간의 공론화 과정도 요식행위로서 공사를 영구히 중단시킬 개연성이 높다고 주장한다. 그렇게 될 경우 한수원은 이미 지불한 1조6000억 원 가량을 날리게 된다. 삼성물산 컨소시엄에 손해배상으로 9912억 원을 물어줘야 한다. 울산시, 울주군, 기장군이 2029년까지 받기로 한 7777억 원의 지원금도 백지화되어 이 금액도 배상해야 할 가능성이 있다. 정부가 5, 6호기 대신 액화천연가스 발전소를 지을 경우 추가 비용은 9조2626억 원이 든다. 총 피해액은 12조6000억 원에 이른다는 것이다. 이 액수가 정확하다면 문재인 대통령은 국가의 재산에 가장 큰 피해를 끼친 인물로 기록될 것이다.

전력은 국민 생활과 산업 전체에 결정적 영향을 끼치는 핵심 인프라이다. 따라서 원전(原電) 정책은 에너지 안보, 환경, 기후변화, 중장기 전력수급, 전기료 수준, 미래 산업경쟁력 등 복합적인 이해(利害)관계가 걸려 있는 백년대계이다. 신고리 5, 6호기 공사는 이러한 다양한 변수를 종합적으로 고려, 장기간의 검토과정을 거쳐 원자력안전위원회가 적법하게 승인한 사안이다.

법치국가의 안전을 위해서라도 공사 중단을 정지시켜야

대리인단은, 헌법과 법률에 근거해야 하는 법치행정의 근간을 무너뜨리는 사태를 용인한 한수원 이사회의 결의로 탈원전(脫原電) 정책이 본격화된다면 국가 경제에 재앙이 닥칠 것이라고 내다본다. 세계 최고의 기술경쟁력을 갖춘 국내 원전 산업 생태계가 무너져 해외 수출길이 막히고, 대체 에너지 개발에 막대한 국부(國富)가 유출되며 에너지 안보가 위협을 받게 된다. 전기료도 대폭 오른다. 소송대리인단은 '위헌적이고 불법적인 사태를 용인하고 있는 이 사건 이사회 결의의 효력'은 법치국가의 안전과 장래를 위해서도 조속히 정지시켜야 할 긴급한 필요성이라고 강조하였다.

문재인 정권의 핵심 인사들 중엔 2008년 광우병 사태에 직간접으로 관계한 이들이 많다. 그래서인지 원전 백지화의 논리가 광우병 선동 논리와 흡사하다. 세계적으로 가장 안전하게 관리되는 미국산 쇠고기를 마치 독극물인 것처럼 선동하는 데 MBC와 KBS가 앞장섰다. 한때 국민의 약 60%가 선동에 속아 넘어가 미국산 쇠고기를 먹으면 인간광우병에 걸린다고 생각하였다. 광우병 선동 세력이 그대로 집권하였다고는 할 수 없지만 현재의 집권세력과 비슷한 생각과 행태, 분포를 보인다는 점은 부인할 수 없을 것이다. 더구나 문재인 대통령의 공영 방송 성책은 노무현 탄핵 왜곡 보도와 광우병 선동에 앞장섰던 시절의 KBS 및 MBC로 돌아가자는 것이 아닌가 의심이 든다.

문재인 대통령이 지난 6월19일에 읽은 고리 1호기 영구 정지 기념행사 기념사는 세계에서 가장 안전하고 효율적인 한국의 원전을 위험한 시설이라고 본 점에서, 그리고 그런 시각에서 원전 백지화를 선언한 점에서 광우병 선동 방식과 비슷하다.

- **연설 원문(原文)** : 〈그동안 우리나라의 에너지 정책은 낮은 가격과 효율성을 추구했습니다. 값싼 발전단가를 최고로 여겼고 국민의 생명과 안전은 후순위였습니다. 지속가능한 환경에 대한 고려도 경시되었습니다.〉

- **교정** : 한국의 원전(原電)이 세계에서 가장 안전하게 운영되었다는 사실은 논란의 여지가 없이 증명된 것이다. 가동률도 세계 최고 수준이고 방사능 유출 및 피폭 사고가 한 건도 없었다. 원전 사고로 인한 인명 피해가 1명도 없었는데 국민의 생명과 안전은 후순위였다니?

- **원문** : 〈지난해 9월 경주 대지진은 우리에게 큰 충격이었습니다. 진도 5.8, 1978년 기상청 관측 시작 이후 한반도에서 발생한 가장 강한 지진이었습니다.〉

- **교정** : '경주대지진'이란 말은 과장이다. '대지진'이란 말은 보통 수만, 수십만 명이 죽는 지진에 붙는다. 동경대지진, 당산대지진 등. 한 사람도 안 죽은 지진을 이렇게 과장하면 외국인들이 경주를 찾을까?

- **원문** : 〈일본은 세계에서 지진에 가장 잘 대비해 온 나라로 평가받았습니다. 그러나 2011년 발생한 후쿠시마 원전 사고로 2016년 3월 현재 총 1368명이 사망했고, 피해복구에 총 220조 원이라는 천문학적인 예산이 들 것이라고 합니다. 사고 이후 방사능 영향으로 인한 사망자나 암환자 발생 수는 파악조차 불가능한 상황입니다.〉

- **교정** : 전혀 사실이 아니다. 후쿠시마 원전의 노심(爐心) 멜트다운 사고로 죽은 사람은 없다. 방사능이 바깥으로 유출되지 않았기 때문이다.

1368명은 아마도 대피한 주민들 중에서 발생한 일반적 사망자로 보이는 데 이 또한 출처가 불명확하다. 일본 정부가 근거가 없다고 항의하였다. 사고 이후 방사능 영향으로 인한 사망자나 암환자 발생 수가 셀 수 없을 정도로 많다는 내용도 사실이 아니다. 확인된 경우는 한 사람도 없다.

● **원문** : 〈특히 고리원전은 반경 30km 안에 부산 248만 명, 울산 103만 명, 경남 29만 명 등 총 382만 명의 주민이 살고 있습니다. 후쿠시마 원전 사고 당시 주민 대피령이 내려진 30km 안 인구는 17만 명이었습니다. 그럴 가능성이 아주 낮지만 혹시라도 원전 사고가 발생한다면 상상할 수 없는 피해로 이어질 수 있습니다.〉

● **교정** : 최악의 상황을 과장한 것이다. 안전한 고리원전과 사고를 낸 후쿠시마 원전을 비교하는 것부터가 사실에 맞지 않다. 대한민국의 국익을 수호해야 할 대통령이 조국(祖國)에 불리한 비유법으로 위험성을 과장하는 것은 자해(自害) 행위가 아닐까?

광우병 선동의 논리와 비슷

한국에서 원전을 반대하는 세력 중 북한의 원폭(原爆)을 반대하는 이들을 찾기 어렵다. 김정은의 원폭은 위험하지 않고 한국의 원전은 위험하다고 믿는 듯하다. 광우병 선동을 한 것은 미국산 쇠고기이기 때문이었고, 북한 원폭의 위험성에 관심이 가지 않는 것은 그것이 북한 노동당 정권 것이기 때문이며, 한국의 안전한 원전이 위험하다고 주장하는 것은 대한민국의 것이기 때문이라고 이해하는 게 정확하지 않을까? 즉 이념적 가치관이 과학과 사실, 그리고 법까지 부정하게 되는 경우이다. 그 이념의 핵심이 계급투쟁론이고 이는 국가의 존재, 특히 국법을 부정하며, 권력쟁취를 위하여서는 양심에 거리낌 없이 (과학 사실 법률을 무시하는) 선동을 해도 된다는 논리이다.

문재인 정권이 과학과 사실과 법률까지 무시하고 원전을 없애려 집착하는 본심을 이념적으로 의심한다면 다음과 같은 추리도 가능하다.

트럼프 미국 대통령이 등장, NATO(북대서양 조약기구)를 불신하는 발언을 하고 고립주의적 외교노선을 보이는 가운데 푸틴의 러시아가 공세적 외교를 펼치자 안보가 불안해진 독일에선 독자적 핵무장론이 나온다. 그 논의 과정에서 독일이 원전을 포기하기로 한 결정이 약점으로 지적되었다. 독일이 핵폭탄 개발을 비밀리에 하려면 원전 기술과 시설을 이용하여야 하는데 원전 포기 정책이 걸림돌이란 것이다.

2년 전에 나온 미국 과학자연맹 회장 퍼거슨의 한국 핵무장 능력 평가 보고서는 한국이 핵무기를 만들려면 핵분열 물질, 핵폭탄 설계능력, 그리고 운반수단을 갖추어야 하는데, 한국은 쉽게 이 요소들을 확보할 수 있을 뿐 아니라 수소폭탄 제조에 필요한 중수소나 3중수소도 충분히 준비되어 있다고 했다.

그는 월성에 있는 4기의 중수로(重水爐)가 이러한 핵폭탄 제조의 원료물질을 생산하는 데 중심이 될 것이라고 했다. 월성에 저장된 사용 후 핵연료를 재처리하면 2만6000kg의 '무기화할 수 있는 플루토늄'을 얻을 수 있다. 이는 4330개의 핵폭탄을 만들 수 있는 양이다(1개당 6kg 소요). 월성 원자로 4기를 이용하면 매년 416개의 핵폭탄을 만들 수 있는, 2500kg의 '거의 무기급' 플루토늄을 생산할 수 있다.

한국은 결심만 하면 단순하면서도 속도가 빠른 재처리 공장을 4~6개월 안에 지을 수 있으며 월성 원전(原電) 등을 통하여 증강핵폭탄이나 수소폭탄을 만드는 데 필요한 중수소나 3중수소는 이미 만들고 있다. 한국의 수준 높은 컴퓨터 기술 등으로 볼 때 핵폭탄 설계에 필요한 초고속 전자 기폭장치를 제작하는 것도 어렵지 않다. 한국의 컴퓨터 기술 수준으로 볼 때, 핵분열탄, 증강핵폭탄, 수소폭탄도 실험할 필요가 없다. 실험을 한다면 핵보유국임을 과시할 필요가 있을 때일 것이라고 퍼거슨은 지적하였다.

국민투표 사안

월성의 중수로 4기는 박정희 대통령이 핵무기 개발에 대비하여 캐나다에서 도입한 것이다. 원전 백지화 계획에 따라 월성 원자로가 조기에 폐쇄된다면 안보적 손실이다. 한국이 자위적 핵무장을 결단해야 할 경우의 수단이 사라진다.

원전 백지화는 안보의 핵심인 에너지 정책의 근간을 흔드는 것이므로 국민투표 사안이다. 헌법 제72조는 〈대통령은 필요하다고 인정할 때에는 외교·국방·통일 기타 국가안위에 관한 중요정책을 국민투표에 붙일 수 있다〉고 했다. 문재인 대통령은 국민투표는커녕 법률 개정도 거치지 않고 국가의 안위에 관한 중요정책을 반(反)과학적인 연설문을 근거로 밀어붙인다. 이게 촛불혁명 정신이라면, 즉, 헌법, 과학, 사실을 무시하는 게 혁명정신이라면 탄핵사유가 될지 모른다.

대통령이 법률에 의하지 않는 정도가 아니라 여러 개의 법을 동시에 위반하고, 그것도 낭설 수준의 정보에 기초하여 조(兆) 단위의 국민 재산과 국가의 안전에 심각한 위해(危害)를 가하는 독단적 공사 중단 등 원전 백지화를 강행하는 과정에서 한수원이나 한전 같은 타인에게 불법 행동을 하도록 강제하였다는 사실이 드러날 경우이다.

chapter 09

김정은과 從北
최후의 날

가상 시나리오 : 김정은이 백령도 공격과 함께 꺼낸 핵카드는 중국의 배신으로 無力化되고 남한에선 비상계엄령이 선포되어, 애국자를 사냥하던 반역자 사냥이 시작되는데 북한노동당 정치국은 김정은을 좌경맹동주의자로 규정, 해임한다.

月刊朝鮮 〈2017년 10월호〉

김정은과 從北
최후의 날

계엄사령관 "적폐 중 가장 큰 적폐는 핵무장을 도운 적폐가 아니겠습니까"

백령도 점령 훈련과 전술핵 재배치 검토

지난 8월26일 조선중앙통신은 북한의 김정은 노동당 위원장이 '선군절'을 맞이해 북한군 특수부대의 백령도 및 대연평도 점령 가상훈련을 현지 지도했다고 보도하였다. 김정은은 "총대로 적들을 무자비하게 쓸어버리고 서울을 단숨에 타고 앉으며 남반부를 평정할 생각을 하여야 한다"고 강조하였다.

지난 9월10일 미국의 NBC 방송은 트럼프 행정부가 포괄적인 북핵(北核) 대책안을 마련하고 있다고 보도하였다. 외교적, 군사적 조치를 종합한 이 안은 사이버 공격, 정보 공작, 감시 강화 외에 전례 없는 내용도 검토 대상이린 것이었다. 백악관과 국방부 소식통을 인용한 기사였다. NBC는 미국이 북한을 핵으로 선제공격하는 방안도 검토해 보았지만 여론의 지지를 얻기 어렵다고 보고 최대한 강력한 비군사적 대응책을 마련하고 있다고 전했다. 중국은 미국이 북한을 먼저 공격하면 북한을 지원할 수밖에 없다는 뜻을 트럼프 행정부에 통보하였다고 한다.

이 방송은 한국이 요청한다면 전술핵 재배치를 검토하는 방안도 검토 중이라고 했다. 이는 미국이 지난 30년간 추구하였던 한반도 비핵화 정책과 벗어나는 것이다. 미국은 또 유럽에서 사용하는 지상(地上) 이지스 SM-3 미사일 요격용 시스템을 (한국에) 배치하는 것도 검토 중이다.

미국 관리들은 중국 측에, 만약 북한에 대하여 기름을 끊는 것과 같은 더 강경한 조치를 취하지 않으면 한국과 일본이 자체 핵무기 계획을 추진할 것인데 그럴 경우 미국은 이를 막지 않을 것이라고 이야기했다고 한다. 백령도 점령 훈련과 전술핵 재배치 검토. 현재로선 가상(假想)이지만 현실이 될 수도 있을 것이다. 북한이 수소탄 실험에 성공한 상황에선 평소엔 상상하기 어려웠던 일들도 실제로 일어난다. 이런 때는 상상력을 동원한 예측을 할 필요가 있다. 다음부터는 가상 시나리오이다.

김정은, 不眠의 밤을 보내다

김정은은 자신감과 불안감 사이에서 불면의 밤을 보낸다. 3일 전, 버티던 중국까지 미국이 주도한 유엔 안보리의 북한 제재안에 찬성, 기름을 끊겠다고 통보해왔다. 어제는 유엔 안보리가 자신을 反인류범죄자로 규정, 네덜란드 헤이그에 있는 국제형사재판소에 고발하기로 하였다는 보고가 들어왔다. 체포영장이 발부되면 외국에 나갈 수 없고 나갔다가는 체포된다. 중국은 물론이고 꿈에 자꾸 보이는 어린 시절의 그 스위스에도 갈 수 없게 되었다. 유엔 안보리 결의사항을 보고하는 노동당 국제

부장부터 분노보다는 겁을 집어먹은 표정이었다. 김정은은 측근들이 요 며칠 동요하고 있다는 느낌을 받았다. 군사에는 무지한 여동생 이외에 는 자신의 고민을 솔직하게 털어놓을 사람이 없다. 독재자의 절대고독 을 실감한다. 그는 잠이 오지 않는 깊은 밤에 현재 상황을 조용히 정리 해보자고 메모를 하기 시작하였다.

1. 수소탄의 소형화엔 성공하였지만 미국을 때릴 수 있는 장거리 미사 일은 재진입 기술 개발이 늦어져 실전(實戰) 배치에는 1년이 더 걸린다.

2. 괌, 오키나와, 일본을 사정권 안에 둔 중거리 미사일은 핵탄두의 소 형화에도 성공, 현재 40기가 전략군에 배치되어 있다. 핵탄두는 분리하 여 노동당이 관리한다.

3. 서울 등 한국을 칠 수 있는 단거리 미사일은 100기를 뽑아서 핵탄 두 장착용으로 개조하였다. 현재 60개의 핵탄두를 분리, 보관하고 있다.

4. 미사일에 장착 가능한 핵탄두는 모두 100여 개로서 50~150kt의 폭발력을 가졌다. 이를 몽땅 한국에 쏟아 부으면 5000만 명을 세 번씩 죽일 수 있다는 보고를 받은 적이 있다.

(김정은은 핵 발사를 명령할 때 쓰게 되어 있는 암호 코드를 외워보 았다. 별실의 입력용 키보드를 만질 때마다 쾌감과 함께 전율이 왔다. "이것만 누르면 남조선은 사라진다. 동시에 나도…")

5. 남한 정세는 늘 그렇지만 복잡하다. 문재인 정권이 들어서서 평화 협정 논의를 제안하고, "우리 허가 없이는 한반도에서 그 누구도 전쟁을 할 수 없다"면서 미국에 제동을 걸 때는 예상대로 김대중, 노무현 다루 듯이 하면 되겠다고 생각하였지만 그 뒤 달라졌다.

(문 대통령이 아베와 만나 북한에 기름을 끊어야 한다면서 함께 중 국과 러시아를 설득하기로 하였다는 보도에 접하고는 "사나운 트럼프

의 압력에 무너졌군"이라고 중얼거렸다. "그래도 평화냐, 전쟁이냐의 구도를 만들면 겁 많은 남조선 사람들이 우리의 방패가 되어줄 거야"라는 기대는 접지 않았다.)

6. 이미 두 달 전부터 북한노동당으로 들어오는 외화 유입이 크게 줄었다. 미국이 북한과 거래하는 중국 은행을 제재하겠다고 발표하기 직전 이들 은행에 열어두었던 북한 계좌를 스위스, 룩셈부르크, 리히텐슈타인, 싱가포르 등지로 옮기려 하였으니 여의치 않았다. 2005년 방코델타아시아 은행 제재 때처럼 외화를 싸들고 다니면서 핵무기 개발 부품을 사들이고 당 간부들에게 나눠줄 선물을 사야 할 판이다. 권력은 총구에서 나오지만 충성은 달러에서 나오는데…

(매일 비행기로 날라 오던 파리의 아이스크림 수송도 김정은이 나서서 못하게 했다. 특별 관리 대상 500명에게 주는 벤츠, 롤렉스 선물도 올해엔 어렵게 되었다.)

7. 해외에 나가 있는 약 10만 명의 노동자들이 보내는 자금도 차단되었다. 급료가 노동자 본인에게 지급되지 않고 정권으로 넘어간다고 해서 노예노동으로 규정된 탓이다. 연간 약 5억 달러가 날아갔다.

8. 당장 급한 불은 기름 부족이다. 탱크나 항공용으로 6개월 정도는 비축하였지만 인민생활용으로 돌려쓰지 않으면 민심이 흉흉해지고 이게 식량 가격 폭등으로 연결되면 소요 사태의 가능성도 있다. 주민의 80% 이상이 시장에 생계를 의존하므로 당의 책임이 경감된 것은 다행이지만 물가를 통제할 수 없으면 여론이 악화된다.

(김정은은 "자본주의 국가에서만 여론이 무서운 줄 알았는데 시장이 커지니 여기에서도 여론을 신경 써야 하다니"라고 쓴 웃음을 짓는다.)

"시간은 우리 편이 아니다"

김정은이 이날 밤 내린 결론은 "시간이 우리 편이 아니다"였다. 인민군 총참모부에서 올린 보고서는 1941년 일본이 진주만 기습을 결행하는 데 단유(斷油)가 결정적 역할을 하였음을 강조, 최고사령관의 결단을 청원하고 있었다. 미국은 일본군의 인도지나(印度支那) 진주(進駐)에 보복하기 위하여 일본에 대한 석유 수출 금지 조치를 취한다. 그때 일본은 석유 수요의 80%를 미국 석유회사로부터 사들이고 있었다. 석유 비축량은 1년 분 정도였다. 미국의 석유 금수령은 그동안 개전(開戰)에 반대해왔던 해군을 강경론으로 돌려놓는다.

기름과 돈줄이 끊어진 상태에서 몇 년을 버틸 것인가? 그는 비로소 자신이 미국과 중국을 포함한 세계 전체를 상대하고 있다는 사실을 실감한다. 북한은 고구려를 민족사의 정통으로 앞세우고, 신라를 민족반역 세력으로 몰아가면서 신라의 삼국통일을 비방하고 그 연장선상에서 대한민국의 정통성을 부정하여 왔다. 어느 새 북한도 연개소문 시절의 고구려를 닮아 세계최대 강국과 불화하더니 고립무원이 되었다. 김정은은 "그럴수록 혁명적 낙관주의에 서야 한다"고 다짐하였다. "하지만 나에겐 핵이 있고, 인질이 된 한국이 있다. 그리고 백령도…"

"그렇다. 백령도 기습 상륙 작전을 벌인 다음, 핵카드를 꺼내 돌파구를 만들자"는 생각이 스쳐지나갔다.

하버드 대학교 케네디 스쿨의 그레이엄 엘리슨 교수(77세)는 국제정치 및 핵전략의 이론과 실전 분야에서 권위를 인정받는 대학자이다. 1962년 쿠바 미사일 사건의 결정 과정을 분석한 '결단의 핵심'이란 책은 이 시대의 대표적인 명저(名著)이다. 그는 정부 요직도 경험하였다. 1980

년대에 미국 국방장관 특보, 1990년대 초엔 국방부 정책 기획 담당 차관보를 역임하였다.

피할 수 없는 美中 전쟁의 구도

그는 최근 《피할 수 없는 전쟁 : 미국과 중국은 투키디데스의 함정에서 벗어날 수 있나?(Destined for War : Can America and China Escape Thucydides' Trap?)》라는 책을 냈다. 워싱턴의 파워 엘리트 사이에서 화제가 된 이 책에서 엘리슨은 서기 전 5세기 그리스의 투키디데스가 쓴 《펠로폰네소스 전쟁》의 교훈을 주제로 설정하였다. 아테네와 스파르타가 싸워서 아테네가 몰락한 전쟁인데, 투키디데스는 이렇게 요약하였다.

〈아테네의 부상(浮上)이 스파르타에 심어준 두려움, 이것이 전쟁을 불가피하게 만들었다.〉

그는 이 분석 틀을 지난 500년의 세계사에 적용하였다. 급부상하는 강국이 기존의 국제질서에 충격을 가하는 과정을 조사하였더니 16개의 사례 중 12개의 예에서 전쟁이 터졌다. 떠오르는 강대국 중국과 챔피언 미국도 이런 투키디데스의 함정에 빠질 우려가 있고, 북한의 핵문제는 그런 전쟁의 계기가 될 수 있다는 이야기이다.

미북(美北)이 핵문제를 놓고 충돌 코스를 달리는데 이는 더 큰 미중(美中) 대결 구도 안에서 이뤄지고 있다. 여기에 남북대결, 남한 내의 좌우대결, 그리고 일중(日中) 갈등까지 더하면 동북아는 중첩된 충돌 코스를 동시에 달리는 열차이다. 어느 한 코스에서 충돌이 일어나도 다른 데 영향을 끼치든지 연쇄 폭발할 수 있다. 다음은 가상 시나리오이다.

美中 대결 구도에서 北核이 더 큰 전쟁의 도화선이 될지도

　트럼프 대통령은 《피할 수 없는 전쟁》을 읽고 엘리슨 교수를 백악관으로 초청, 저녁을 대접하면서 북핵 문제 해결 방안에 대한 견해를 듣는 기회를 가졌다. 대통령은 엘리슨 교수가 중국 경제력의 규모에만 너무 집착, 그 영향력을 과대평가하는 게 아닌가 하는 생각을 가졌다.

　대통령 : 책을 잘 읽었습니다. 미국과 중국의 관계를 정상화시켰던 닉슨 대통령 시절의 미중(美中) 관계와 지금은 어떻게 다릅니까?

　엘리슨 : 대부분의 미국인들은 사실과 수치에 무관심해요. 내가 만난 상원의원들에게 몇 가지 통계를 이야기하면 처음 듣는다는 표정입니다. 군사문제에 밝은 매케인 의원도 그랬습니다. 물론 각하께선 잘 아시겠지만, 이런 비교를 하지요. 미국과 중국이 시소를 타고 있다고 칩시다. 1970년대로 거스를 필요도 없이 1990년, 중국의 GDP(구매력 기준)는 미국의 15%였습니다. 2014년에 와서는 중국과 미국이 같아졌습니다. 2024년이 되면, 물론 그때는 각하가 여기 계시지 않겠지만, 중국이 미국의 1.5배가 됩니다. 기분 나쁘게 들리시겠지만 미국은 무거워진 중국이 시소의 반대편에 앉아 있는 관계로 지금 두 발이 공중에 떠 있습니다. 우리의 생애 중 국제무대에서 전혀 영향력이 없었고, 구매자나 판매자로서 국제시장에서도 무시되었던 한 나라가 우리의 경쟁자가 되었으며 머지않아 우리를 능가할 것입니다. 이런 상태는 매우 위험합니다.

　대통령 : 중국을 상대하여 보니 어느 나라보다 무겁고 복잡하다는 느낌을 갖습니다. 시진핑 주석을 처음 만나고 헤어실 때는 우정 같은 것도 느꼈는데, 북한에 대하여 하는 짓을 보니 영 마음에 들지 않아요. 기름을 끊어 북한의 핵문제를 책임지고 해결해주지 않으면 미국은 일본

과 한국의 핵무장을 막을 수 없다고 압박하니 달라지긴 하는데 참 힘이 듭니다. 그런데 2500년 전 《투키디데스의 함정》을 동북아와 미중(美中) 관계에 적용할 수 있을까요?

엘리슨 : 아테네가 강력해진 것이 스파르타의 두려움을 촉발, 펠로폰네소스 전쟁으로 터진 것은 구조적인 문제의 필연적 결과입니다. 1차 세계대전의 발발도 투키디데스의 함정으로 설명할 수 있습니다. 19세기 독일의 부상(浮上)은 영국에 큰 두려움을 심었습니다. 오스트리아 제국의 황태자가 세르비아 청년에게 암살된 사건이 어떻게 유럽 전체를 전쟁으로 끌고 들어갔느냐 하는 것은 독일과 영국 간의 대결 구도 아래서 설명됩니다.

영국은 독일을 견제하기 위하여 프랑스 및 러시아와 손을 잡았는데 독일은 유일한 동맹국이 오스트리아-헝가리 제국이었습니다. 이 오스트리아가 세르비아에 보복하는 것이 위험하다고 생각하여도 밀어주지 않을 수 없었습니다. 그렇게 하지 않으면 유일한 동맹마저 잃게 되니까요. 영국은 오스트리아와는 유감이 없었지만 동맹국인 러시아, 프랑스, 그리고 중립국인 벨기에를 독일이 위협하는 것을 보고 독일에 대항하여 참전하게 되지요. 다른 나라 일로 전쟁에 휘말려 들도록 하는 것이 바로 투키디데스의 함정입니다.

미국이나 중국도 한국이나 북한의 일로 해서 서로 전쟁을 하게 될지도 모른다는 이야기입니다. 떠오르는 강국과 이를 경계하는 기존의 강대국이 대치하는 구조가 바로 그러한 전쟁의 위험성을 품고 있는 것입니다. 그렇지만 제가 쓴 책을 각하나 시진핑 주석이 제대로 이해하신다면 그런 전쟁을 피할 수 있을 것입니다.

대통령 : 교수님은 쿠바 미사일 사건을 깊게 연구하셨는데 북한 핵 위기와 유사점이 있습니까?

美中 빅딜로 한반도 미래 결정?

엘리슨 : 북핵 위기는 쿠바 미사일 사건의 슬로 모션입니다. 여기서 핵심은 케네디 대통령이 전쟁을 원하지 않았지만 전쟁의 위험을 감수하고 쿠바를 봉쇄하지 않을 수 없었다는 점입니다. 그는 핵전쟁이 일어나 1억 명 이상이 죽을 확률이 3분의 1쯤 된다고 생각하였지만 그런 위험을 감수하고서라도 쿠바로부터 소련의 핵미사일을 철수시켜야만 하는 상황에 몰린 것입니다. 북한이 쿠바라고 생각해 보십시오. 북한의 핵과 미사일 능력을 제거하여 미국 본토를 방어하는 데 어느 정도의 위험을 감수해야 하는가? 저는 전쟁위험이 쿠바 미사일 사건 때보다 낮지 않다고 봅니다. 상상만 해도 끔찍합니다.

1962년 백악관의 대책회의에서 군부는 쿠바를 공격하길 원하였습니다. 문제는 쿠바에 소련군이 핵폭탄을 반입하였는지 않았는지를 모르는 상태였다는 점입니다. 케네디는 막판에 가서 군사 공격을 단념하고 해상봉쇄를 선택하였습니다. 뒤에 밝혀진 사실이지만 소련군은 쿠바에 전술핵 폭탄을 100개 이상 들여놓았습니다. 만약 미군이 상륙하였으면 미국 본토를 향하여 핵을 쏘았을지도 모릅니다.

대통령 : 저는 장사꾼 출신이라서 그런지 '투키디데스의 함정(Thucydides' Trap)'을 얼마든지 '투키디데스의 축복(Thucydides' Blessing)'으로 바꿔놓을 수 있다고 보는데요?

엘리슨 : 무슨 수로 가능할까요?

대통령 : 시진핑 주석과 담판을 짓는 거죠. 미국과 중국이 손잡고 폭군 김정은과 핵을 제거하는 대가로 한반도에 대한 중국의 전통적인 기득권이랄까, 영향력을 인정해주는 것이죠. 전에 만났을 때 시진핑은 한

국은 옛날부터 중국에 예속되었던 나라라고 하던데요.

엘리슨 : 대통령 각하, 대가(代價)를 너무 비싸게 계산하십니다. 한국이 얼마나 큰 나라라는 사실을 간과하십니다.

대통령 : 크다고요?

엘리슨 : 한국은 세계 5대 공업국, 6대 수출국, 7대 무역국, 삶의 질 세계 18위, 2030년에 가면 남녀 공히 세계 최장수국이 되는 나리입니다. 한국은 동아시아의 아일랜드가 아니라 독일입니다. 민주주의 지수에서 일본을 앞서는 아시아의 가장 역동적인 민주국가입니다. 동북아에서 미국과 가장 비슷한 정치적 이념체계를 가졌습니다. 스탈린 모택동이 공모하여 김일성을 앞세워 남침하였을 때 트루먼 대통령이 참전을 결심, 살려낸 나라입니다. 5만4000명의 우리 젊은이들이 목숨을 바쳐 지켜낸 자유의 나라를 공산 독재국 중국의 영향권 밑으로 넘기면 미국은 유라시아 대륙의 가장 중요한 교두보를 놓치게 됩니다.

각하, 미국이 추구해야 할 국익의 최우선 순위가 무엇인지 아십니까? 그것은 유라시아 대륙에서 패권국가가 등장하는 것을 막는 일입니다. 닉슨과 키신저는 중국과 소련을 갈라놓는 데 성공하여 이 목표를 달성하였는데 미국이 한국을 중국으로 넘기면 그 악몽(惡夢)을 우리가 이루는 꼴이 됩니다.

한국의 역동적인 민주주의가 武器

대통령 : 교수님 말씀에 감명받았습니다. 나는 미일(美日)동맹만 탄탄하면 중국을 견제할 수 있다고 생각하였는데. 그런데 말입니다. 한국 대통령은 이 판국에도 김정은과 대화하겠다고 나서니 솔직히 말해서 짜

증이 납니다. 주한미군을 우선적으로 보호하기 위하여 사드를 배치하려고 했더니 이것도 이런저런 핑계로 지연시키고, 과연 동맹국이 맞나, 라는 생각까지 들어서 제가 한국의 몸값을 낮추어 본 모양입니다.

엘리슨 : 한국은 프랑스처럼 정치가 좌우 대결 구도여서 좀 소란스럽기는 하지만 냉전 시대 자유의 방파제 역할을 수행하면서 이룩한 민주주의 국가입니다. 이제는 한국을 '자유의 파도'로 써 먹어야 합니다. 중국을 견제하는 데는 일본의 경제력만으로는 안 됩니다. 한국이 가꾸어 온 활력 있는 자유의 바람을 북한과 중국으로 들여보내야 합니다. 북한 전체주의 정권을 해체하고 중국의 1당 독재를 완화시키는 데는 정치적, 심리적 부문에서 한국이 일본보다 더 큰 기여를 할 수 있습니다. 중국의 경제 발전은 한국 박정희의 발전 모델을 상당히 참고한 결과인데, 정치 부문에서도 그런 일이 일어날 수 있지 않을까요?

대통령 : 좋은 강연 감사합니다. 저 젊은 폭군으로부터 핵무기를 제거하는 데는 묘수(妙手)가 없을까요?

엘리슨 : 프랭클린 루즈벨트 전기(傳記)를 권합니다. 도리스 컨스 굿윈 여사가 쓴 《특별한 시대(No Ordinary Time)》를 들고 며칠 휴가를 가십시오.

대통령 : 그러면 CNN이 나를 얼마나 욕할지 짐작이 안 가십니까?

엘리슨 : 각하, 클린턴 전 대통령이 제게 이런 말을 하였습니다. 내 임기 중 잘못된 결정을 한 것은 예외 없이 심신이 지쳐 있을 때 내린 경우라고. 루즈벨트 대통령도 1940년에 고민이 많았습니다. 처칠의 영국이 독일을 상대로 외롭게 싸우는데 도울 방법이 없었습니다. 후버와 린드버그 같은 사람들까지 나서서 유럽 전쟁에 끼어들면 안 된다고 하고 여론도 반전(反戰) 쪽이었습니다. 어느 날 루즈벨트는 10일간의 휴

가를 냈습니다. 해군 함정을 타고 혼자서 시간을 보냈습니다. 휴가를 마칠 때 그는 세계사를 바꿀 만한 거대한 아이디어를 하나 들고 나왔습니다. 500억 달러 규모의 원조 법안, 각하도 잘 아시는 대여법(貸與法·Lend-Lease Act)이 탄생하는 순간이었습니다. 영국뿐 아니라 나중엔 독일과 싸우는 소련도 이 법의 혜택을 받아 미국이 생산한 장비로 독일군을 꺾지 않았습니까? 각하, 북한의 핵 위기를 극복하는 수준이 아니라 그 이후를 생각하는 큰 그림을 그리세요?

대통령 : 큰 그림을 그리려면 실마리라도 있어야죠?

엘리슨 : 있습니다. 다음 주에 시진핑 주석을 만나신다는데 제가 조언을 해드려도 좋습니까?

대통령 : 부탁합니다. 핵전략과 중국에 정통하신 분으로는 키신저 박사와 교수님이 최고 아닙니까?

북한의 핵무장은 중국이 파키스탄을 경유하여 시킨 것

엘리슨 : 중국 사람들은 고사성어(故事成語)나 역사적 사례를 들어서 대화를 이끄는 경우가 많은데 시진핑 주석에게 먼저 '결자해지(結者解之)'를 해야 합니다, 라고 하세요. 무슨 뜻이냐 하면 북한이 핵개발을 하도록 만든 장본인이 중국이니 중국이 책임지고 문제해결을 해야 한다는 뜻입니다. 보고를 받으셨는지는 모르지만 전문가인 제가 설명을 드리는 게 나을 듯합니다. 1976년 파키스탄의 알리 부토 대통령이 중국을 방문, 병자(病者)나 다름없는 모택동을 만났습니다. 여기서 파키스탄의 핵개발을 중국이 지원한다는 약속이 이뤄졌습니다. 그 2년 전 인도가 핵실험에 성공한 것이 중국과 파키스탄을 더 가깝게 만들었습니다. 이 합

의에 따라 중국은 핵무기 제조 기술, 설계도, 농축우라늄까지 파키스탄에 제공하고 1990년엔 핵 실험장까지 빌려주어 최초의 실험을 하도록 도왔습니다. 1998년에 인도가 핵실험을 공개적으로 하자 파키스탄은 한 달 내에 대응 핵실험을 했는데, 이는 이미 준비가 다 되어 있었다는 뜻이죠.

그런데 파키스탄에 제공된 중국의 핵개발 기술이 북한으로 넘어갔습니다. 중국은 이를 눈감아 주었습니다. 중국은 의도적으로 파키스탄을 경유하여 북한의 핵개발을 돕는 루트를 열어놓은 것입니다. 사실이 폭로되어도 "우리는 모른다. 파키스탄에 물어보라"고 발뺌할 수 있게 된 거죠. 중국이 도와서 완성된 그 핵폭탄이 이제는 미국을 위협하는 창이 되었을 뿐 아니라 중국을 겨누는 단도(短刀)로 변했습니다. 중국도 무엇을 할지 모르는 젊은 독재자가 가진 핵무기가 부담스럽게 되었습니다. 더구나 중국이 밀어주고 보호하였던 장성택, 김정남을 김정은이 죽인 것은 중국에 대한 도발이기도 했습니다. 중국 고관들을 만나 보면 사석에서 농담 반 진담 반으로 김정은을 짐승에 비교하면서 인간 세상에서 없어져야 할 존재라고 합니다. 김정은을 제거하는 방법도 어렵지만 중국으로서는 더 어려운 것이 제거한 다음입니다. 그래서 결자해지(結者解之)라는 말로 시진핑의 기를 눌러 놓은 뒤 이렇게 물어보십시오. '신라(新羅)'라는 나라를 아느냐고.

대통령 : 신라? 나도 모르는데요.

엘리슨 : 제가 지금부터 설명드리겠습니다. 하버드의 케네디 스쿨에서 기르친 제자들이 한국에 많아 저도 들어서 아는 이야기입니다. 7세기 동북아에서 큰 변화가 생깁니다. 중국에서 통일국가가 생기면 주변 국가들이 다 영향을 받는데 수(隋)와 당(唐)이라는 북방계통의 대제국

이 등장합니다. 한반도에선 신라, 백제, 고구려가 서로 싸우고 있었습니다. 고구려는 지금의 북한과 비슷한 사나운 나라인데 수, 당, 그리고 신라를 적으로 삼았습니다. 신라는 지금의 한국과 비슷한 지역을 차지하였는데 당과 동맹을 맺어 고구려, 백제를 멸망시킨 다음 당까지 몰아내고 한반도를 통일합니다. 당은 신라의 삼국통일을 도와주고도 쫓겨난 신세가 되었지만 그 신라가 고구려와는 달리 만주에 대한 야욕이 없고, 중국에 복속하는 자세를 취하니 다시 친선관계를 맺게 됩니다. 그 이후 1300년 동안 한족(漢族) 중국 정권과 한국인들 사이에는 한 번도 전쟁이 없었습니다. 1950년 10월까지는.

통일신라의 모델로 동북아에 평화를 가져올 수 있다

대통령 : 그때 중공군이 개입하여 한국의 통일을 막고 북한정권을 지켜주었으니 북한의 핵 위기에 대한 역사적 과오가 크군요.

엘리슨 : 그렇습니다. 그래서 위대한 대통령들은 모두 역사의식이 투철한 분이셨습니다. 트루먼 대통령은 대학도 졸업하지 않았지만 역사적 지식을 바탕으로 냉전 승리의 기초를 놓았지 않습니까? 트루먼은 한국전을 종식시키지 못하고 물러나는 바람에 지지율이 역대 꼴찌였지만 지금은 역대 대통령 랭킹에서 5~6등을 합니다. 각하께서도 지금 언론으로부터 괴롭힘을 당하시고 계시지만 북한의 핵문제를 해결하여 동북아에 항구적 평화를 가져다준다면 트루먼 대통령의 자리에 서실 것입니다.

대통령 : 그 신라라는 나라 이야기를 계속하시죠.

엘리슨 : 신라가 한반도를 통일하니 한국 중국 일본 등 동북아 전체가 약 300년 간 평화를 누리게 되었습니다. 이 시기가 아시아 고대사(古代

史)의 황금기였습니다. 한반도가 안정되니 일본도, 중국도 한반도에 개입, 국제전쟁을 할 명분이 없어지고 불교를 공통분모로 한 교류와 협력의 시대를 열게 된 것입니다. 이게 동아시아 국제관계를 결정짓는 법칙입니다. 한반도가 통일되고, 강력하고, 자유롭고 번영하면 중국 일본 미국 러시아도 공존공영하게 되어 있습니다. 한반도가 분열되거나 약해졌을 때 한국전쟁, 러일전쟁, 청일전쟁, 임진왜란, 몽골침략 등이 일어났지 않았습니까? 그러니 각하께서 신라 이야기를 꺼내시면서 미국과 중국이 손을 잡고 북한의 핵무기와 김정은을 제거한 후 한반도를 통일신라 식으로 평화적으로 관리하자고 제안하십시오.

대통령 : 역시 역사로부터 배울 게 많네요.

엘리슨 : 아닙니다. 각하, 역사로부터 배울 필요는 없습니다. 역사를 참고만 하십시오. 역사의 포로가 되면 '도미노 이론'에 집착, 월남전의 수렁에 빠져들었던 케네디, 존슨의 잘못을 범하게 됩니다.

대통령 : 화약고인 한반도를 평화지대로 만드는 데 중국과 미국이 협력하면 '투키디데스의 함정'을 '투키디데스의 축복'으로 바꿀 수 있다는 말씀인데 구체적인 정책 대안이 필요합니다.

엘리슨 : 국무장관이나 국방장관이 들으면 기분 나쁠 정도로 오늘 제가 이야기를 많이 합니다. 수개월 전에 중국의 관영 매체가 사설에서 흥미로운 견해를 피력했습니다. 이미 대통령께서도 중국 측으로부터 그 입장을 통보 받았다고 봅니다. '북한이 미국을 먼저 공격하여 전쟁이 벌어지면 중국은 중립할 것이다. 미국이 북한을 먼저 공격하면 중국은 개입하지 않을 수 없다.' 그렇다면 북한이 미국이나 한국을 먼저 쳐주도록 기다려야 하는 것 아닙니까? 루즈벨트 대통령의 고민을 한꺼번에 해결해 준 것이 일본의 진주만 기습이듯이 말입니다.

대통령 : 김정은이 괌에 미사일을 쏘았더라면 우리는 반격할 기회가 있었는데 내가 너무 겁을 주었는지 물러서더군요. 이제 중국이 기름을 끊는다고 하니 지켜봅시다.

엘리슨 : 일본이 진주만을 공격하게 된 것도 일본군이 인도지나로 진주한 데 대한 보복으로 대일(對日) 석유 금수 조치를 단행한 때문이었습니다. 중국과 깊은 대화를 통해 북한이 먼저 도발할 경우의 협력 방안을 미리 만들어놓는 것이 좋겠습니다. 통일된 한국이 중국에 위협이 되는 게 아니라 과거의 신라처럼 동북아 번영의 안전판이 되도록 협력하겠다고 안심시키고, 통일된 한국이 한미동맹을 유지하는 것이 중국에도 안전하다는 이야기를 하시지요. 한미일 동맹이 약해지거나 미군이 아시아에서 철수하면 일본은 당장 핵 강국의 길을 선택하고 한국과 대만도 이를 따를 것인데, 중국이 감당하기 어렵지요.

대통령 : 영감(靈感)이 솟아나는 대화였습니다. 명심하겠습니다. 감사합니다.

백령도 점령 작전 뒤 핵카드 꺼내다

한 달 뒤 김정은은 막다른 심정으로 백령도 침공 작전을 명령한다. 박헌영처럼 남한의 종북좌파 세력이 협조해줄 것을 기대한다. 기습을 받은 백령도의 한국 해병은 용감하게 싸웠지만 날씨가 나빠 공중지원을 받지 못하여 3개 사단의 북한군에 상륙을 허용하고 말았다. 약 3000명의 한국군이 포로로 잡혔다. 수천 명의 주민들도 적 치하(治下)로 넘어갔다. 이때 백령도에 관광차 왔던 중국 국적의 조선족 100여 명이 죽었다. 김정은은 백령도 점령에 성공한 다음 특별 성명을 발표하였다.

요지는 '이로써 서해 북방 한계선 문제는 최종적으로 해결되었다. 만약 적들이 반격하면 핵무기 사용도 검토한다.' 포로로 잡은 군인과 민간인은 협상을 통하여 돌려주겠다는 말도 덧붙였다.

그 3일 뒤 韓·美軍은 합동으로 보복 공격에 나섰다. 백령도를 점령한 북한군과 대안(對岸)의 북한군 군단 사령부와 잠수함 기지가 궤멸적 타격을 입었다. 백령도 수복을 위한 상륙작전은 미국이 급파하기로 한 두 척의 항공모함이 도착한 이후로 예정되었다.

다음날, 김정은은 북한군 최고사령관 이름으로 최후통첩을 한다.

"현 위치에서 휴전하자. 계속 도발하면 우리는 한국의 한 도시를 핵으로 공격하겠다. 미군이 개입하면 괌과 오키나와도 안전하지 못할 것이다."

김정은은 북의 통첩이 공갈이 아니라는 점을 확인시켜주려는 듯 핵실험을 한다. 서해의 무인도를 향하여 50kt짜리 핵탄두 실물을 장착한 단거리 미사일을 발사, 실제로 폭발시킨 것이다.

유엔 안전보장이사회는 긴급회의를 열고 북한을 침략자로 규정, 유엔 회원국이 군사력을 동원해서라도 응징할 것을 만장일치로 결의한다. 한국과 미국 대통령은 한미상호방위조약에 따라 한국에 대한 북한의 침공을 미국에 대한 침공으로 간주, 공동 대응할 것을 분명히 하였다. 두 대통령은 또 북한이 핵사용을 위협하였으므로 미국도 확장억지 정책의 원칙에 입각, 북한에 대하여는 핵무기 사용 권한이 있음을 선언하였다.

두 대통령은 이 자리에서 한국에 전술핵이 이미 배치되어 있음을 공개한다. 두 나라가 비밀리에 미군기지 안에 전술핵을 반입하였고, 전시(戰時)상태인 지금부터는 미군과 한국군이 공동 관리하게 될 것이라고 선언하였다. 한국에 배치된 전술핵은 150kt 정도의 폭발력을 가진 수소탄으로서 전폭기에 의한 정밀 타격이 가능하고 지하를 뚫고 들어가 터지므로 김정은이 숨어 있는 지하시설에 대한 파괴력을 최대화시키는 반면 민간인에 대한 피해를 최소화시킬 수 있어 방사능 오염도 줄일 수 있다고 전문가들은 해설하였다.

트럼프 대통령은 "한국에 있는 20만 명의 미국인을 대피시키지 않겠다"고 말한다. 그는 "북한군이 핵미사일을 발사하는 징후를 30분 전에 포착할 수 있고 그때는 선제공격으로 파괴할 것이다. 이 위기는 인류 전체의 문제이므로 함께 죽고 함께 살아야 한다"고 비장하게 말하였다. 이는 한국인들에게 큰 감명을 주었다.

일본 정부는 유엔군 후방사령부의 관리 하에 들어간 7개 주일(駐日) 미군기지로부터 발진하는 항공기와 군함이 한국에서 작전하는 것을 허용한다는 방침을 재확인하였다. 이때 만주 지역에 배치된 중국군이 압록강 접경지대로 전진, 집결하고 있다는 소식이 현지에서 들어오기 시작하였다.

중국, 김정은에게 최후통첩

백령도 침공 6일 뒤 그동안 침묵을 지키던 중국은 시진핑 주석이 직접 텔레비전에 나타나 입장을 표명한다.

"우리는 수개월 전에 이미 북한이 무력 공격을 당하면 북한을 지원할 것이고 북한이 먼저 공격을 하여 반격을 당할 경우엔 중립을 취할 것임을 미국 측에 알렸다. 이 원칙에 입각하여 우리는 한반도 사태에 무력 개입하지 않을 것이다. 다만, 북한 당국이 핵무기를 사용하겠다는 선언을 취소하고 백령도에서 철수하지 않을 경우, 중국은 자국민 보호 차원에서 조선민주주의인민공화국에 대하여 무력을 사용할 권한이 있음을 선언한다. 한국에는 약 100만 명의 중국 국적자가 머물고 있음을 북한 당국은 명심해야 할 것이다."

한국인들은 의외로 차분하게 반응하였다. 국제사회가 신속하게 대응하고 한미군(韓美軍)이 백령도 수복작전을 시작한데다가 비상계엄령이 전국에 선포되었기 때문이었다. 전국 비상계엄은 계엄사령관이 국방장관을 거치지 않고 직접 대통령의 지시를 받는다. 행정뿐 아니라 사법(司法)도 계엄사령관 지휘로 넘어간다. 계엄사령관은 국방장관이 장성 중에서 추천, 대통령이 임명한다. 국방장관은 육군 참모총장을 추천하였다. 합참의장은 연합사령관과 함께 함께 대북(對北) 전략을 지휘해야 하므로 육군총장이 맡는 것이 합리적이었다. 행정과 사법까지 계엄사령관 지휘 하로 넘어가고 대통령은 계엄사령관을 통하여 보고를 받아야 하므로 자연스럽게 계엄사령관이 권력의 새 축이 되었다.

일부 종북 시위대가 반전(反戰) 시위를 하려다가 군대가 출동하기 전에 시민들의 뭇매를 맞고 흩어졌다. 좌파 시위꾼들을 바라보는 시민들의 눈에는 핏발이 돋았다. 한국의 좌파가 벌여온 관념의 유희는 죽느냐 사느냐의 갈림길에서 허무하게 무너졌다. 조지 오웰이 말한 대로였다. 지식인은 전쟁이란 벽에 부딪치기 전까지는 궤변을 끝없이 늘어놓을 수 있다고 했다. 전쟁에 직면하면 생존투쟁을 에너지로 하는 애국심이 계급투쟁론을 누른다는 말이 실증(實證)되는 순간이었다.

죽느냐 사느냐의 기로에서 한국의 자칭 진보세력은 생활좌익으로서의 본성이 그대로 드러났다. 그들은 살 길을 찾아 숨는 길을 신택하였다. 남로당의 박헌영은 김일성에서 북한군이 남침하면 20만 명의 좌익들이 궐기, 전쟁을 일찍 끝낼 수 있다고 장담하였으나 전쟁이 나자 소멸

되었던 현상의 재판이었다. 종북 세력에 기대를 걸었던 김정은의 계산은 또 허탕이었다.

계엄사령관이 맨 처음 취한 조치는 反국가 활동자 예비 검속령이었다. 그는 국정원장, 검찰총장, 경찰청장, 기무(機務)사령관을 불러 지침을 내리는 자리에서 북한의 핵개발을 도와준 세력에 대한 철저한 수사를 주문하였다.

"나는 기무사령관을 지낼 적에 먼 데서나마 종북세력의 발호를 걱정하면서 이 날을 준비하였습니다. 북한의 핵무장은 한국의 반역자들이 돈, 정보, 정책으로 도와주지 않았더라면 불가능하였을 것입니다. 미국은 1953년에 율리우스 로젠버그 부부를 간첩죄로 사형 집행하였습니다. 살인죄를 저지르지 않고 사형된 유일한 경우입니다. 과학자인 로젠버그는 핵무기 개발에 필요한 기술 정보를 수집하여 소련 정보기관에 제공했었죠. 두 사람에게 사형을 선고한 어빙 카우프만 판사는 준엄하게 논고했습니다. 이런 요지였습니다."

북의 핵개발 도운 적폐 세력 일제 수사

계엄사령관은 쪽지를 꺼내 읽기 시작하였다.

'나는 피고인들의 범죄가 살인보다 더 악질이라고 간주한다. 살인은 피해자만 죽이지만 당신들은 러시아가 과학자들이 생각하던 것보다 1년 먼저 핵실험을 할 수 있도록 도왔다. 그리하여 한국에서 공산주의자들이 침략전쟁을 벌여 5만 명 이상의 희생자가 생겼고, 백만 명 이상의 무고한 사람들이 피고인들의 반역으로 더 피해를 볼지도 모른다. 피고인들의 반역은 역사의 흐름을 우리에게 불리한 방향으로 바꾸어놓았다.

우리가 핵무기 공격에 대비한 민방위 훈련을 매일 하고 있다는 사실이 피고인들의 반역에 대한 증거이다. 율리우스 로젠버그가 주범(主犯)임은 분명하나 처(妻) 에델 로젠버그도 책임이 있다. 성년(成年)의 여자로서 남편의 추악한 범죄를 막기는커녕 격려하고 도왔다. 피고인들은 목적달성을 위한 신념을 위하여 자신들의 안전뿐 아니라 자녀들도 희생시켰다. 목적달성을 위한 사랑이 자녀들에 대한 사랑보다 앞섰다.'

계엄사령관은 이런 날이 올 때를 오래 기다린 사람 같았다. 그는 쪽지를 뒤집더니 뒷면에 메모한 글을 읽어 내려갔다.

〈'우리들과 우리들의 자손의 안전과 자유와 행복'의 바탕인 자유민주주의의 존립 그 자체를 붕괴시키는 행위를 관용이라는 이름으로 무한정 허용할 수는 없는 것이다. 뻐꾸기는 뱁새의 둥지에 몰래 알을 낳고, 이를 모르는 뱁새는 정성껏 알을 품어 부화시킨다. 그러나 알에서 깨어난 뻐꾸기 새끼는 뱁새의 알과 새끼를 모두 둥지 밖으로 밀어낸 뒤 둥지를 독차지하고 만다. 대한민국의 자유민주주의체제를 부정하고 그 전복을 꾀하는 행동은 우리의 존립과 생존의 기반을 파괴하는 소위 대역(大逆)행위로서 이에 대해서는 불사(不赦)의 결단을 내릴 수밖에 없다. 이는 단순히 옳고 그름이나 좋고 나쁨의 문제가 아니라, 존재의 본질에 관한 문제이기 때문이다.〉

2014년 12월19일 헌법재판소가 통진당을 해산시킬 때 안창호, 조용호 재판관이 결정문의 보충의견에 써넣은 문장이었다.

계엄사령관은 수사 책임자들과 악수를 하고 헤어지면서 의미 있는 말을 넛붙였다.

"적폐 중 가장 큰 적폐는 북한의 핵무장을 도운 적폐가 아니겠습니까? 이런 적폐를 젖혀두고 반역자가 애국자를 사냥하는 것을 적폐 청산이라면서 도와준 검사, 판사는 없는지 모르겠네요. 간첩을 골키퍼로 세워놓고는 축구를 할 수 없잖아요?"

검찰총장은 등골이 서늘해졌다.

황병서, 김정은을 좌경맹동주의자로 규정 몰아내다

백령도 도발을 명령하였던 김정은은 중국이 자국민 보호 차원에서 무력 개입을 예고하는 데 충격을 받았다. 서울 등 대도시에 중국 국적자가 100만 명, 미국 국적자가 20만 명, 일본 국적자가 6만 명이나 체류 중이란 사실을 간과하고 핵사용을 위협한 것이 결정적 패착이었음을 알았을 때는 너무 늦었다. 백령도 점령 작전을 기획한 부서에선 한국에 외국인들이 얼마나 많은지를 고려 대상에도 넣지 않았던 것이다. 핵사용 위협이 바로 중국에 대한 위협이 된다는 것도 알 리가 없었다. 김정은은 처음으로 무력감(無力感)에 휩싸였다.

압록강을 넘어 진격할 태세를 갖춘 중국군에 대응하기 위해서는 휴전선에 배치된 70만 병력 중 30만 명을 빼내어 북으로 이동시켜야 한다. 그만큼 서울에 대한 장사포 타격 능력도 약해진다. 김정은은 이제 문명세계가 자신을 포위망에 가두었음을 깨닫는다. 자신이 그동안 허수아비들을 데리고 전쟁놀이를 해왔음도 알게 된다. 전쟁은 군인이 일으키는 경우보다 전쟁을 모르는 독재자가 과대망상에 사로잡혀 일으키는 경우가 더 많다. 전쟁을 정말 두려워하는 이는 군인이다. 전쟁의 무서움을 잘 알고 전쟁이 났을 때 피해를 볼 사람들이기 때문이다. 북한군의 지휘부도 그런 점에선 다른 점이 없었다.

중국군이 압록강 도하(渡河) 준비를 마친 날 저녁 북한중앙방송은 북한노동당 정치국 상무위원회의 이름으로 '중대 보도'를 내어놓았다. 아나운서는 군복을 입은 남자였다. 발표 요지는 이러하였다.

"조선노동당 정치국 상무위원회는 긴급 회의를 열고, 조국을 위기에 빠트린 작금의 사태에 책임을 물어 김정은을 모든 직책에서 해임하기로 결의하였다. 백령도 작전은 김정은이 정치국의 동의 없이 혼자서 결정한 좌경맹동주의적 과오였다. 조선노동당은 김일성 수령이 선포하신 한반도 비핵화를 위한 노력을 멈추지 않을 것이다. 조선노동당 정치국은 조선인민군이 백령도에서 철수하도록 명령하였으며 핵무기를 먼저 사용하는 일은 없을 것임을 약속한다."

한미연합사는 백령도에서 북한군이 철수하는 것을 허용하고 이를 공격하지 않을 것이라고 약속했다. 세계 언론은 김정은의 생사(生死)에 대하여 추측 기사를 쏟아내기 시작하였다. 한국과 미국 정보기관의 소식통을 인용하는 글이 많았는데 대체로 황병서 조선인민군 총정치국장 겸 노동당 정치국 상무위원이 주동한 궁정 쿠데타로 그림을 그렸다. 1953년 스탈린이 죽은 뒤 흐루시초프가 비밀경찰 두목 베리아를 제거할 때처럼 황병서가 직접 권총을 들이대어 김정은을 체포하였다는 이야기도 나왔다. 며칠이 지나도 김정은의 생사(生死) 여부와 행방에 대하여는 확인된 정보가 잡히지 않았다.

쿠바 미사일 사건 이후 처음 전개된 핵전쟁의 위험으로부터 벗어난 세계 사람들이 안도하는 가운데 주식 시장은 과열 조짐을 보였다. 바쁜 곳은 계엄사 합동수사본부였다. 북핵을 도운 적폐 세력 수사가 광범위하게 벌어지고 있었다. 대통령은 계엄사령관의 수사 보고를 받는 자리에서 사건의 명칭에 '적폐'라는 말을 넣을 것을 지시하였다. 대통령은, 수사가 일단락 될 때까지 계엄을 해제하지 않겠다는 뜻도 분명히 하였다.

북한군이 백령도에서 철수한 다음날, 트럼프 대통령과 시진핑 주석은 긴급 전화 회담을 갖고 한반도의 미래를 논의하기 위한 새로운 6자 회담을 제안하였다. 공동 발표문에는 흥미로운 대목이 있었다.

"양국 정상(頂上)은 한반도의 미래가 통일되고 자유롭고 번영하는 나라이기를 바란다."

트럼프 대통령은 '강력한'이란 말을 넣고 싶었으나 시진핑 주석이 반대하였다. '자유롭고'라는 말을 받아주었으니 '강력하고'는 빼자는 것이었다. 통일 한국의 핵무장을 경계하는 것으로 해석되었다.

chapter 10

대한민국과 문재인의
충돌 코스

유엔총회 연설에서 나온 '한국전은 內戰이었다'는 말은 결코 失言이 아니다. 한국전, 건국,
통일에 대한 문재인 대통령의 관점은 헌법 및 사실과 맞지 않는다. 이런 가치관을 양심의
자유 영역에 묶어두지 않고 정책화한다면 대한민국과 충돌 코스를 달리게 된다.

月刊朝鮮 〈2017년 11월호〉

대한민국과 문재인의
충돌 코스

'한국전은 김일성의 남침'이란 말을 할 수 없는 대통령을 한국인은 대통령으로
뽑은 것이다. 그를 견제하고 바로잡는 책임도 국민이 져야 한다.

'내전이면서 국제전'

참으로 오랜만에 '한국전은 내전(內戰)이었다'는 말을 들었다. 친북세력이나 수정주의 학자들 입을 통하여서도 요사이는 듣기 힘든 용어이다. 냉전이 끝난 이후엔 학문적으로나 정치적으로 폐기된 말이다. 그런데 지난 9월 그 말을 한 사람은 대한민국 대통령이었고 장소는 유엔 총회장이었다.

〈나는 전쟁 중에 피난지에서 태어났습니다. 내전이면서 국제전이기도 했던 그 전쟁은 수많은 사람들의 삶을 파괴했습니다. 세계적 냉전 구조의 산물이었던 그 전쟁은 냉전이 해체된 이후에도, 정전협정이 체결되고 64년이 지난 지금에도, 불안정한 정전체제와 동북아의 마지막 냉전 질서로 남아 있습니다.〉

소련과 중국의 전폭적인 지원을 받은 북한군의 압도적 기습공격을 받

은 한국은 항복을 거부하였다. 이승만(李承晩) 대통령이 지휘하는 국군과 국민이 '남녀노소를 가리지 않고 돌멩이와 막대기까지 들고 나와' 총력전으로 저항하는 사이 미군을 주축으로 하는 유엔군이 원군(援軍)으로 도착, 전세(戰勢)를 역전시켰다. 패망 직전에 몰렸던 김일성은 중공군의 불법 개입으로 살아났다. 유엔은 북한군의 남침과 중공군의 개입을 '침략행위'로 규정하였다. 그 유엔 총회장에서 대한민국 대통령이 한국전을 내전(內戰)과 국제전으로 규정한 것이다.

내전과 국제전을 연결시키는 논리는 한국전을 한반도 내의 좌우 대결이 확대된 것으로 해석, 국내문제에 개입, 국제전으로 만든 책임은 미국에 있다는 식이다. 물론 이는 국제사회에서 침략자로 규탄된 김일성의 남침과 모택동의 개입에 면죄부를 주려는 억지이다. 냉전이 서방 세계의 승리로 끝나고 한국전에 대한 소련과 중국 문서가 공개되면서 내전설은 사라졌는데 한국 대통령에 의하여 유엔 총회장에서 부활한 것이다.

내전으로 위장하려 한 공산측

미국 조지아 대학의 윌리엄 스투엑 교수가 쓴 〈한국전쟁-국제사〉는 이 전쟁을 세계사적 관점에서 정리한 명작(名作)이다. 그는 '제3차 세계대전을 막은 한국전'이라는 표현을 썼다. 한국에서 벌어진 일은 비극적이었지만 국제정치를 안정시키는 역할을 했다는 것이다. 북한의 공격에 서방 진영의 반격이 없었더라면 훨씬 더 큰 규모의 비극이 일어났을 것이다. 트루먼 행정부가 과감하게 대응, 자유세계를 깨어나게 만들어 미국을 중심으로 본격적인 대소(對蘇) 봉쇄정책을 펴도록 만든 것이 한국전쟁이었다.

한국과 미군 등 자유진영이 국제공산주의의 팽창을 저지하는 최초의 군사적 행동을 취함으로써 일본이 경제부흥을 하면서 미국 편에 서고 독일도 재무장하여 NATO에 편입되어 유럽을 방어하는 데 중심이 된다. 미국은 일시 포기하였던 대만을 지켜주게 되고 미국은 국방비를 세 배로 증액, 본격적인 대소(對蘇) 군비경쟁에 나서서 그 40년 뒤 소련을 내부로부터 무너뜨린다.

스탈린은 독자 노선을 선언한 유고슬라비아 침공 작전을 세워놓고 있었는데 한국전에 미국이 파병되는 것을 보고는 취소하였다. 대만, 유고는 한국인의 희생 덕분에 살아난 셈이다.

냉전의 승리는 한국전에서 예약된 것이라는 말을 공개적으로 하는 이들이 클린턴, 오바마 등 미국 지도부이다. 그런데 가장 큰 공치사를 받아야 할 한국 대통령이 세계를 구한 한국인의 위대한 성전(聖戰)을 내전으로 폄하한 것이다. 그것도 유엔군을 보내준 유엔 총회장에서.

스투엑 교수는 스탈린, 모택동, 김일성이 한국전의 성격을 공산주의 이념에 기초한 계급투쟁적 내전으로 설정한 것은 사실이라고 말한다. 그들은 식민지 지배를 받은 나라에서 공산주의가 잘 먹혀든다는 원리에 입각하여 북한군이 기습하면 남한에서 좌익들이 봉기, 이승만 정부는 쉽게 무너질 것이라고 확신하는 한편 미국은 개입하지 않을 것이라고 믿었다. 스탈린은 북한군에 탱크, 야포, 전투기 등을 지원하고 작전 계획까지 짜주었다. 모택동은 중공군에 소속되었던 수만 명의 조선인을 북한으로 돌려보내 3개 사단을 만들게 하였다.

소련군 대위 출신이고 박헌영과 함께 스탈린에게 불려가 면접시험을 본 끝에 지도자로 간택당한 김일성은 철저하게 소련의 꼭두각시 역할에 충실하였다. 한강이란 소설가는 뉴욕타임스에 쓴 글에서 한국전을 '대리전'이라고 했는데, 이는 반만 맞았다. 김일성은 스탈린의 대리전을 수행하였지만 이승만은 아니었다. 미국은 전쟁 발발 1년 전 5만의 미군을 철수시켰을 뿐 아니라 6·25 남침 직전까지도 한국에 대한 군사원조를 거부, 전투기도 탱크도 없는 군대로 만들어놓았다.

트루먼, 内戰으로 보지 않고 공산 침략전으로 규정

스탈린과 김일성과 모택동은 한국전을 내전으로 보이게 하려고 애썼다. 스탈린은 1949년 3월 모스크바를 찾아온 김일성이 남침 허가를 받으려 하자 이승만이 북침하면 그렇게 하라고 하면서 남파 게릴라전의 강화를 권하였다. 이에 따라 김일성은 그해 약 1300명의 무장 게릴라들을 남파시켜 남한에서 활동 중이던 게릴라들과 합동작전을 펴게 하였지만 한국군의 진압작전에 눌려 버렸다.

스탈린은 소련군 장교들을 시켜 북한군의 남침 작전계획을 짜주고는 장교들을 전선에서 철수시켰고, 김일성은 북침에 대한 반격이라고 거짓말하고 모택동은 중국의 정규군이 아니라 자원자들이 북한을 도우러 간 것으로 위장하였다.

내전으로 보이게 하려는 이런 술책에 넘어가지 않은 사람이 트루먼과 이승만(李承晩), 넘어간 사람은 문재인이란 이야기가 된다. 그것도 67년이 흘러. 북핵 위기에 당면한 문재인 대통령이 반드시 읽어야 할 자료가 있다면 두 대통령의 한국전 지도 방침일 것이다.

트루먼 미국 대통령은 미국 현지 시간으로 1950년 6월24일 밤에 고향인 미주리 주 인디펜던스의 자택에서 딘 애치슨 국무장관으로부터 남침 보고를 받았다. 그는 "그 개자식들을 막아야 한다"면서 워싱턴으로 돌아가겠다고 했다. 애치슨은 필요한 조치를 취해놓았으니 위험한 야간 비행을 할 필요가 없다고 권하였다. 다음 날 워싱턴으로 돌아가는 전용기 안에서 트루먼은 생각에 잠겼다.

〈자유세계의 저항을 받지 않고 공산주의자들이 한국으로 밀고 들어가도록 내버려둔다면 작은 나라들은 이웃한 더 강한 공산국가들의 위협과 공격에 맞설 용기가 생기지 않을 것이다. 만약 이에 저항하지 않고 이 침략행위를 내버려둔다면 3차 대전으로 이어질 것이라고 생각하였다. 비슷한 경우가 제2차 대전으로 연결되었듯이.〉

워싱턴의 내셔널 공항에서 내려 영빈관으로 가는 차중에서 트루먼은 "하나님께 맹세코 그 자들이 대가를 치르도록 하겠어"라고 중얼거렸다.

트루먼은 김일성의 남침을, 민족 내부의 분쟁, 즉 내전이 아니라 스탈린이 이끄는 국제공산주의 진영의 침략전으로 본 것이다. 트루먼이 주재한 26일 밤 대책회의에서 국무부, 국방부, 합참의 최고위 간부들은 소련이 사주한 전쟁이므로 여기서 선을 그어야 한다는 데 의견의 일치를 보았다. 어느 누구도 남북 간의 내전이므로 개입을 해선 안 된다는 이야기를 하지 않았다.

김일성, 스탈린, 모택동은 남침을 내전 행위로 보이려 했지만 미국은 속지 않았다는 이야기이다. 2017년의 세계 지도자 가운데 유일하게, 그것도 침략전의 피해국 대통령이, 그것도 유엔에서 국제적 남침 전쟁을 내전이었다고 왜곡한 것이다.

그렇다면 이승만은 남침을 어떻게 보았나? 〈남침 이후 3일간(72시간), 이승만 대통령의 행적〉이라는 논문의 저자(著者) 남정옥 박사(국방부 군사편찬연구소 책임연구원)는 기습 받은 李 대통령의 긴급 대응을 이렇게 극찬하였다.

이승만은 김일성 무시, 스탈린 상대

〈남침 이후 3일간 이승만은 국가원수로서 군통수권자로서 해야 될 일을 정확히 수행했다. 그 3일간은 75세의 노인이 감당하기에는 너무나 버거운, 가히 살인적인 스케줄이었다. 누구의 도움도 없이 짜진 이승만의 3일간(72시간) 행적은 완벽, 그 자체였다. 최고의 참모진도 그와 같은 매뉴얼을 작성하지 못했을 것이고, 그런 매뉴얼이 작성되었다 하더라도 그것을 완벽하게 수행하기에는 너무나 어렵고 벅찬 업무였다. 그런데 이승만은 그것을 완벽하게 해냈다. 국가지도자로서 그의 위대성이 돋보이는 대목이다.〉

기습 받은 나라의 지휘부는 보통 공황상태에 빠지는데(스탈린은 독일군의 기습을 받은 후 며칠 간 출근을 하지 않고 지휘도 포기하였다), 李대통령은 즉각적으로 반응하였다(북침론을 주장하는 자들은 이것도 트집을 잡아 한국이 전쟁을 준비하였다고 우길 것이다).

〈전시(戰時) 국사를 처리하는 데 있어 이승만은 두 가지 원칙하에 행동했음을 알 수 있다. 첫째는 우선 대통령과 자신과 정부 그리고 군이 해야 될 일을 정하고, 그것부터 처리해 나갔다. 그 다음에는 전쟁 수행에 절대적으로 필요한 것을 미국에 알리고, 그 다음부터는 미국으로부터 그것을 얻어내는 데 주력했다. 대신 순수한 군사작전에 관한 사항은 군부에 일임했다. 대미(對美)외교를 통해 미국으로부터의 무기지원과 미국의 참전을 위해 노력했다.〉

이(李) 대통령은 남침 보고를 받은 지 두 시간도 안 되어 미국 정부를 대표하는 주한(駐韓) 미국대사 무초를 불러 미국의 지원을 요청하였다. 남정옥 박사는, 이 자리에서 대통령이 한 말은 한국의 대응 방향에 대한 지침이 되었다고 높게 평가하였다.

〈이승만은 한국군에 '더 많은 무기와 탄약'이 필요한데, 그 중에서 소총이 더 필요하다면서 미국의 지원을 요청했다. 이승만은 또 총력전 의지를 피력했다. 즉 모든 남녀와 어린이까지 막대기와 돌을 가지고라도 나와서 싸우라고 호소하겠다고 했다. 실제로 전쟁기간 군과 경찰뿐만 아니라 여군, 학도의용군, 대한청년단, 청년방위대, 소년병, 유격대, 노무자 등 全국민이 북한 공산주의와 맞서 싸웠다. 특히 대한민국이 가장 위기를 맞은 낙동강 전선에서 더욱 그랬다.

이승만은 이어서 그동안 한국은 제1차 세계대전의 배경이 됐던 제2의 사라예보가 되지 않도록 노력해 왔다고 말하면서, 이 위기를 이용, '한국의 통일문제'를 해결해야 한다는 입장을 밝혔다. 이승만은 지금의 위기가 한반도 문제를 항구적으로 해결할 수 있는 '절호의 기회(best opportunity)'가 될 것으로 여겼다. 전쟁이 어찌될지 모르는 상황에서 그는 벌써 한반도의 통일을 염두에 두고 있었다. 이승만이 전쟁을 가볍게 본 것이 아니라 이미 김일성이 38선을 먼저 파기했으니 이 참에 통일해야 한다는 생각을 가졌던 것이다. 그 출발점이 바로 전쟁 당일이었다.〉

이승만 대통령에게는 침략당한 나라의 결사항전 의지만 있었지 김일성이 단독으로 민족문제를 해결하기 위하여 침공하였다는 내전적 시각을 찾을 수 없다. 내전설이나 대리전설은 침략자와 피해자를 동격(同格)에 놓음으로써 도덕적 판단을 고의로 기피하거나 침략자를 비호하기 위하여 구사하는 용어이다. 그렇다면 문재인 대통령은 남침을 당한 이승만이 보지 못하였던 그 무엇을 보고 67년이 지나서 내전이라고 주장하는가?

자존심이 강한 이승만은 연설에서 김일성을 거의 언급하지 않고 스탈린을 주로 공격하였다. 김일성이 스탈린의 앞잡이라는 인식에서 그렇게 표현한 것이다.

'김일성 對 한민족' 구도

1950년 7월19일 이승만은 임시수도 대구에서 해리 S. 트루먼 미국 대통령에게 편지를 썼다. 이 편지에서 이(李) 대통령은 한국전을 정의의 전쟁으로 규정한다.

그는, 〈위대한 귀국(貴國)의 병사들은 미국인으로서 살다가 죽었습니다만, 세계 시민으로서 그들의 생명을 바쳤습니다〉라고 위로했다. 〈공산 파쇼 집단(Comminazis)에 의하여 자유 국가의 독립이 유린되는 것을 방치한다는 것은 모든 나라들, 심지어는 미국 자신까지도 공격받는 길을 터주는 길이 됨을 알고 나라 사랑의 한계를 초월하면서까지 목숨을 바쳤던 것〉이라면서 〈소련의 후원을 받은 북한 정권이 6월25일 새벽, 한국군을 일제히 공격하였을 때 그들은 38선을 자유 대한과 노예 북한 사이의 군사 분계선으로 유지할 수 있는 근거를 없애버렸습니다〉고 썼다.

이어서 〈세계 공산주의자들이 우리나라의 가슴 속에 심어서 키워온 제국주의적 침략의 악성(惡性) 암세포들을 이번 기회에 영원히 도려내야 합니다〉면서 〈이 전쟁은 南과 北의 대결이 아닙니다. 이 전쟁은 우리나라의 半을 어쩌다 점거하게 된 소수의 공산주의자들과 압도적 다수의 한국 시민들(그들이 어디에 살든) 사이의 대결입니다〉고 못박았다.

두 전쟁 지도자, 트루먼과 이승만은 이 한국전을, 공산제국주의자들의 자유세계에 대한 도전이고 이에 대한 정의로운 응징이라고 정의(定

義)하였다. 이승만은 한 걸음 더 나아가서 김일성 집단의 한민족에 대한 반란으로 단정하였다. '폭압세력 대(對) 자유세력', '소수의 반역세력 對 한민족 전체'의 구도로 설정한 것이다.

외세를 끌어들인 6·25남침은 민족사적 범죄일 뿐 아니라 반(反)인류적 전쟁범죄 행위임을 잘 아는 공산주의자들은 이를 은폐하기 위하여 북침설을 조작하였다. 북침설을 유지하기 어렵게 되니 북한정권의 책임을 희석시키기 위하여 남침유도설, 내전설, 대리전설 등이 나온 것이다.

이승만이 버티어 內戰的 작전 개념이 무너지다

북침설을 부정하는 데 결정적 역할을 한 이는 놀랍게도 스탈린의 곁에서 전쟁모의를 지켜본 소련의 흐루시초프였다. 1964년에 소련 공산당 내의 쿠데타로 물러나 은퇴생활을 하면서 그는 회고록을 써서 미국으로 밀반출, 1970년에 '흐루시초프 회고하다'는 제목의 책으로 출판하였다. 여기서 그는 김일성이 스탈린을 찾아와 남침을 허락해달라고 간청하다가 퇴짜를 맞고 간 사실, 1년 뒤 다시 찾아와 허락을 받는 과정, 스탈린이 미국의 개입을 걱정하여 모택동의 조언을 구하였고, 모택동이 내부 문제이므로 미국이 개입하지 않을 것이라고 했다는 비화 등을 생생하게 소개하였다.

스탈린 별장 만찬에서 소련 지도부가 축배를 들면서 김일성을 격려해준 장면은 내전과는 아무 관계가 없다. 스탈린이 세계 전체를 내다보는 대전략에서 김일성을 도구로 쓰는 장면이다. 흐루시초프는 회고록에서 김일성의 장담과는 달리 북한군이 진격하는데도 이승만이 타도되지 않는 데 소련이 크게 실망하였다고 썼다. 김일성은 첫 총성이 나는 직후에 이승만 일당이 좌익봉기로 무너질 것이라고 했는데 서울이 점령된 다음에도 좌익은 일어나지 않았다. 흐루시초프는, 공산주의자들의 반란을 위한 조건이 성숙되지 않았거나 당 조직의 준비가 충분하지 않았기 때문이라고 분석했다.

흐루시초프도 한국전을 한 민족이 다른 민족을 공격하는 전쟁이 아니라 계급전쟁이었다고 규정하였다. 남침 직후 이승만이 타도되지 않음으로써 김일성과 모택동과 스탈린의 책임회피용 내전적 작전개념은 무너지고 침략전의 범죄자로 낙인(烙印)되었다.

한미동맹이 없었던 시기에 이승만 정권이 소련-북한-중공이 합세한 압도적 기습을 받고도 무너지지 않은 것은 한국인의 결사(決死)항전 의지 덕분이다. 국군은 후퇴는 할망정 소부대 단위의 항복이 없었다. 이승만은 미국에 '돌멩이와 막대기로도 싸우겠다'면서 총력전의 의지를 확실히 한 뒤 무기 지원을 요청하였다. 지도자, 국군, 국민의 단결이 가능하였던 데는 이승만의 카리스마와 자유를 맛본 한국인의 반공정신, 공산주의를 체험한 월남자들, 특히 군 장교단의 공산당에 대한 증오심, 미국이 참전할 것이란 기대, 숙군(肅軍)으로 군내의 남로당 세력이 제거된 점 등이 복합적으로 작용하였다.

미군이 오산에서 북한군과 최초로 교전하는 7월5일까지의 10일간 한국인은 소련, 중국, 북한 등 유라시아 대륙의 공산제국과 홀로 맞서 싸웠다. 이는 고구려의 수(隋)와 당에 대한 싸움, 신라의 대당(對唐)결전, 몽골 침략에 대한 고려의 저항, 세계 최강의 육군인 일본군의 조선 점령을 막은 조선 수군과 의병(義兵)의 분투와 함께 우리 민족사의 5대 결전으로 기록되어야 한다. 그런데 한국의 대통령이 세계사에 남을 이런 위대한 항전을 우리끼리 싸운 내전으로 비하하여 민족반역자에겐 면죄부를 주고 한국인으로부터는 애국심과 자부심의 근거를 앗아간 것이다.

한국사 교과서는 內戰說 반영

젊었을 때 뉴욕타임스 특파원으로서 월남전을 비판하는 보도로 퓰리처상을 받았던 데이비드 핼버스탐 기자는 10년 전 교통사고로 죽기 전 '가장 추운 겨울'이란 책의 원고를 끝냈다. 사후(死後) 출판된 이 책에서 그는 한국전에서 자유세계가 공산 침략에 맞선 것은 마셜 플랜으로 서유럽을 구한 것 이상의 성공이라고 극찬하였다. 특히 한국전으로 성장한 한국군 장교단이 정권을 잡은 뒤 경제발전까지 성공시킨 점을 높게 평가하였다. 그는 자유세계가 '알지도 못하는 나라의 만나본 적도 없는 사람들을 지키기 위하여' 전쟁을 선택한 것은 내전(civil war)으로 보지 않았기 때문이라는 점을 강조하였다.

〈미국과 서구의 다른 나라에 있어서 이 전쟁은 내전이 아니라 침략전쟁이었다. 이는 서구가 히틀러의 침략을 막지 못하여 2차 대전으로 이어진 점을 상기시켰던 것이다. 중국, 소련, 북한에는 이게 놀라운 관점이었다. 그들은 남침이 한국인들 사이의 결판이 나지 않은 내전의 연장선상이라고 보았던 것이다.〉

북한군의 남침 직후 국군이 무너지고, 이승만이 해외 망명이라도 했다면 김일성은 내전 종식과 민족해방을 선언하고 응징을 받지 않았을 것이다. 이승만 정부가 초전에서 버티어냄으로써 내전으로 위장한 침략전쟁의 정체를 숨길 수 없게 되었고 유엔군의 파병이 가능해졌다. 북한군이 서울을 점령한 뒤 후방에서 좌익들이 들고 일어나 정권을 탈취하였다면 유엔군이 개입할 명분은 사라지고 김일성은 신라의 문무왕, 고려의 왕건을 잇는 통일의 지도자로 기록되었을 것이다.

문재인 대통령은 6·25 남침을 내전으로 보기를 거부한 유엔에 가서 그 총회 연설에서 유엔에 대한 감사는 표시하지 않고 한국전 성격을, '내전과 국제전'의 결합으로 설명, 유엔군이 내전에 개입, 국제전으로 확대시킨 장본인인 것처럼 오해를 부르게 하였다.

문재인 대통령이 피력한, '내전이 확대되어 국제전'으로 간 것이 한국 전이라는 시각은 박근혜(朴槿惠) 대통령이 개혁하려다가 문 대통령에 의하여 저지된 고등학교 한국사 교과서에 반영되어 있다.

계급사관으로 써진 이들 교과서는 6·25 직전 38도선에서 잦은 충돌이 일어났다고 강조, 전쟁 책임을 희석시킨 뒤 "유엔군의 참전으로 전쟁은 국제전으로 확대되었다"고 썼다(천재교육). 한 교과서는 중공군의 불법 개입을 '중국군 참전'이라 적었고, 금성출판사 교과서는 〈인민군은 1950년 6월25일 남침을 감행하였다〉고 썼다. '감행'은 용감한 행동이라는 뜻이다.

한국의 생명줄인 한미동맹을 만든 이승만의 반공포로 석방에 대하여는 〈일방적으로 석방하여 휴전 회담 자체가 결렬 위기를 맞기도 했다〉고 비방하였다. 미래엔 교과서는 "남북의 두 지도자 이승만과 김일성은 적개심과 증오심을 부추겨 자신들의 장기 독재 체제를 강화하였다"고 썼다.

좌편향 교과서는 북한정권에 불리한 내용을 기술하지 않을 수 없을 때는 한국을 끌고 들어가 기계적 양비론(兩非論)으로 물타기를 한다. 학생들이 가질지도 모르는 정의감과 선악(善惡) 및 피아(彼我) 분별력과 애국심을 말살하기 위한 교과서로 보인다. 내전설을 믿는 문재인 대통령이 이런 교과서를 적극적으로 비호하는 것도 자연스럽다.

內戰論은 필연적으로 대한민국 부정으로 간다

그는 유엔총회 연설에서 한국전을 설명하면서 피해만 강조하였을 뿐 전쟁범죄자를 거명(擧名)하여 비판하지 않았다.

〈나는 전쟁 중에 피난지에서 태어났습니다. 내전이면서 국제전이기도 했던 그 전쟁은 수많은 사람들의 삶을 파괴했습니다. 300만 명이 넘는 사람들이 목숨을 잃었고, 목숨을 건진 사람들도 온전한 삶을 빼앗겼습니다. 내 아버지도 그 중의 한 사람이었습니다. 잠시 피난한다고만 생각했던 내 아버지는 끝내 고향에 돌아가지 못한 채 세상을 떠났습니다. 나 자신이 전쟁이 유린한 인권의 피해자인 이산가족입니다. 그 전쟁은 아직 완전히 끝나지 않았습니다.〉

문재인 대통령의 부친이 흥남에서 미군 철수선을 탄 이유가 '잠시 피난'하기 위한 것이었다면 공산주의가 싫어서 자유를 찾기 위한 것이 아닐 수도 있다는 여백을 남긴다. 이산가족을 '전쟁이 유린한 인권의 피해자'라고 복잡하게 설명할 필요가 있을까? 김일성의 남침과 중공군의 불법 개입으로 이산가족이 생긴 것이니 간단하게 '남침 전쟁의 피해자'라고 해야 할 것 아닌가? 중국과 북한을 책임자로 특정하지 않으려 하니 복잡한 설명이 필요했던 모양이다.

문재인 대통령은 한국전을 '세계적 냉전 구조의 산물'이었다고 설명하였다. 이 또한 전쟁 책임자들을 비호하는 간접 화법이다. 전쟁은 사람이 일으키는 것이지 냉전 구조가 전쟁을 일으킬 순 없다. 그것은 조건의 하나이지 책임자가 아니다. 교통사고가 난 것은 운전자의 책임이지 '자동차 문화의 산물'이 아닌 것이다. 이렇게 집요할 정도로 북한의 전쟁 책임을 비호하는 것은 문재인 대통령의 역사관과 가치관이 대한민국의 헌법 및 정체성과 맞지 않다는 의심을 정당화한다. 김일성의 남침전쟁에 대하여 내전적 시각을 가지면 선악(善惡) 및 피아(彼我) 분별력이 마비되어 북한정권에 대한 분노, 미국에 대한 감사, 조국에 대한 사랑이 무디어질 수 있다. 문재인 대통령의 언행에서 이런 감정이 느껴진다. 이념은 감정이라고도 한다.

대한민국의 존립을 보장하는 두 가지 이념적 기초는, 대한민국만이 민족사의 정통국가요 한반도의 유일한 합법국가라는 민족사적 정통성과 반공자유민주적 정체성이다. 이 정통성과 정체성은 어느 날 갑자기 생긴 것이 아니라 건국과 호국, 근대화와 민주화의 과정을 거치면서 한국인의 피 땀 눈물로 형성된 불가침의 성역이다. 물론 헌법 개정으로도 바꿀 수 없는 국체(國體)이다.

문재인 대통령이 한국전을 내전으로 보는 것과 1948년 건국을 부정하는 것, 그리고 국가연합 또는 낮은 단계 연방제 통일을 지지하는 행위는 국가 정체성을 부정하는 것이지만 자연스러운 논리적 귀결이다.

대한민국의 건국이 가진 정통성과 정당성의 근거는 정부 수립 과정이 총선-국회구성-헌법제정-정부수립의 과정을 거쳐 민주적으로 이뤄졌다는 점이다. 공정한 선거를 통하여 수립되었으므로 유엔 총회가 한국을 한반도의 유일한 합법국가로 공인(公認)한 것이다. 북한정권은 찬반 투표가 불가능한 공산당 식의 원천적 부정선거를 통하여 세워졌기에 공인을 받지 못하였다.

민주투사라는 문재인 대통령이 이러한 민주적 정통성의 의미를 부정하는 것을 볼 때 그가 말하는 '민주'가 과연 헌법에 기초한 '자유민주주의'인지, 통진당 식의 '진보적 민주주의'인지 헷갈린다.

문 대통령은, 선거로 수립된 대한민국 건국을 부정하고 1919년 상해

임시정부 수립을 건국의 기점이라 주장하는데 그렇다면 대한민국은 선거를 통한 국민 참여 없이 세워진 임시정부보다 못한 존재가 된다. 선거를 하지 않은 그런 정부는 형식적 선거라도 치른, 그리고 주권 영토 국민의 형식적 조건을 갖춘 북한정권보다도 낮은 존재가 될 가능성이 있다. 이는 문재인 대통령의 존립 근거를 흔든다. 그는 대한민국 대통령인가, 상해임시정부 대통령인가, 아니면 임시 국가의 임시 대통령인가?

대한민국과 충돌 코스

1950년의 대한민국에 대한 북한정권의 침략행위는 문재인 식 역사관으로는 어차피 정리되어야 할 임시국가에 대한 또다른 임시정권의 공격이므로 굳이 선악(善惡) 구분을 할 필요가 없고 그래서 남침보다는 '내전'이라고 정의하는 것이 편하다고 생각하게 된 것인가?

이는 남북 대결에서 이념문제보다 더 근원적인 민족사적 정통성의 대결에서 북한에 굽히고 들어가는 자세이다. 한민족을 대표하는 챔피언 국가는 누구인가를 놓고 다투는, 타협이 절대로 불가능한 총체적 권력투쟁 상황에서 대한민국의 원수(元首)가 대한민국의 유일 합법성과 유일 정통성을 포기한다면 이는 필연적으로 북한정권을 민족사의 정통국가로 올려주고, 반공자유민주주의의 정체성을 포기하는 방향으로 흐르게 된다.

문재인 대통령은 후보 시절 "국가연합 혹은 낮은 단계 연방제 통일 방안을 추구해야 한다"는 취지의 발언을 하였다. 국가연합은 대한민국 헌법이 국가임을 부정하는 북한정권을 국가로 인정하는 헌법위반이고 낮은 단계 연방제는 높은 단계 연방제, 즉 북한 노동당의 규약이 선언한 한반도 전체의 공산화로 가는 첫 단계이다. 이는 '남측의 연합제와 북측의 낮은 단계 연방제가 공통점이 있다는 사실을 인정하고 그 방향으로 통일문제를 논의한다'는 6·15선언 제2항(이것도 헌법위반)의 범위도 넘는 위헌적 발상이다.

한국전, 건국, 통일에 대한 문재인 대통령의 관점은 헌법 및 사실과 맞지 않는다. 이런 가치관을 양심의 자유 영역에 묶어두지 않고 정책화한다면 대한민국과 충돌 코스를 달리게 된다. 그러한 경향이 이미 보인다. 이 정부의 정책 노선을 살펴보면 대한민국 헌법체계가 수용할 수 없는 것이 아닌가 생각되는 것들이 일관성 있게 나타나는 것을 볼 수 있다.

1. 1948년 건국 부정

2. 국군의 38선 돌파를 기념한 국군의 날 변경 움직임

3. '한국전쟁은 내전이고 국제전이다'는 유엔 연설

4. 국가반역자 윤이상 흠모(독일 묘소에 부인이 참례 등)

5. 김대중, 노무현, 문재인 정부만이 민주정부라는 시각

6. 반(反)체제적인 '임을 위한 행진곡' 제창 강제

7. 결론이 나 있는 광주사태 발포명령자 및 헬기 사격 의혹 재수사 지시

8. 북한의 핵무장을 인정하자고 하고, 한미동맹 해체를 거론한 특보 방치

9. 전술핵 재배치, 핵무장 반대를 공개적으로 표명

10. 세계에서 가장 안전한 한국의 원자력 발전소를 위험하다고 단정, 백지화를 선언하고, 짓고 있는 신고리 5·6호기까지 공사 중단시키는 과정에서 관련 법규 위반. 원전(原電)이 폐기되면 자위적 핵무장을 할 수 있는 기술적 기반이 사라진다.

11. 좌파 인사로 하여금 국정원 개혁을 주도하게 만들어 안보기구로서

사실상 폐기 처분

12. 박근혜 정부의 좌편향 국사 교과서 개혁을 중단시키고 개혁을 '친일 행위'에 비유하여 적폐라고 규정

13. 홍준표 한국당 대표가 문재인 정부를 '전대협, 주사파, 친북성향'이라 공격해도 논리적 해명을 하지 않는다. 이는 사실임을 인정하는 것인가? 사실이라면?

14. 문재인 대통령은 유엔연설에서 자신이 선거로 당선된 점을 무시하고 촛불혁명으로 집권한 것처럼 설명

15. 북한정권과 종북세력에 엄정한 태도를 취해온 김관진 전 안보실장을 댓글 사건 연루 혐의로 출국금지

16. 북한의 핵미사일 방어망 건설과 핵방어 훈련에는 무관심하면서, 미국이 북한을 군사적으로 공격하는 것을 허가 사항으로 지정

17. 북한을 흡수통일하거나 인위적 통일을 추진하지 않겠다는 공언(公言)

이렇게 적어나가 보면 이념적 일관성이 느껴진다.

첫째, 대한민국엔 불리하고, 북한정권엔 유리하다.

둘째, 대한민국 수호세력에 대한 적대감과 대한민국 반대 세력에 대한 동정심 혹은 우호감

셋째, 국법, 국군, 국정원, 국가, 애국세력에 대한 적대감 혹은 경멸

넷째, 중국엔 위축, 미국에는 비판적

이렇게 정리하면 자연스럽게 "아, 이것이 계급사관(민중사관)으로 써진 좌편향 교과서의 한국 현대사에 대한 시각(視覺)과 맥락을 같이 하는구나"라는 느낌이 온다. 그렇다면 대한민국과 문재인 정부는 충돌 코스에 진입하였다고 봐야 한다. 1950년 6월에서 7월로 넘어가는 열흘 간 소련 중국 북한의 3대 공산집단을 상대로 홀로 맞서 세계를 구한 한국

의 위업을 무효로 돌리는 '내전'이란 말은 실언(失言)이 아니라 그의 사고체계와 가치관 및 역사관을 알게 하는 키 워드, 즉 진담(眞談)임을 알 수 있다. 유엔총회에서 '한국전은 김일성의 남침'이란 말을 할 수 없는 대통령을 한국인은 대통령으로 뽑은 것이다. 그를 견제하고 바로잡는 책임도 국민이 져야 한다.

chapter 11

촛불혁명정권의 목표는
'반공자유민주법치체제' 타도인가?

촛불혁명이든 군사혁명이든 민중혁명이든 모든 혁명은 헌법파괴 행위이다. 혁명의 기치를 드는 순간 양자택일(兩者擇一)이다. 혁명이 성공하여 헌정(憲政)질서를 무너뜨릴 것인가, 아니면 헌법의 힘에 의하여 진압될 것인가이다. '진압'의 방식은 무력, 수사, 탄핵, 선거 등 이다.

촛불혁명정권의 목표는 '반공자유민주법치체제' 타도인가?

국민들이 중구난방(衆口難防)으로 진실을 쏟아내면 정권이 막기 어렵다.

프랑스型 이념 대결 정치의 위험성

2016년 1월 박근혜(朴槿惠) 대통령 탄핵 재판이 진행 중일 때 나는 아래 글을 조갑제닷컴에 썼는데 1년이 지나 보니 대충 들어맞은 것 같다.

〈계급투쟁론 세력이 주도권을 잡은 한국의 정치가 촛불정권을 탄생시키면 반공자유민주주의는 유지될 수 없다. 우리가 공기처럼 당연하다고 생각하는 자유, 평등, 합리, 진실, 복지, 안전이란 가치도 보장될 수 없게 된다. 민주주의는 실수를 견딘다고 하지만 언론이 한목소리를 내면 복원력도 잃게 된다. 대선을 통한 '촛불혁명 정권'의 등장은 한국을 해양문화권에서 대륙문화권으로 돌려놓을 것이다. 자유와 개방과 실용의 바다에서 전제와 억압의 땅으로 놀아가는 것이다. 좌파 정권이 이념적 방향성에 따라, 현금 동원력이 엄청난 중국, 핵무장한 북한 쪽으로 기울면 한미(韓美)동맹과 한일(韓日)우호 관계는 유지되기 어렵다. 핵을 갖지 못한 한국은 계급투쟁론적 세계관을 가진 지도부에 의하여 자연스럽게 중국 및 북한에 예속될 것이다. 한국이 앞장서서 북한을 핵보유국으로 인정하자고 나올지 모른다(노무현 대통령은 2007년 김정일에게 '나는 북핵 문제를 북한의 변호인 입장에서 다루면서 미국과 맞섰다'는 요지의 고백을 한 적이 있다).

촛불정권은 경제민주화 정책을 밀어붙여 국가의 개입을 강화하고 복지를 확대할 것이다. 이는 경제불황으로 이어질 것이다. 촛불정권은 한국 경제가 몰락해야 북한 수준과 근접, 10·4 선언이 약속한 '유무상통에 의한 남북한 균형 발전'을 이룩할 수 있다고 생각할지 모른다. 민심이 이반하면 촛불정권은 선동언론과 검찰권을 권력 유지의 수단으로 삼아 탄압에 나설 것이다. 우파 세력은 촛불정권이 헌법을 위반, 국가정체성을 변조한다면서 국민저항 운동을 벌이고 헌법 제5조에 따른 국군의 역할을 요구할지도 모른다. 한국은 민중혁명도 군사쿠데타도 불가능한 성숙한 민주국가라는 자신감을 흔들어버린 것이 촛불시위와 태극기시위가 격돌하는 작금의 상황이다. 좌우 대결 구도를 가진 나라는 민중혁명과 군사쿠데타 사이의 위험한 줄타기를 하곤 한다.

좌우 정치의 본산인 프랑스는 두 번째로 오랜 민주주의 국가이지만 프랑스 대혁명 이후에도 1830년 7월, 1848년 2월의 두 차례 혁명과 1871년의 파리 코뮌을 겪었다. 파리 코뮌은 프러시아 군대가 파리를 포위한 가운데 적전(敵前)분열한 좌우가 서로 학살한 사건이다. 프랑스는 히틀러 등장 이후 1930년대에 다시 한 번 적전(敵前)분열 양상을 보이다가 1940년 5월 독일군의 전격전에 걸려 6주 만에 패망하였다.

프랑스는 1958년과 1961년에도 알제리 사태를 둘러싼 위기에 직면, 군사쿠데타 직전까지 갔다. 1968년 5월엔 학생과 노동자들이 궐기하여

216

드골 정부를 몰아내려 하였다. 신변의 위기를 느낀 드골은 극비리에 서독 주둔 프랑스군 사령부로 날아가 군대의 충성을 확인한 뒤 귀국, 국회를 해산, 선거에서 승리함으로써 위기를 벗어났다.

프랑스 형(型) 정치 구조를 가진 한국이 프랑스와 다른 점은 핵무장한 적(敵)의 존재이다. 한국의 내전적(內戰的) 사태는 시리아처럼 주변국의 개입을 부를 뿐 아니라 핵무기 사용의 위험성을 높인다는 점에서 그 어느 나라보다 심각하다. 촛불시위는 판도라의 상자를 열어젖혔다. 문제는 연 세력이 뚜껑을 닫을 힘이 있는가이다.〉

'반공자유민주법치체제'에 대한 촛불혁명 정권의 도전

내가 한 예측 중 가장 의미 있는 적중(的中)은 '촛불혁명 정권'이란 말이 문제인 대통령에 의하여 공식화된 점이다. 총리는 취임사에서 공무원 집단이 촛불혁명 정신 구현의 도구가 되어야 한다는 무시무시한 이야기도 했다. 문재인 정부의 정책과 행태는 '반공자유민주법치체제 해체'를 목적으로 한다는 의심을 자초하고 있다. 즉, 헌법에 담긴 국가정통성, 국가정체성을 부정하고, 한미동맹을 기초로 한 국가진로를 바꾸려 하는 게 아닌가 하는 의구심이다. 이를 줄이면 '국체(國體)변경'이다. 국체변경은 국가의 존재 이유를 무효화시킴으로 헌법 개정으로도 불가능하고 오로지 혁명으로써만 가능하다. 그런 점에서 '촛불혁명'이란 말은 문재인 정권의 본질에 대한 정직한 표현일 수 있다.

촛불혁명이든 군사혁명이든 민중혁명이든 모든 혁명은 헌법파괴 행위이다. 혁명의 기치를 드는 순간 양자택일(兩者擇一)이다. 혁명이 성공하여 헌정(憲政)질서를 무너뜨릴 것인가, 아니면 헌법의 힘에 의하여 진압

될 것인가이다. '진압'의 방식은 무력, 수사, 탄핵, 선거 등이다.

남북한의 대결구도, 그 본질은 '민족사적 정통성과 삶의 양식(樣式)을 놓고 다투는 타협이 절대로 불가능한 총체적 권력투쟁'이다. 민족사적 정통성 투쟁은 한민족의 챔피언이 대한민국이냐 북한정권이냐의 싸움이다. 이는 역사관 대결로 전개되는데 서울이 주전장(主戰場)이다. 역사관 대결은 이념대결보다 더 원초적인 성격을 가진다. 이 부분에서 문재인 정부는 대한민국 편이 아님을 이미 선언한 상태이다. 대한민국 편이 아니면 남북한 사이에서 중립이든지 북한 편이 된다.

국가 정통성 부정 : 대한민국은 私生兒?

문 대통령은 대한민국이 1948년 8월15일에 건국되었다는 명백한 역사적 사실에 적대감을 드러낸다. 그는 2016년 8월15일 자신의 페이스북에 글을 올려, 8월15일을 건국절로 지정해야 한다는 의견에 대하여 "역사를 왜곡하고 헌법을 부정하는 반역사적·반헌법적 주장, 대한민국의 정통성을 스스로 부정하는 얼빠진 주장"이라고 밝혔다. 그는 〈대한민국 임시정부가 국민에게 주권이 있는 민주공화국을 선포한 지 100년이 다가오는데도 우리는 아직 민주공화국을 완성하지 못했고 국민주권을 실현하지 못했다〉고 했다. 이어서 〈"대한민국은 민주공화국이다. 대한민국의 주권은 국민에게 있고, 모든 권력은 국민으로부터 나온다"는 헌법 제1조가 실현될 때 우리는 비로소 진정한 광복을 맞이했다고 말할 수 있을 것〉이라고 했다.

국민의 주권행사로 뽑힌 '대한민국 대통령'이 대한민국을, 아직도 '국민주권'이 실천되는 나라가 아니므로 정상적인 국가가 아닌 '임시국가'

정도로 보고 있다는 이야기이다. 그는 대통령이 된 후, 이런 생각을 정책화하여 2018년을 대한민국 수립 70주년이 아닌 임시정부 수립 100주년으로 기념하겠다고 했다.

1919년의 상해임시정부는 국가의 3대 요소를 갖추지 못하였으므로 스스로 '임시'라고 작명(作名), 독립과 건국을 지향한 것이다. 문 대통령 추종자들은 상해임시정부 수립을 건국이라고 여기는 듯한데, 그렇다면 중대한 논리적 모순에 빠진다. 건국한 뒤에 독립운동은 왜 하나? 건국한 뒤의 독립운동은 대한민국에서 탈퇴하겠다는 분리운동이고 반역이 될 수도 있다. 그렇다면 이승만, 김구가 반역 지도자였단 말인가?

1948년 건국을 부정하는 주장의 중대한 위헌성(違憲性)은 대한민국이 선거와 헌법을 통하여 수립되었으므로 역사적 정통성과 국제적 정당성을 얻었다는 점을 부정하는 데 있다. 민족사에서 처음으로 국민이 선택한 정부였고, 유엔 총회가 이 점에 근거하여 대한민국을 한반도의 유일한 합법정부로 공인한 점을 무시하는 것은 민주투사를 자칭하는 이들이 선거라는 민주적 정당성의 의미를 부정하는 자가당착이다. 그럼에도 문재인 대통령은 역대 정부 중 김대중, 노무현, 그리고 자신만이 '민주정부'라는 말을 한다. 그가 말한 '민주'는 자유민주주의가 아니라 다른 민주주의일 가능성이 높다.

한 걸음 더 나아가서 문재인 대통령은 유엔총회 결의안을 왜곡, 대한민국이 38도선 이남에서만 정통성이 있다고 조작한 학자를 대한민국박물관장에 임명하였다. 1948년 대한민국 건국을 부정하면 필연적으로 북한정권의 정통성을 인정하게 되는지 그들의 억지를 강화하게 된다.

박근혜(朴槿惠) 대통령이 고등학교 역사 교과서를 개혁하려 한 가장 큰 이유도 이른바 민중사관으로 획일화된 교과서들이 대한민국의 정통성을 부정하였기 때문이다. 문 대통령은 취임 직후 개혁된 교과서의 폐기를 지시하였다.

문재인 대통령은 후보 시절 '국가연합 또는 낮은 단계 연방제 통일'을 추진하겠다고 밝힌 바 있다. 권력 구축에 자신감을 가진 뒤에는 개헌 등을 통하여 이를 공식화할 가능성이 있다. 국가연합 통일 방안은 북한정권을 국가로 인정하는 것이다. 이는 북한을, 우리의 영토를 불법 점거한 반(反)국가단체로 규정한 헌법뿐 아니라 문제 많은 6·15 선언과도 배치된다. 낮은 단계 연방제 통일은 헌법재판소의 통합진보당 결정문에서도 사실상 위헌(違憲)으로 판시된 적이 있다.

反共이 범죄인가?

대한민국의 민족사적 정통성에 대한 확신이 없는 사람이 확신에 가득찬 집단을 상대로 하여 국민의 생명 재산 자유를 지킬 수 있나, 하는 의문은 자연스럽게 정체성 부문으로 이어진다.

대한민국 헌법과 역사적 경험에 의하여 구축된 국가 정체성(正體性)은 '반공자유민주법치국가'로 정리된다. 이 정체성은 '대한민국만이 민족사의 유일한 정통국가이고 한반도의 유일한 합법국가'라는 정통성에 기반을 두어야만 지킬 수 있다. 문재인 정부는 정통성을 부정하므로 자연히 정체성을 훼손하게 된다. 특히 이 정부는 '반공'에 대하여 혐오감(嫌惡感) 내지 적대감을 드러내고 이를 이른바 적폐수사에 반영하고 있다.

• 남북한 공산주의자들의 심리전에 대응한 국정원과 국방부의 댓글쓰기는 조직 본연의 반공 안보 활동인데도 극히 일부 댓글의 성격을 문제 삼아 '정치개입'이나 '선거개입'으로 몰고 최고위급(국정원장, 국방장

관 등) 반공전사(戰士)들을 구속시켰다. 보수 정부에 대한 수사는 이 댓글의 왜곡에 의하여 확대된 것이다.

● 남북한 공산주의자들이 가장 두려워한 국정원의 대공(對共)수사기능을 폐지하겠다고 한다. 이는 필연적으로 국가보안법 무력화(無力化)로 진행될 것이다. 국정원이나 국가보안법으로 생활이 불편한 국민들이 있나? 간첩, 공작원, 종북세력 말고.

● 구속되거나 기소 단계에 있는 박근혜, 김기춘, 이재용, 원세훈, 남재준, 이병기, 김관진, 자살한 공안 검사 등의 공통점은 공산주의자들과 맞서 한국의 자유민주주를 지키고 시장경제를 발전시키려 한 이들이란 사실이다. 반면 이들을 수사하는 검찰에 영향력을 행사하는 자리에 있는 이들은 홍준표, 전희경, 김문수 씨 등으로부터 주사파, 전대협, 친북주의자들이라고 비판받는다. 국정원의 숙청을 지휘하는 위원회엔 대한민국보다 북한정권이 더 정통성이 있다고 확신하는 인물도 있다.

● 전향(轉向)했다는 증거가 없는 극좌 인사가 반공세력 수사에 영향력을 행사한다는 것은 촛불혁명을 '좌익혁명'으로 불러야 할지 말지에 대한 고민을 안겨준다.

문재인 정부의 주적(主敵)은 헌법이나 안보상, 핵무기로 국민의 생존을 위협하는 북한정권이어야 하는데 현재로는 반공자유민주법치체제(세력)를 주적으로 보는 것 같다.

국회 부의장의 문제 제기

드디어 지난 11월 말 심재철(沈在哲) 국회 부의장이 위헌성을 제기하고 나섰다. 그는 기자회견문에서 〈현재 문재인 정부가 적폐청산이라는 미명으로 여러 행정부처에 과거사진상조사위원회를 설치해 벌이고 있는 일은 실질적으로는 조사가 아니라 수사를 하고 있으며 이 같은 기구를 만들려면 모법(母法)에 명백한 위임 근거가 있어야 한다〉고 했다. 그런 법률에 근거하지 않은 불법기구들이 절차적 정의를 위배하고 있으므로 문재인 정부는 먼저, 불법적으로 국민의 혈세를 사용하며 점령군처럼 국가기밀을 마구 뒤지는 모든 과거사위원회를 즉각 해체해야 한다고 주장하였다.

그는 또 검찰은 불법자료에 기초해 과거사위원회의 명령을 받아서 수행하고 있는 불법수사를 즉각 중단하고 법원은 과거사위원회의 불법적인 수사권고로 검찰이 수사, 구속한 모든 피의자를 즉각 석방해야 한다고 했다. 자유한국당에는 문재인 대통령과 임종석 비서실장, 서훈 국정원장과 윤석렬 서울 중앙지검장을 법치파괴의 내란죄와 국가기밀누설죄 등으로 형사고발해야 한다고 촉구하였다.

국회 부의장이 이른바 민주투사 정권을 향하여 민주주의의 근간인 법치파괴의 내란죄를 범하고 있다고 경고하고 있으니 문제가 심각한데 언론과 자유한국당은 극히 소극적인 보도와 대응을 하였다. 촛불혁명 정권이 일종의 공포 분위기를 조성하는 데 성공한 듯하다.

전희경 의원-임종석 실장의 대결

모든 혁명은 주체세력의 이념을 반영한다. 교육부 장관 보좌관에는 북한정권에 동조하여 이적(利敵)단체 판결을 받은 단체의 간부 출신이, 총리 비서관엔 천안함 폭침이 북한 소행임을 부정해온 운동권 출신이, 대통령 비서실장엔 공영방송들로부터 북한 방송 저작권료를 대신 받아 북한으로 보내준 '수금 대리인'이, 그리고 청와대, 내각엔 좌경 운동권 출신이 집중적으로 포진해 있다. '주사파 정권' '운동권 정권'이라는 말이 예사로 쓰여도 논리적 반박을 하지 않는다. 국가 정체성과 민족사적 정통성은 대한민국의 영혼에 해당한다. 사람에 비유하면 정신이나 신체는 병들어도 고칠 수 있지만 영혼이 망가지면 구제 불능인 경우가 많다. 국가의 영혼을 관리하는 이들이 계급투쟁론에 물든 이들이라면?

지난 11월 국회 운영위원회 국정감사장의 풍경이 영혼 문제가 걸린 한국의 현실을 반영한다.

〈전희경 위원 : 질의하도록 하겠습니다. (前略) 주사파·전대협이 장악한 청와대, 과연 그 청와대의 면면과 실력답습니다. 임종석 비서실장님을 비롯해서 신동호, 백원우, 유행렬, 한병도, 이런 분들이 생각이 바뀌어서 간혹 한두 분 들어갈 수 있다고 칩시다. 많이 양보해서 그럴 수 있다고 쳐도 청와대 구성이 전반적으로 저렇게 한 축으로 다 기울어져 있으면서 오늘 이 자리에서 말끝마다 '트럼프 방한' '트럼프 방한의 중요성 때문에' 이런 말씀을 운운하시는 것이 저는 얼마나 이율배반적인가 싶습니다.

전대협의 강령과 회칙을 보면 전대협 강령 전문에는 미국을 반대하고 모든 외세의 부당한 등등 해서 반미, 회칙에는 민족과 민중에 근거한 진보적 민주주의 구현을 밝히고 있습니다. 지금 청와대에 들어가 있는 전대협의 많은 인사들이 이런 사고에서 벗어났다는 어떠한 증거도 없습니다. 이런 사람들이 트럼프 방한에 대해서 얘기를 한다? 과연 트럼프 방한에 맞춰서 반미 운동하겠다, 시위하겠다고 하는 분들의 생각과 무엇이 다른지 알 수가 없습니다. 전대협에서 얘기한 이 진보적 민주주의는 헌법재판소에서 통진당 해산 판결의 주요 이유였습니다. 이것이 북한식의 사회주의를 추종하는 것이다. 이런 것에 대해서 전혀 입장 정리도 안 되신 분들이 청와대 내에서 일을 하시니까 인사 참사 발생하고 커피 들고 치맥하는 게 중요한 게 아닌데 그런 것 하느라고 지금 정작 중요한 안보·경제 하나도 못 챙기는 겁니다. 사회부총리는 더 심각합니다. 이분은 온통 반(反)대한민국적인 주의와 주장으로 점철된 길을 걸었고, 국회에서 그렇게 많은 부적격 사유를 제시했음에도 불구하고 인사 강행됐습니다.

대통령비서실장 임종석 : 위원님 말씀 매우 유감입니다. 5공화국, 6공화국 때 정치군인들이 광주를 짓밟고 민주주의를 유린하고 할 때 제가 위원님께서 어떻게 사셨는지 살펴보지는 않았습니다. 그러나 지금 위원님께서 거론하신 대부분의 그 사람들이, 인생을 걸고 삶을 걸고 민주주의를 위해서 노력했습니다. 위원님께서 그렇게 말씀하실 정도로 부끄럽게 살지 않았습니다.

전희경 위원 : 무슨 말씀 하세요? 지금 제가 말씀드린 논거에 대해서만 얘기하세요. (장내 소란) 대북관(對北觀)에 대해 설명하세요!

대통령비서실장 임종석 : 매우 유감입니다.

정용기 위원 : 뭐 하는 거예요, 지금 질의한 데 대해서? (장내 소란)

대통령비서실장 임종석 : 국민의 대표답지 않게 질의하니까 그렇지요!

정용기 위원 : 그게 질의냐니!

대통령비서실장 임종석 : 국민의 대표답지 않게 질의하니까 답변드리는 겁니다.

김정재 위원 : 아니, 권력 잡았으면 다예요?

대통령비서실장 임종석 : 무슨 말씀들을 그렇게 하시는 겁니까? 충분히 국회를 존중하고 저도 최선을 다해서 인내하고 답변해 왔습니다.

정용기 위원 : 전향했다고 한 번도 밝힌 적이 없어서 그런 부분들을, 우리 많은 국민들이 최근의 안보 상황과 관련해서 궁금해 하고 있어서 국민을 대신해서 그런 것들을 궁금해서 물었는데 그것에 대해서 '그게 질의냐'라고, 그게 질의냐…… 아니, 답변에 대해서 국민의 대표기관으로서 국회의원이 '그게 답변입니까?'라고 힐난하는 것은 봤어도 청와대 관계자, 기관증인으로 나온 증인이 위원을 상대로 '그게 질의입니까?'라고 얘기하고, 그리고 실장 두 분 다 오히려 위원한테 따지듯이 질문을 하고 이런 식의 수감 태도를 보인다면 더 이상 국정감사를 할 의미가 없다고 생각합니다.

전희경 위원 : 전대협 문제를 가지고 제가 뭐라고 그랬습니까? 전대협의 전문(前文)과 강령과 회칙에 있는 대미관(對美觀)에 대해서 아직도 대한민국이 식민지 반(半)자본주의 국가라고 인식을 하는 것인지에 대한 그런 견해를 묻는 것이었습니다.〉

내부 비판이 없는 조직의 위험성

〈김동철 위원 : 저는 짧게 하겠습니다. 바로 이런 현실들을 보면서 우리 정치가 이제 다당제를 통한 다원주의 정치로 가야 되지 않을까 하는 생각을 다시 한 번 하게 됐습니다. 저는 전희경 위원님께서 지적하신 내용들 '출신이 편파적이다', 얼마든지 지적할 수 있다고 생각합니다. 권력기관장 5명 중 1명 국정원장, 청와대 수석, 보좌관급, 장관급 해서 총 45명 중에서 32명이 캠코더 인사예요. 대선 캠프, 운동권 출신, 더불어민주당, 시민사회단체 출신입니다. 일만 잘하면 될 것 같지만 내부로부터의 비판과 견제 없이 그 조직이 잘될 수가 없습니다. 그런데 여권은 내부적인 비판을 찾아볼 수 없어요. 항상 정권이 잘 되려면 여권 내부에서 자정(自淨)작용이 있어야 되는데 오늘 운영위원회에서의 여당 위원들을 보면 계속 한사코 막으려고만 하지 않습니까? 이래 가지고 이 정부가 반드시 성공의 길로 간다고 여러분들 장담할 수 있습니까? 과거 정권들, 저도 김대중 정부에 몸담았고 참여정부에도 열린우리당으로 같이했지만 과거 정권들이 실패한 것을 보면 내부적인 비판이 자유롭지 못할 때 항상 그 정권은 실패의 길로 갔습니다. 미국 예일대 어빙제니스 교수가 이야기했어요. 집단 구성원 대부분이 비슷한 생각을 갖고 있게 되면 집단사고에 빠져서 새로운 정보나 변화에 반응하지 못하고 자기들 것만 무조건 옳다는 교조주의적 정당화에 빠지게 된다. 저는 지금의 문재인 정부, 지금으로서는 적폐청산하고 국민들이 정의에 메말라 있기 때문에 문재인 정부 압도적으로 지지하는 것 인정합니다. 저렇게 계속해서 비판을 그냥 봉쇄만 하려고 하면 저것도 저는 잘못되었다고 생각합니다. 과다한 지적이라고 하더라도 참고 인내하면서 들어 주시기를 바라겠습니다.

대통령비서실장 임종석 : 국민을 대표하는 국회의 국정감사에 와 있기 때문에 마땅히 국회를 존중하고 국회의 지적에 대해서 성실하게 답변을 드려 왔습니다. 하지만 저 역시 제가 지금까지 살면서 겪어본 가장 큰 모욕이었다는 점도 말씀드리고 싶습니다. 저는 아무리 국회라고는 하나 위원님들께서는 막 말씀하셔도 되고 저희들은 그냥 다 앉아 있기만 해야 한다고는, 그것을 납득하기는 정말 어렵습니다. 다만, 오늘 여러 위원님들께서 귀한 시간을 내서 국정감사를 하고 계시는데 위원회 운영에 누가 된 데 대해서는 진심으로 유감스럽게 생각합니다.〉

반박되지 않은 거짓말은 진실로 통한다는 게 정치권이다. 전희경 의

원의 질문에 끝까지 전향(轉向) 여부를 밝히지 않은 임종석 실장은 주사파라는 비판을 감수하겠다는 각오임이 분명해 보인다. '주사파'는 학파가 아니고 김일성 우상 숭배 세력이다. 주사파는 북한만 망친 게 아니다. 괜찮은 나라 두 개가 주사파 지도자 때문에 결딴이 났다. 루마니아의 차우셰스쿠는 한때 공산권에서 독자 노선을 걸어 호평을 받았지만 김일성을 만나고 온 다음엔 사람이 바뀌었다. 김일성을 따라하면서 주체사상을 공부시키기도 하였다가 1989년 반공혁명으로 부부가 처형되었다. 최근 밀려난 짐바브웨의 무가베도 1980년 무렵 김일성을 만나고 와서 그의 흉내를 내다가 그 좋던 조건의 옛 로데시아를 연간 물가 상승률(%)이 조(兆) 단위의 나라로 만들었다. '주사파 정권'이라는 말이 맞다면 대한민국도 온전할 수가 없다. 문재인 대통령은 정색을 하고 해명하든지 정리할 의무가 있다.

사실과 과학 무시는 文明 파괴

문재인 정부는 '반공자유민주법치국가'의 성격을 '촛불혁명'과 '적폐청산'이라는 두 키워드를 활용하여 바꾸려는 전략을 드러내었다. 적폐청산이라는 기치를 내걸어 검찰과 법원을 '촛불혁명의 도구'로 삼고 친정부 언론, 특히 방송을 선전 기관으로 장악, '반공자유민주법치' 세력을 약화, 위축시킨 다음 국민 지지를 확보, "연방제 통일을 지향하는 민중민주주의"를 담은 개헌(改憲)으로 국체변경을 공식화하려 들 것이다.

여기에 방해가 되는 세력은 자유한국당이나 보수세력이라기보다는 사실, 헌법, 과학이고 대한민국이란 문명(文明)이다. 대한민국은 이승만(李承晩)의 반공자유 노선과 박정희(朴正熙)의 부국강병(富國强兵)

노선, 그리고 합헌적 민주화 세력의 노력이 합쳐져서 위대한 문명(文明)건설에 성공하였다. 문명의 기초는 제도(법치), 경제력, 군사력, 국민교양, 역사와 전통 같은 것들이다.

정권 지지세력이 즐겨 쓰는 '헬조선'은 놀랍게도 북한이 아니라 한국을 가리킨다. 그 한국의 여권(旅券)은 무(無)비자 국가 수 순(順)으로는 싱가포르, 독일, 스웨덴에 이어서 세계 4위이다. 일본, 미국을 앞섰다. 2030년에 가면 일본을 제치고 세계 최장수 국가가 된다는 예측도 있다. 촛불혁명 세력은 국제사회에서 한국인이 모범 시민으로 평가되도록 하는 데 가장 큰 기여를 한 이승만, 박정희, 이병철 같은 분들과 국군, 기업인, 주한미군을 적대적으로 본다. 무비자 국가 수 랭킹에서 꼴찌권인 북한정권과 그 추종자들, 그리고 북한의 후원자인 중국에 대하여는 우호적이다. 이는 계급투쟁론에 기초한 이념적 가치관의 자연스러운 반영이다. 그래서 이념은 감정이라고 한다.

문재인 정권의 행태에서 특히 주목할 점은 문명과 법치(法治)의 기초인 사실과 과학의 무시이다. 세계에서 가장 안전하고도 효율적인 한국의 원자력 발전소를 위험시설로 규정, 백지화를 선언한 대통령의 연설문은 사실 오인(誤認)의 종합판이다. 광주사태 때 사격 명령과 헬기의 기총소사가 있었다는 전제 아래서만 할 수 있는 재조사 지시도 다섯 차례의 국가적 조사를 부정하는 사실 오인이다. 소련과 중국이 지원한 김일성의 6·25 남침을 내전이라고 규정하는 것은 이미 확정된 역사적 사실의 부정이다. 4대강 사업이 오염을 악화시켰다고 오인, 담아놓은 물을 빼내 버리도록 지시한 것은 과학 무시이다. 천동설(天動說)이 판을 치던 코페르니쿠스 이전의 미개(未開) 상태로 돌아가겠다는 혁명이라면 이는 역사 발전에 대한 반동(反動)이다.

한국은 탄핵사태를 거치면서 사실과 법을 무시하는 혁명 논리가 기승을 부려, 사실이 안 통하는 나라, 법이 안 통하는 나라로 변하고 있다. 이는 이념이나 정권의 문제를 넘어선 문명 존립의 위기이다. 문명과 법치의 기본은 진실-정의(법)-자유이다. 사실에 기초한 법치가 바로 서야 자유(생명, 재산)를 지킬 수 있는데, 혁명세력은 정의 위에 진실을 세우려 한다. 신념을 사실과 법 위에 놓으려 한다. 그렇게 되면 법치가 무너져 자유가 위협을 받는다. 문제는 언론이 사실 파괴에 앞장서고 검찰과 법원이 정권의 눈치를 보면서 법치 위기를 부르고 있다는 점이다.

국가進路 변경

촛불혁명정권의 이념적 성격과 행태가 이러하므로 국가진로에도 큰 변화가 생기고 있다. 해양문화권의 자유진영에서 이탈, 대륙문화권의 전제(專制)진영으로 다가가는 노선 변경이다. 사드 문제를 해결하는 과정에서 정부가 중국에 대하여 외교부 장관의 입장표명 형식으로 세 가지를 안 하겠다는 약속을 해준 것은 '안보주권(主權) 상납사건'이라 부를 만하다.

첫째, 사드를 추가 배치하지 않겠다는 다짐은 주한미군의 안전은 물론이고 수도권 2500만 명 국민의 안전을 포기하여, 김정은의 핵미사일 위협 앞에 무장해제 상태로 남겠다는 이야기이다. 북한 정권의 인질 되기를 지원(自願)한 꼴이다. 간접적 대북(對北) 굴종이다.

둘째, 미국 주도의 MD(미사일 방어망) 건설에 참여하지 않겠다는 선언으로 득을 보는 것은 중국과 북한이고 손해를 보는 것은 한국인과 미국이다. 대북(對北)전략 정보 수집 능력이 제한적인 한국은 미국의 도움 없이는 독자적인 미사일 방어망을 만들어도 제대로 운용할 수가 없다.

셋째, 한미일(韓美日) 군사협력 관계 강화에 참여하지 않겠다는 건 현실 부정이다. 북한군의 남침으로 한반도에서 전쟁이 일어나면 신속하게 전개되어야 하는 미군의 전투기와 함정은 거의가 일본에 있는 일곱 미군기지(유엔군 후방 사령부가 관할)에서 발진한다. 일본 정부의 협조가 한국 방어에 결정적이다. 이 정부는 자국민의 안전보다는 적의 수괴의 안전에 더 신경을 쓴다. 전술핵 재배치를 반대한다, 자위적 핵개발도 생각 없다, 북한에 대한 선제공격 반대한다, 그래도 이른바 인도적 지원은 해야 한다 등등.

건국 이후 어떤 정부도 이 정도의 굴욕적인 외교를 한 적이 없다. 그럼에도 언론과 야당이 거의 비판을 하지 않으니 국민들도 반대 의사를 제대로 드러내지 못한 상태에서 치명적 국익(國益) 침해가 방치되고 있다. 한국은 권력이 총구가 아니라 여론에서 나오는데 여론은 언론에서 나온다. 촛불혁명 세력이 반(反)자유적인 가치관과 인생관에 따라 추구하게 될 탈(脫)한미동맹, 탈(脫)해양문화권 전략은 세계사적으로 실패한 것임이 확인된 노선으로 회귀하는 것이다. 대한민국의 성공적 문명 건설은 개방적, 실용적, 해양적 자유노선의 산물인데, 이들은 폐쇄적, 대륙지향적, 억압적 노선으로 돌아가려 한다. 개항 이전의 조선조적 봉건 질서!

촛불혁명을 주도하는 세력은 언론, 검찰, 법원, 귀족 노조, 국회의원들인데 이들이야말로 신종 양반 특권층이라 불릴 만하다. 이들로부터 집중적으로 당하는 이들은 군인, 기업인, 과학자, 전문가들이다. 전자(前者)는 조선조의 과거시험 합격 지배층과 닮았고 후자(後者)는 대한민국의 문명 건설 과정에서 새로 등장한 실용적 선진세력이다. 한국은 1948년 이후 70년간 우파적 노선을 걸어왔지만 조선조 개국 이후 약 600년 간 지속된 좌파적(폐쇄, 관념론, 士農工商) 정치생리의 관성과 뿌리를 정리하기엔 너무 짧았다. 그리하여 지금은 역공(逆攻)을 당하고 있는 셈이다.

보수의 세 가지 실수

촛불혁명의 가공할 점은 북핵(北核) 위기로 국가 존망(存亡)의 벼랑에 섰는데도 내부 분열을 부추기고 한미동맹을 약화시켜 내우외환(內憂外患)을 부르고 있는 부분이다. 대한민국의 문명건설 세력을 향한 적대감으로 무장한 정권이 공무원들을 혁명의 도구로 삼아 국가 정통성과 반공자유의 정체성과 외교노선을 바꾸는 것, 이것이 촛불혁명의 목표임이 분명해졌다. 그럼에도 자유진영의 대응은 미미하다. 전쟁상황, 경제위기, 그리고 집권세력의 자충수가 활로(活路)를 열어줄 것이라고 기대할 뿐 자력갱생(自力更生)의 모색엔 게으르고 본격적인 반성도 없으며 소아병적 분열상은 위기상황에서 더욱 심화(深化)되고 있다. 이승만, 박정희 이후의 보수세력이 저지른 세 가지 과오가 있다.

첫째, 공산주의가 절대악(惡)이고 적(敵)임을 교육하지 않았다. 민주국가에선 공산주의와 공존할 수 있고, 그렇게 하는 것이, 즉 자유를 파괴하는 자유를 주는 것이 민주적이고 양심적이라는 위선(僞善)에 대응하지 못하였다. 공산주의와 싸워서 이겨야 나라도 자유도 지켜낼 수 있다는 현실과 민주주의자의 제1조건은 반공이런 사실이 무시되었다.

둘째, 미국에 너무 의존, 자주국방 의지를 국민들 마음속에 심지 못하였다. 간첩 등 내부의 적에 대한 적개심과 경계심, 자유를 지키기 위해서는 목숨을 걸어야 한다는 상무정신과 투지도 허물어졌다.

셋째, 한글전용(專用)으로 한국어를 반신불수로 만들어 '읽기는 하지만 의미를 모르는' 사실상의 문맹자, 즉 '배운 무식자'들이 많아진 것이 교양과 분별력을 약화시켜 좌익의 선동에 잘 속는 국민을 만들었다.

위의 세 가지 과오로 인하여 기성세대는 젊은 세대에 대한 지도력을 상실하였다. 좌익은 권력을 잡고 세상을 바꾸겠다는 신념의 소유자들인데 보수는 체제수호를 위한 생존투쟁을 포기하니 자세부터 다르다.

민주적 방식에 의한 혁명 진압

혁명은 성공하거나 진압되거나이다. 체제 자체를 바꾸려 하는 시도는 내전, 쿠데타, 진압 등의 형태로 정리된다. 베니스의 산 마르코 광장에는 '두칼레 팔라초'라는 口자 모양의 장대한 베니스 공화국 정부청사 건물이 있다. 요새 같은 건물 속에 내부정원이 있다. 거기서 2층으로 통하는 넓은 계단 위. 여기서 서기 1355년 국가 원수 마리노 파리엘은 참수형에 처해졌다. 10인 위원회의 한 위원이 창으로 머리를 찍어 이 건물의 발코니로 나가 청중들에게 "나라를 배신한 자에게 정의(正義)를 구현했다"고 소리쳤다.

이 사건은 파리엘 원수가 민중봉기를 선동, 공화정을 뒤엎으려는 음모를 꾸미다가 발각된 쿠데타 미수였다. 비록 미수사건이라 해도 베니스 지배층은 국체변경 음모에 가차 없는 응징을 한 것이다. 1936년 스페인에선 선거로 집권한 좌익이 체제를 바꾸려다가 우익 쿠데타를 불러 내전으로 번졌으며, 1970년, 칠레에서 선거를 통하여 집권한 공산주의자 아옌데는 극좌반미로 노선 변경을 하다가 군사 쿠데타로 죽었다. 2000

년대에 베네수엘라의 사회주의자 차베스는 좌익 포퓰리즘으로 남미의 부국(富國)을 빈국화(貧國化)하는 데 성공하였다. 한국의 좌우 대결은 적전(敵前) 분열상을 보인다는 점에서 파리 코뮌 사건과 유사하다.

문재인 정부의 혁명 노선을 처음으로 정면에서 반박하고 나온 심재철 국회 부의장은, 자유한국당이 법률검토를 거쳐 대통령, 국정원장, 비서실장, 서울중앙지검장을 내란죄 혐의로 고발할 것을 촉구한 데 대하여 여권이 반발하자 이렇게 제안하였다.

〈더불어민주당이 헌법 정체성 수호를 요구하는 본 의원의 진정성을 왜곡하고 사퇴 운운의 정치공세를 폈는데 본 의원은 현 정부가 좋아하는 방식인 공론화위원회와 국민대토론회를 거쳐서 국민이 진상을 파악하게 하고 국민의 진정한 여론을 확인할 것을 제안하는 바 그리되면 국회 부의장직에서 기꺼이 사퇴할 것이다. 아울러 공론화위원회와 국민대토론회로 민주시민 의식에 기초한 건전한 판단이 이루어질 수 있도록 현재까지의 진행에 대한 다음과 같은 모든 정보가 국민들에게 공개되어야 한다.

1. 각 부처 과거사진상조사위원회 위원의 전력과 전과
2. 과거사진상조사위원회 위원의 추천과 선발과정
3. 청와대의 개입 정도를 포함한 적폐청산 리스트의 작성과정
4. 적폐청산에 대한 청와대의 모든 회의 자료
5. 적폐청산과 관련된 각 부처 과거사진상조사위원회의 회의내용과 회의자료
6. 석폐청산에 대한 각 부처 행정기구의 협조 정도
7. 적폐청산기구의 운영과 활동에 사용된 예산 액수와 예산의 본래 용도〉

진실을 쏟아내는 衆口難防 전략

심재철 부의장은, 촛불혁명에 민주적 방식으로 대응하겠다는 이야기이다. 이승만(李承晩) 대통령은 1948년 8월15일 건국 선포일 연설에서 민주주의가 비록 더디지만 종국에는 선(善)을 이룬다는 신념으로 문제를 해결해야 한다는 입장을 강조하였다. 이승만은 자신을 제퍼슨 민주주의자라고 불렀는데 제퍼슨 또한 같은 생각이었다. '국민이 분별력을 잃었을 때는 두 가지 방법이 있는데 하나는 국민에게 준 권력을 회수하는 것이고 다른 하나는 더디더라도 가르쳐서 해결하는 것인데 나는 후자'라는 요지였다. 링컨은 "국민은 위기에 직면하였을 때 진실을 알게 되면 바른 행동을 한다. 문제는 이를 믿고 진실을 알리는 일을 정치인이 할 수 있느냐이다"라고 했다.

'선거의 여왕'이 오만해지니 선거(2016년 4월)로 파멸하였듯이 (거짓) 선동으로 일어선 정권은 (진실) 선동으로 무너질지 모른다. 조지 오웰은 "공산주의와 싸울 때는 같이 광신도가 되어야 한다는 말을 하는데 나는 반대이다"고 했다. 그는 "머리를 써야 한다"면서 "거짓이 판치는 세상에선 진실을 말하는 게 혁명이다"고 했다. 좌익은 조직이 강하고 우파는 개인이 강하다. 국민들은 각자 지켜야 할 진지(陣地)가 있다. 이들이 중구난방(衆口難防)으로 진실을 쏟아내면 정권이 막기 어렵다. 그리하여 여론이 형성된다. 대한민국은 총구(銃口)가 아니라 여론에서 권력이 나온다는 점을 명심할 필요가 있다.

chapter 12

'민중정권'의 '개헌을 빙자한 國體변조 음모(좌익 영구집권 음모)'를 미리 폭로한 문서!

2014년 12월18일 통진당 해산 결정문은 민중정권의 전략을 분석, 자유민주체제를 뒤엎는 大逆행위에 不赦의 결단을 요구하였다!

'민중정권'의 '개헌을 빙자한 國體변조음모(좌익영구집권음모)'를 미리 폭로한 문서!

대한민국의 자유민주주의 체제를 부정하고 그 전복을 꾀하는 행동은 우리의 존립과 생존의 기반을 파괴하는 소위 대역(大逆)행위로서 이에 대해서는 불사(不赦)의 결단을 내릴 수밖에 없다.

촛불의 우상화

문재인 대통령의 취임 후 국정운영 기조, 그리고 1월10일 기자회견문과 2014년 12월18일의 헌법재판소 통합진보당 해산결정문은 헌법적으로 충돌하는 대목이 많다. 충돌할 경우 헌법재판소의 판례가 우선한다. 대통령 위에 헌법이 있기 때문이다. 더구나 단행본 분량의 이 결정문은 북한노동당 정권의 한국 공산화 전략, 종북좌파 세력의 정체(正體), 헌법의 체제 수호 의지를 담은 '한국판 마그나 카르타'로서 최고의 규범력을 갖는다.

문 대통령은 1월10일 신년 기자회견문에서 '자유'란 단어를 한 번도 쓰지 않았다. '촛불'을 9회, '평화'를 16회 사용하였다. 헌법의 원리이고 국가의 영혼인 '자유민주적 기본질서'를 수호해야 할 책무를 진 대통령이 '자유' 대신에 '촛불'을 거의 우상숭배의 대상으로 격상시켰다.

"촛불이 바랐던 상식과 정의", "촛불이 염원하였던 대한민국"을 만들기 위하여 "촛불정신을 국민의 삶으로 확장하고 제도화해야 한다"고 강조하였다. 촛불의 의인화(擬人化)를 넘어서 배화교(拜火敎) 수준의 표현이다. 헌법 제10조에서 보장하는 개인의 기본권을 침해할 소지가 있다.

문 대통령과 정부는 2017년에 촛불을 들었던 사람과 태극기를 들었던 사람을 법집행에서 분리, 차별하고 있다. 촛불세력(좌파 주도)에는 법을 온정적으로(흐물흐물하게), 태극기 세력에는 가혹하게(무리하게) 적용한다. 그 과정에서 정권의 주도세력이 반공(反共) 활동 자체를 범죄시하고 있다는 느낌을 갖게 한다. 주도세력의 핵심은 김문수, 홍준표 씨 등의 표현에 따르면 주사파, 전대협 출신이고 친북성향이다. 그렇다면 문재인 정권은 반공투사를 사냥하는 국가보위부와 무엇이 다른가라는 의심이 생긴다.

문재인 대통령의 경제정책은 '사람중심 경제'라고 불린다. 이는 어법(語法)에 맞지 않다. '개 중심 경제'는 없기 때문이다. 이 정권의 정책과 행태를 분석하면 '사람중심 경제'의 '사람'은 국민 전체가 아니라 촛불을 들었던 사람, 노동자 중심의 '민중', 더 좁히면 좌파성향 사람을 의미한다는 것을 쉽게 알 수 있다. 반공 우파, 태극기 시위자, 기업인들은 배제된 개념으로 주로 쓰인다. 그렇다면 '민중 중심 경제' '(우리) 사람 중심 경제'라고 이해하는 게 맞을 것이다.

대한민국의 민주적 정당성을 부정한 대통령

문재인 대통령은 회견문에서 〈내년은 대한민국 임시 정부 수립 100주년입니다. 임시정부의 법통을 계승한 대한민국 건국 100주년입니다〉

라고 했다. 민족사의 정통성과 삶의 양식을 놓고 타협이 불가능한 총체적 권력투쟁이 벌어지고 있는 한반도에서 국가 정통성과 정체성을 수호하기로 선서한 한국 대통령이 정통성과 정체성의 근거를 스스로 무너뜨린 말이고 사실에도 맞지 않다. 올해를 대한민국 건국 70주년으로 기념하지 않겠다면 건국 60주년, 건국 50주년 행사를 대대적으로 하였던 이명박, 김대중 대통령도 부정하는 것이다. 1948년의 대한민국 수립은, 민족사에서 처음으로 국민들이 공정한 선거를 통하여 국민국가를 출범시켰고 그런 민주적 정당성에 기초하여 유엔이 한국을 한반도에서 유일한 합법정부로 공인한 것이다. 민주주의자를 자처하는 문 대통령이 민주적 정당성을 부정하면서까지 상해 임시정부 수립을 건국이라고 강변하는 것은 민중주의적 계급투쟁론에 입각하여 이른바 '조선민주주의인민공화국' 수립을 대한민국 건국보다 더 높게 보는 게 아닌가 하는 세간의 의심을 정당화한다. 이는 문재인 대통령과 그 핵심참모들이 대한민국을 '북한식 사회주의' 세상으로 만들려 한 통합진보당과 정책연대를 했고 위헌정당으로 해산되는 과정에서도 일관되게 이 반역정당을 감쌌던 사람들이라는 점을 다시 상기하게 만든다.

'자유민주적 기본질서'의 내용

2014년 12월18일에 선고된 통합진보당 해산 결정문은 대한민국 운영의 원리인 '자유민주적 기본질서'를 지킬 수 있는 헌법의 칼이다. 헌법재판관 아홉 명이 1년간 고민하여 쓴 347 페이지에 달하는 결정문은, 한국 민주주의가 당면한 위기와 도전의 본질적 모습을 드러내고 처방까지 내렸다. 이 결정문은 '자유민주적 기본질서'를 국가의 절대 가치로 규정한 문서로서, 개헌을 빙자하여 자유민주의 국체(國體)를 사회주의 독재 체제로 바꾸려는 기도를 저지할 수 있는 판례이기도 하다. 문재인 정부의 국정 운영과 정책이 과연 대한민국 헌법이 허용할 수 있는 범위 안인가, 바깥인가를 판별할 수 있게 하는 기준이기도 하다. 문재인 정부가 개헌을 시도할 경우에도 이 결정문에 제시된 한계를 벗어날 수는 없을 것이다. 국가는 정체성을 부정하는 자살적 개헌은 할 수 없다는 전제 하에서 헌법 개정의 한계를 간접적으로 제시한 문서이기도 하다.

헌법재판소 결정문은 한반도가 아직 냉전 상태임을 분명히 하였다.

〈헌법 제3조는 대한민국의 영토가 한반도와 그 부속도서임을 규정함으로써 북한은 단지 미수복 지구일 뿐 대한민국의 주권이 미치는 영역임을 천명하고 있는 반면, 북한은 여전히 대한민국의 자유민주주의 헌정(憲政)질서를 궁극적으로 타도 혹은 대체해야 할 대상으로 여기고 있다. 한반도의 이념적 대립상황과 북한의 對南(대남)적화통일 노선이 본질적으로 변경된 바는 없다고 보인다. 그로 인한 체제 위협은 오늘의 한반도를 살아가는 우리에게 엄연한 현실이다. 대한민국과 북한은 아직도 냉전의 구도에서 벗어나지 못했다.〉

따라서 북한정권은 대한민국의 생존을 위협하는 적(敵)이며 공산주의는 반역 이념이다. 국회의 개헌특위 자문위원회가 최근 내어놓은 개헌안은 헌법 전문(前文)과 제4조에서 '자유민주적 기본질서'를 삭제하였다. 이는 대한민국 헌법의 영혼을 사회주의에 넘겨주려는 음모라고 한 헌법학자는 분노하였다. 헌재 결정문은 통진당 해산의 근거가 된 헌법 제8조의 '민주적 기본질서'에 대하여 이렇게 정리하였다(8조의 '민주적 기본질서'는 前文의 '자유민주적 기본질서'와 같은 개념이다).

〈민주적 기본질서는, 개인의 자율적 이성을 신뢰하고 모든 정치적 견해들이 각각 상대적 진리성과 합리성을 지닌다고 전제하는 다원적(多元的) 세계관에 입각한 것으로서 모든 폭력적 자의적 지배를 배제하고, 다수를 존중하면서도 소수를 배려하는 민주적 의사결정과 자유 평등을 기본원리로 하여 구성되고 운영되는 정치적 질서를 말하며, 구체적으로는 국민주권의 원리, 기본적 인권의 존중, 권력분립제도, 복수정당제도 등이 현행 헌법상 주요한 요소라고 볼 수 있다.〉

6대 정체성에 대한 총공격

문재인 정부 들어서 국민주권의 원리는 민중주권의 원리로 바뀌는 징조를 보인다. '민중'에 해당하는 노동자, 촛불시위자, 좌파를 반공자유투사나 기업인보다 우대한다. 기본적 인권의 존중은 박근혜(朴槿惠) 대통령에 대한 10개월의 구속수사와 재판이 증명하듯이 정적(政敵)에 대하여는 배제되고 있다. 근대 법치의 근간을 이루는 불구속 수사 원칙, 무죄추정 원칙, 일사부재리 원칙도 무시되고 있다. 헌법재판소장 및 대법원장 인사에서 드러난 이념적 편파성은 법원의 독립성을 해치게 될 것이며, 복수정당 제도도 검찰이나 국세청이 야당 탄압에 개입하면 제대로 기능할 수 없다. 문재인 정부는 대한민국의 발전과 존립을 보장해 온 국가 정체성의 여섯 개 조건들에 대하여 전면적 부정이나 공격을 하고 있다. 대한민국이란 건물을 받치는 여섯 개 기둥은, 대한민국 건국의 민주적 정당성과 민족사적 정통성, 반공, 자유, 민주, 법치, 그리고 한미동맹이다. 문재인 정권의 정책과 행태가 정당 해산 사유에 해당하는 '민주적 기본질서' 위반 행위가 될 가능성을 염두에 두면서 결정문의 잣대를 적용해 보기로 한다.

문재인 정부의 이념적 성향을 분석함에 있어서 유의해야 할 점은 2012년 총선을 앞두고 더불어민주당의 전신(前身)인 민주통합당이 통진당과 정책연합을 하였다는 점이다. 이는 현재의 집권세력이 통진당과 비슷한 이념적 가치를 공유하고 있음을 시사한다. 그런데 헌법재판소는 통진당을 어떻게 규정하였는가?

〈피청구인 주도세력(주-통합진보당)의 형성과정, 대북(對北)자세 및 활동상황, 활동경력, 이념적 동일성 등 제반 사정을 종합해 보면, 피청구인 주도세력의 성향은 북한을 추종하고 있다고 봄이 타당하다.〉(결정문)

결정문은 '북한 추종'(줄이면 從北) 세력의 목표가 한반도를 '북한식 사회주의' 세상으로 만드는 것이며, 그러한 반역적 정체를 민중주권에 기초한 '진보적 민주주의'로 위장하고 있다고 판단하였다.

문재인 정권의 핵심이 북한식 사회주의를 이 땅에 실천하려 하였던 정당과 연대하였다는 사실은 그들이 추진하는 '촛불혁명'과 이른바 적폐청산의 목표가 어디인지를 시사한다. 2012년 3월10일, 민주통합당 한명숙 대표와 통합진보당 이정희 대표는 총선 때 후보자를 단일화하고 총선 이후 구성되는 19대 국회에서 양당(兩黨)이 추진하기로 한 '공동정책 합의문'을 발표하였다. 종북, 좌파 성향의 두 대표가 합의한 이 정책들이 실천되었다면 5년 전에 대한민국의 정체성이 바뀌었을 것이다. 박근혜 씨가 이끈 새누리당이 총선과 대선에서 승리, 이 합의문의 실천은 연기되었다가 요사이 더 강하게 실천되고 있는 느낌이다. 정책합의문에는 이런 내용들이 있었다.

- '6·15공동선언', '10·4선언'의 이행을 담보하는 입법조치 등을 통해

적극적인 남북 화해협력을 추진한다.

● '경제민주화'와 '보편적 복지'의 실현을 기본 방향으로 설정한다.

● '소득 최상위 1% 슈퍼부자 증세'와 '대기업에 대한 비과세 감면 범위의 축소'를 추진한다.

● 군복무 기간을 단축하고, 양심에 따른 병역거부자를 위한 대체복무제를 신설한다.

● 국가보안법 폐지 등을 포함하여 인권을 탄압하는 反민주악법을 개폐한다.

● 헌법상 보장된 교사와 공무원의 정치활동을 보장하여 정당한 정치활동에서 배제되는 집단이 없어지도록 한다.

민중정권의 위험성과 반역성

가장 충격적인 합의는, 〈국가 안보문제 전반에 대한 결정에서 시민참여를 보장한다〉이다. 현재의 문재인 정권 주도세력이 6년 전 북한식 사회주의를 지향하는 반역세력과 손잡고 국군을 포함한 안보 정책 전반에 대하여 '시민' 세력을 동원, 통제하려고 했기 때문이다. 여기서 '시민'이란 종북좌파 성향일 수밖에 없다. 반역적 민간 세력이 군(軍)의 안보 정책 전반에 개입하겠다는 섬뜩한 예고였다. 예컨대 장성진급심사위원회에 종북 민간인들을 들여보내 반공적인 군인들을 배제하거나, 정훈교육 심의위원회를 만들어 종북 인사들을 포진시키고, 반공(反共)교육을 금시시키며, 북한군을 주적(主敵)이 아니라 우군으로 가르치도록 할 수도 있다는 이야기이다. 통진당은 따로 2012년 총선 기간 중 예비군 폐지를 공약하였고, 강령엔 한미(韓美)동맹 해체를 넣었다.

문재인 집권세력이 한미동맹 해체를 주장한 북한식 사회주의 추구 정당과 한때 손을 잡고 총선에 임하였다는 점을 기억해야 지금 벌어지고 있는 상황과 미래를 내다 볼 수 있다. 헌재 결정문대로 한국은 지금 북한 노동당과 국가 존폐를 놓고 전쟁 중인데 그 조종실에 북한 노동당의 한국 공산화 전략에 동조하였던 통진당과 손을 잡았던 이들이 들어가 있다는 현실은 받아들이기 어렵겠지만 사실이다. 따라서 헌재 결정문은 통진당 해산의 논리와 법리를 정리하였지만 문재인 정권의 국정운영을 이념적으로 분석, 견제할 수 있는 수단으로도 활용할 수 있다.

문재인 정권의 작동원리가 계급투쟁론을 한국식으로 변형한 민중민주주의라는 점은 이론의 여지가 없을 정도로 입증되었다고 봐야 한다. 이승만(李承晩)이 주도한 자유민주주의-시장경제 체제의 건국 부정, 반공기구인 국정원과 국군 및 한미연합사와 국가보안법에 대한 거부감 혹은 적대감, 반공활동의 범죄시, '촛불혁명'을 민중혁명의 개념으로 사용, 미국과 일본에 대한 반감과 대조적인 북한과 중국에 대한 호감 또는 무비판, '민중'과 '보수'(또는 촛불과 태극기)에 대한 차별적 법적용 등등. 그런데 헌법재판소의 통합진보당 해산 결정문은 민중주권론에 기초한 '민중민주주의'를 헌법 위반으로 규정하였다.

〈주권자의 범위를 민중에 한정하고 민중에 대비되는 일부 특정 집단에 대해 적대적인 관계로 설정하고 있으므로, 피청구인(주-통진당) 주도세력이 내세우는 민중주권주의(民衆主權主義)는 국민을 주권자로 보는 국민주권주의(國民主權主義)와 다르고, 국민을 변혁의 주체와 변혁의 대상 또는 규제의 대상으로 구분하는〉 것으로서 계급주의를 금지시킨 헌법에 어긋난다는 것이다.

문재인 정부의 민중적 법 집행

헌법재판소의 결정문은 '민중'을 계급적 의미로 쓰는 행위, 예컨대 이른바 민중사관(民衆史觀)으로 국사(國史)교과서를 기술하는 행위도 헌법에 위반된다는 의미를 함축한다. 전문가들이 현재 사용되는 8종의 고교 한국사 교과서를 분석한 결과, 5종은 계급투쟁적 사관(史觀), 즉 민중사관으로 기술되었음을 확인했다. 민중사관 교과서는 사용 금지시켜야 하는데 문재인 정부는 이러한 反헌법적 교과서를 개혁하려고 한 행위를 적폐로 규정하였다. 헌법정신 수호를 범죄로 몬 셈이다.

민중주권론에 입각한 것이 '진보적 민주주의'이다. 헌재 결정문은 통합진보당의 강령에 있는 '진보적 민주주의'가 북한식 사회주의로 가는 중간단계를 지칭한 공산혁명 전술 용어임을 확인하였다. 이 용어가 강령에 들어간 과정을 자세히 설명하면서 보충의견에선 북한의 지령을 따른 것으로 본다는 견해도 밝혔다. 안창호, 조용호 재판관의 '보충의견'은 통진당 해산의 가장 중요한 이유가 된 강령의 '진보적 민주주의'가 무엇을 의미하는지를 재강조한다.

〈법정의견에서 본 바와 같이, 진보적 민주주의 체제의 국민은 민중에 속하느냐 또는 수구보수 세력 등에 속하느냐에 따라 법적 지위와 사회적 신분이 달라진다. 이로써 국민의 평등은 국민의 분리로 대체된다고 할 수 있으며, 이는 국민이, 정치적 지배권을 가진 계급(민중)과 변혁 또는 규제대상이 되는 계급(수구보수세력 등)으로 구분되고 개인은 계급의 소속 등에 의해 국가로부터 지원을 받거나 규제대상이 된다는 것을 의미한다.〉

문재인 정부의 법 집행에서 가장 큰 특징은 좌파에 대하여는 온정적이고 우파에 대하여는 가혹하다는 점이다. 검찰이 좌파 주도의 촛불집회 모금에 대하여는 무혐의 결정을 내렸는데, 경찰은 태극기 집회에 돈을 낸 2만 명의 계좌를 추적하고, 검찰은 태극기 집회 주최 측을 기소, 재판중이다. 북한정권 및 종북세력과 맞서 싸웠던 반공사령탑 박근혜 전 대통령, 김관진 전 국방장관, 원세훈 전 국정원장, 김기춘 전 비서실장, 남재준 전 국정원장은 구속되었고(김관진 전 장관은 구속적부심에서 석방) 박승춘 전 보훈처장은 정권 측에 의하여 수사의뢰된 상태이다. 반면 불법 시위로 국가에 재산상의 손실을 끼친 제주 강정해군기지 반대 시위자들에 대하여 전(前) 정부는 구상권 소송을 하였는데 문재인 정권은 구상권을 포기, 좌파 편을 들었다. 이런 예는 너무나 많아 지면상 다 소개할 수 없을 정도이다. 두 헌법 재판관의 4년 전 예측, 즉 〈정치적 지배권을 가진 계급(민중)과 변혁 또는 규제대상이 되는 계급(수구보수세력 등)으로 구분되고 개인은 계급의 소속 등에 의해 국가로부터 지원을 받거나 규제대상이 된다〉는 말이 적중한 느낌이다.

자유민주적 기본질서를 삭제한 개헌의 방향은?

두 재판관은 민중주권론자들이 정권을 잡으면 민주의 이름으로 자유민주 세력을 탄압할 것이라고 이렇게 분석하였다.

〈진보적 민주주의 체제에서는 자본주의 체제의 변혁, 진보적 민주주의 체제의 안정적 구축과 사회주의 체제의 준비를 위해 '민주주의 실현'이라는 명목으로 수구보수 세력 등의 정치적 표현의 자유, 선거의 자유 등 일정한 기본권이 제한된다. 진보적 민주주의 체제에 반대·저항하거나 자유민주주의의 정치경제 구조를 관철·지지하는 정당이나 시민단체도 反민주적 정치세력으로 규제될 수 있어, 복수정당제와 정당의 자유도 무의미해지고, 나아가 권력분립도 형해화된다.〉

　문재인 대통령은 민중이란 말은 쓰지 않는 대신에 '촛불혁명', '촛불민심'이라 하는데 '촛불'은 국민 전체가 아니다. 문재인 대통령이 말하는 '민주주의'도 헌법의 '자유민주주의'가 아니다. 자신의 정부를 세 번째 민주정부라고 규정하는 데서 잘 나타난다. 이른바 촛불혁명 세력이 추진하는 개헌안(국회특위자문회의)에서 대한민국 헌법의 원리인 '자유민주적 기본질서'를 뺀 것은 새 헌법의 원리를 '민중민주주의'(또는 진보적 민주주의)로 바꾸려는 의도를 드러낸 것으로 보인다. 문재인 정권의 지도이념은 위헌으로 규정된 민중민주주의에 가깝고, 민중적(계급적) 법 집행을 하고 있다는 의심이 들 수밖에 없다(문재인 정부의 親中從北反美反日的 외교 노선은 민중외교로 불린다).

　여기서 끝나지 않는다. 헌재(憲裁)는 민중주권론자들이 집권하면 자유민주주의 체제를 전복하고 헌법 제정으로 '진보적 민주주의 체제'를 구축하려 들 것이라고 내다보았다. 지금의 자칭 촛불혁명세력도 자유민주적 기본질서에 입각한 현행 헌법에서 국가 운영의 기본 원리인 '자유민주적 기본질서'를 삭제, 제정 수준의 개헌을 한 다음 그들 방식의 민주주의 체제를 만들려고 할 것이다. 그들이 지향하는 민주주의는 이들의 이념성향상 민중민주주의나 '진보적 민주주의'일 가능성을 배제할 수 없다. '진보적 민주주의'는 북한식 사회주의를 지향한다고 헌법재판소는 판시하였다. 믿고 싶지는 않지만 문재인 정권 주도 세력이 이른바 촛불혁명이니 적폐청산을 통하여 북한식 사회주의 구현을 목표로 하는 게 아닌가 의심할 권리와 의무가 주권자인 국민들에게 주어진다. 북한식 사회주의에 이르는 통일방안은 낮은단계연방제인데, 문재인 대통령은 후보 시절 몇 차례 자신의 통일방안을 '국가연합 또는 낮은단계연방제'라고 말한 바 있다.

헌법에서 '자유민주주의적 기본질서'를 빼는 개헌은 골절(骨折)환자를 마취시켜 놓고 뇌수술을 하여 영혼을 바꿔치기 하는 격이다. 이는 공산화로 가는 길이 될 가능성이 높고, 적어도 자유민주 정치세력의 말살을 통한 좌익 영구 집권의 길이거나 사회주의적 포퓰리즘으로 나라를 결딴낸 베네수엘라 차베스의 길이다.

낮은단계연방제로 가는 길

아래 결정문의 보충의견을 읽을 때 '피청구인 주도세력'을 문재인 정권 주도세력으로 바꿔놓고 생각해 보라.

〈피청구인 주도세력은 우리 사회를 외세에 예속된, 천민적 자본주의 또는 식민지半자본주의사회로 보고, 이러한 모순이 국가의 주권을 말살하고 민중들의 삶을 궁핍과 질곡에 빠뜨리고 있으므로 새로운 대안체제가 필요하다고 하며, 그 해답을 정치에서 찾으면서 대안체제로 '진보적 민주주의 체제'를 제시하고 있다. (중략) 피청구인 주도세력은 진보적 민주주의 실현방안으로 선거에 의한 집권과 저항권에 의한 집권을 설정하면서, 선거에 의한 집권을 하는 경우에도 필요한 때에는 非합법적·半합법적인 방법으로 폭력을 수단으로 활용할 수 있고, 우리 사회가 대중투쟁과 全民(전민)항쟁에 의하여 저항권적 상황이 전개될 경우에는 무력(武力) 등 폭력을 행사하여 기존의 우리 자유민주주의 체제를 전복하고 헌법제정에 의한 새로운 진보적 민주주의 체제를 구축하여 집권할 수 있다고 한다. 이상을 종합하면, 피청구인 주도세력의 강령상 목표는

1차적으로 폭력에 의하여 진보적 민주주의를 실현하고, 이를 기초로 통일을 통하여 최종적으로는 사회주의를 실현하는 것이라 할 것이다.〉

문재인 정권의 핵심세력은 계급투쟁론을 공유한다는 점에서 통진당 주도세력과 본질적으로 다르지 않다. 그들은 이미 국가권력을 장악하고 있다. 그렇다면 권력을 폭력화하여, 즉 법을 자의적으로(민중적으로) 집행, 자유민주주의를 옹호하는 정당과 시민세력을 침묵시키고 '북한식 사회주의'로 갈 수도 있는 길(국가연합 또는 낮은단계연방제)을 여는 방향으로 헌법 개정을 시도할 가능성을 배제할 수 없다는 이야기가 된다.

계급투쟁론을 공유한다는 것은 이념적 동지라는 뜻이다. 한국은 미국 일본과 자유민주주의라는 가치를 공유하므로 민족이 달라도 동맹이나 우호국으로 살아간다. 남한 좌파, 즉 민중주권론적 계급투쟁론자들은 북한의 좌파, 즉 공산주의적 계급투쟁론자들과 만날 때 비슷한 동지애나 친근감을 느낄 것이다. 자유민주 세력보다 계급투쟁론자들은 이념적 단결력이 더욱 강하므로 한미 간의 동지애보다도 남북 좌파간의 동지애가 더욱 강할 가능성도 있다.

통진당과 문재인 정권은 얼마나 다른가?

헌재 결정문에서 다수(8명의 재판관)는 통진당의 진보적 민주주의 노선이 북한의 대남(對南) 혁명전략과 같은 것이라고 확인하면서 남한에 세우겠다고 하는 자주적 민주정권의 정체를 파헤쳤다.

〈피청구인(필자 註 : 통진당을 가리키는데 문재인 정권의 핵심들이 이 정당과 정책연합을 맺었던 세력임을 알고 읽어야 한다)의 목적은 궁극적으로 북한식 사회주의를 실현하는 것이고, 북한식 사회주의는 특정한 계급노선과 인민민주주의 독재 이념을 토대로 하여 조선노동당을 절대적 지위를 가지는 정치적 주체로 인정하는 것이며, 이러한 사회주의를 대한민국으로 확장하기 위하여 非합법적·半합법적이고 폭력적인 수단들도 고려하고 있고, 전민(全民)항쟁에 의한 집권도 배제하지 않는다는 내심의 의도까지 드러낸 바 있다. (중략) 피청구인 주도세력이 주장하는 자주적 민주정권은 북한의 민족해방 민주주의 변혁론에서 주장하는 자주적 민주정권과 용어에서뿐만 아니라 그 계급적 성격에서도 민중주권론에 기초한 민중민주주의를 지향하는 민중정권으로 같다. 그들은 북한과 같은 자유민주주의 체제에 대한 부정적 인식에 기초하여 진보적 민주주의 체제 구축을 위해 기존의 정치경제구조 및 정치세력을 혁파해야 한다고 하면서 한미상호방위조약 폐기와 주한미군 철수, 국가보안법 폐지, 생산소유구조의 다원화, 수구세력의 규제 등을 주장하여 북한의 주장과 그 내용이 실질적으로 같다. 나아가 피청구인 주도세력은 민중민주주의 변혁을 주장하면서 민족해방을 기본으로 하여 이러한 변혁을 추구한다는 점에서 민족해방 민중민주주의변혁 또는 민족해방 민중민주주의혁명을 주장한다고 할 수 있어 북한의 대남(對南)혁명전략과 같은 것으로 평가된다. (중략). 이러한 동질성 내지 유사성은 단편적 또는 부분적 범주를 넘어서는 것이다.〉

　헌법재판소는 통진당이 한국의 공산화를 기도하는 북한정권의 대남(對南) 혁명전략에 동조하는 세력이라고 판단하였는데, 그렇다면 이 통진당과 정책연합을 하고 여러 면에서 동지적 유대감을 보여온 문재인 정권의 핵심 주도세력은 어떠한가? 문재인 정권의 행태에서 '통진당 노선이 아니다'는 증거를 찾기가 '비슷하다'는 증거를 찾기보다 더 어려운 것이 사실이다.

利敵단체 간부 출신을 重用

1. 야당으로부터 정권 핵심에 주사파, 전대협 출신, 친북인사들이 있다는 비판이 나와도 "나는 전향하였다"느니, "나는 김정은 정권을 적으로 생각한다"는 논리적 반박이 나오지 않는다. 반박되지 않은 거짓은 진실로 통하는 곳이 정치권인데 반박을 포기한다는 것은 인정한다고 봄이 합리적일 것이다.

2. 헌법재판소의 통진당 해산 결정문은 '피청구인 주도세력이 관계한 기타 사건'이라는 항목에서 '한청 사건'을 예로 들었다.

〈한청은 우리 사회를 미 제국주의의 식민지로 보고, 민족의 자주권을 침해하는 미국을 비롯한 외세(外勢)의 부당한 간섭을 반대하며 투쟁목표를 수구세력 척결, 연방제 조국통일 등으로 내세우고, 주한미군 철수, 국가보안법 철폐 등을 투쟁방향으로 제시하는 등 북한이 주장하는 민족해방인민민주주의 혁명(NLPDR) 노선을 추종하여 활동하였다. 법원에서 이적단체로 인정되었으며, 주요 구성원에 대하여 국가보안법위반 죄로 유죄판결이 확정되었다.〉

그런데 김상곤 사회부총리 겸 교육부 장관은 이적(利敵)단체 한청 간부 출신을 정책보좌관으로 임명했다. 송현석 씨는 대법원이 확정 판결한 이적단체 '한국청년단체협의회(이하 한청)' 정책위원장 출신으로, 문재인 정부가 핵심적으로 추진할 고교학점제, 수능 절대평가 등 주요 정책을 제어하는 등 정무적 판단을 내리는 업무를 담당할 것으로 보인다고 보도되었다.

김 부총리는 인사청문회에서 송 씨의 이적단체 활동이 문제되자 "(송 씨가) 그쪽 활동을 한 것은 아주 젊었을 때 일이고 그 후에는 다른 활동을 특별히 한 것이 없다"고 했지만 국정원 홈페이지에 실려 있는 기록을 보면 결코 최근이라고 할 수 없다.

자유한국당 김종석 의원(金鍾奭·국회 정무위 소속)에 따르면, 국무총리실은 7월31일 시민사회비서관에 정형곤 씨를 임명하고도 두 달 반이 다 되도록 임명사실을 밝히지 않았다. 그는 1987년 3월 건국대 점거농성 사건을 주도해 국가보안법 위반 혐의로 징역 6년을 선고받고 2년 2개월간 복역했다. 1997년 6월에는 이적단체인 '참세상을 여는 노동자연대'(이하 참여노련)의 대중사업국장을 지내다 국보법 위반 혐의로 복역했다. 참여노련은 북한사회주의헌법 23조 내용을 내규에 담았다. 정 씨는 '자민투 위원장' '참여노연 대중사업국장' '시민사회단체연대회의 정책위의장' '민족화해협력범국민협의회 사무처장' 등으로 활동했으며, 2001년, 2003년 두 차례 방북했다. 천안함 폭침(爆沈)을 부정하는 책('천안함을 묻는다')을 공동저술하고 제주해군기지 건설 반대, 밀양송전탑 공사 반대 등 反정부 불법 시위를 주도해왔다.

3. 헌재에 의하여 통진당이 북한노동당의 한국 공산화 노선에 동조한

것으로 규정된 단체 간부 출신이 문재인 정권의 핵심 인사로 기용되었다는 점은 통진당과 문재인 정권이 이념적 동지 관계가 아닌가 하는 의심을 더욱 굳힌다.

4. 문재인 대통령은 통진당을 거의 동지적 관계로 의식하는 듯하다. 새정치민주연합 시절 문재인 의원은 통합진보당 정당해산심판 청구 사건과 관련, "진보정당 구성원 가운데 일부가 법체계에 어긋나는 일탈행동을 했다 하더라도 정당의 목표, 전체 의사로서 그런 행동이 있었던 것이 아니라면 곧바로 정당해산 사유가 될 수 있는 것인지 대단히 신중하게 판단해야 한다"고 말했다. 통진당 비례대표 부정 경선 논란이 한창이던 2012년 5월, 조국 서울대 교수와의 대담에서 "그들(통진당)과의 차이는 안고 가면서도 연대는 반드시 필요하다"고 했다. 문 의원은 그해 6월 모교인 경희대를 찾은 자리에선 "통합진보당의 비례대표 경선 문제를 종북주의 색깔론으로 벌리는 것은 부당하기 짝이 없다"고 했다.

낮은단계연방제로 가는 길을 막고 있는 '자유민주적 기본질서'

문재인 대통령과 통진당의 가장 중요한 유사점은 낮은단계연방제 통일 찬성이다. 문 대통령의 신념으로 보이는 국가연합 혹은 낮은단계연방제 통일을 가로막고 있는 것은 헌법이고 특히 '자유민주적 기본질서'이다. 국가연합과 낮은 단계 연방제가 가능하려면 대한민국이 '자유민주적 기본질서'를 포기해야 한다. '민주'나 '민중'이라는 말로써는 남북한의 계급투쟁론자들을 하나로 묶을 순 있지만 자유가 들어가면 국가연합이나 낮은단계연방제는 위헌이 된다.

문재인 대통령이 말한 국가연합 혹은 낮은단계연방제 통일을 가능하

게 하는 헌법적 토대를 만들겠다는 의도가 개헌안을 통하여 드러날 가
능성이 있다. 대통령은 개헌에 지방 자치 강화와 분권이 반영되어야 한
다는 이야기를 한 적이 있다. 연방제는 형식상으론 남북한 정권을 독립
적 지방정부로 만드는 분권형 통일이다. 이를 염두에 둔 발언일지도 모
른다.

헌법재판소도 통진당 해산 결정문에서 '민중정권'이 등장하면 현행 헌
법체계를 폐기하고 새 헌법을 제정하려 할 것이라고 분석했다.

〈피청구인이 집권하면 북한과 소위 낮은단계연방제 통일을 위한 협상
을 시작함과 동시에 이를 수단으로 하여 민중주권이 구현되는 자주적
민주정부 수립과 진보적 민주주의의 실현을 위해 현행 헌법체제를 폐기
하고, 진보적 민주주의 체제에 부합하는 새로운 헌법을 제정하겠다는
것을 의미한다. 피청구인 주도세력이 낮은단계연방제통일 이후 추진할
통일국가의 모습은 과도기 단계인 진보적 민주주의 체제를 거친 사회주
의 체제인 것으로 판단된다.〉

2014년 통진당 해산 결정문에서 안창호, 조용호 재판관은 보충의견
을 통하여 통진당의 낮은단계연방제 통일방안의 함정을 날카롭게 지적
하였는데 낮은단계연방제를 주장하는 문재인 대통령을 간접 비판한 셈
이다.

〈'집권전략보고서'는 소위 낮은단계연방제에 대한 합의가 있으면 코리
아연방공화국 헌법(1국가 2체제 2정부)을 제정한 다음, 남북의 지역정부
도 이에 부합하는 정부형태로 고쳐야 할 것이라고 하면서, 우리 헌법은
'민중 중심의 자주적인 민주주의정부 헌법'을, 북한의 헌법은 '사회주의
정부 헌법'을 제시하고, 이를 전제로 코리아(연방)공화국 헌법(대안체제
로의 수렴)으로 수렴할 것을 주장하고 있다. 즉, 북한은 이미 사회주의

헌법에 기초하고 있으므로, 남한은 민족해방 (민중)민주주의변혁(혁명)을 통해 자주적 민주정부가 수립되고 진보적 민주주의가 실현되는 헌법 제정을 거쳐, 남북한의 체제 수렴을 추진하여야 한다는 것이다.〉

남한에 '민중 중심의 자주적 민주정부'를 세우는 게 목표?

통진당의 민중주권론자들에게 개헌은 이처럼 북한식 사회주의로 가기 위한 필수적 절차이다. 두 재판관은 통진당이 말하는 (통일국가의 형성과 체제수렴을 담당할) 자주적 민주정부는 국민주권과는 다른 민중주권에 기초한 정권으로, 보수세력과 보수정당 등을 규제하는 정권이고 주권자는 국민이 아니라, 이념을 달리하는 보수세력 등이 배제된 계급적 개념인 민중이라고 지적하였다.

〈결국 피청구인 주도세력이 주장하는 남북 총투표는 보수세력 등이 배제된 '민중'만이 주권자로서 참여하는 투표를 의미할 뿐이다. 이러한 사정과 함께, 북한에서는 주민의 의사가 김정은과 조선노동당의 의사에 의해 결정되는 현실을 고려한다면, 비록 남북 총투표로 통일헌법을 제정하고 연방정부를 구성한 다음 체제가 수렴된 통일국가를 형성한다 하더라도, 이는 우리 국민 전체의 의사가 제대로 반영된 국민투표라고 할 수 없다〉는 것이다.

고 황장엽(黃長燁) 선생도 "남한에서 친공(親共)정권이 서면 북(北)은 남북한 총선거 카드를 꺼낼 것이다"고 말한 적이 있다. 친공정권이 남한 애국자들을 탄압하는 가운데 남북한 총선거를 하면 공산주의 지지 표가 반 이상 나온다는 계산을, 김일성이 했다는 것이다.

남북한 좌익, 즉 계급투쟁론자들은 남한에서 '민중 중심의 자주적인

민주주의정부 헌법'으로 개헌하여야 북한의 자주적 정권과 연방제 통일을 추진할 수 있는 자격을 갖게 된다고 믿는다.

문재인 대통령의 노선과 정책이 아무리 '민중적'이라고 해도 대한민국을 그렇게 낮추어보지는 않을 것이라 믿고 싶지만 20세기에 세계 최고의 성취를 이룬 나라를 생일 없는 사생아 취급하는 것을 보면 확신이 가지 않는 점도 사실이다.

여기서 생각나는 자료가 있다. 노무현 당시 대통령이 2007년 10월 평양에서 김정일에게 했던 말이다.

"지구상에 자주적인 나라가 북측에 공화국밖에 없고… 나머지는 다 덜 자주적인 나라가 되는 것입니다. 그런데 분명한 것은 우리가 미국에 의지해왔습니다. 그리고 친미국가입니다. 그래서 나는 시간이 좀 필요하다… 점진적 자주로 가자…그래서 이제… 어쨌든 자주… 국방이라는 말을 이제 우리 군대가 비로소 쓰기 시작합니다. 주적 용어 없애 버렸습니다. 작전통수권 환수하고 있지 않습니까… 대한민국 수도 한복판에 외국 군대가 있는 것은 나라 체면이 아니다… 보내지 않았습니까… 보냈고요… 나갑니다. 2011년 되면… 그래서 자꾸 너희들 뭐하냐 이렇게만 보시지 마시고요. 점진적으로 달라지고 있구나 이렇게 보시면 됩니다. 작계 5029라는 것을 미(美) 측이 만들어 가지고 우리에게 거는데… 그거 지금 못한다… 이렇게 해서 없애버리지 않았습니까… 그리고 2012년 되면 작전통제권을 우리가 단독으로 행사하게 됩니다. 남측에 가서 핵문제 확실하게 이야기하고 와라 주문이 많죠. 그런데 그것은 되도록 가서 판을 깨고… 판 깨지기를 바라는 사람의 주장 아니겠습니까? 나는 지난 5년 동안 북핵문제를 둘러싼 북측의 입장을 가지고 미국하고 싸워왔고, 국제무대에서 북측의 입장을 변호해 왔습니다."

놀랍게도 노무현 당시 대통령은 북한정권을 자주적인 나라, 한국은 그러지 못하니 점진적으로 미국의 영향력에서 벗어나 자주로 가야 한다고 이야기한다. 문재인 정부는 이 다짐을 실천하는 것을 사명으로 여길지 모른다. 핵 위협이 고조(高潮)되는 가운데서도 우리의 방어력과 한미동맹을 약화시킬 것이 분명한 전시작전권 전환 및 한미연합사 해체를 서두르고 있는 것도 자주적 민주정부 수립을 위한 과정이라면 이해가 간다. 그럼에도 낮은단계연방제나 국가연합 통일을 가로막고 있는 것은 '자유민주적 기본질서'를 수호하는 현행 헌법이다.

'북한식 사회주의'의 모습

헌법재판소는 통진당 해산 결정을 내리면서 '북한식 사회주의'라는 말을 선보였다. 북한의 우상숭배 체제는 사회주의의 원리와도 배치되므로 이를 '북한식'이라고 한 것이다. 통진당이 실현하려는 북한식 사회주의 체제의 모습에 대하여 헌재 결정문은 이렇게 묘사한다.

〈피청구인이 실현하려고 하는 북한식 사회주의 체제는 조선노동당이 제시하는 정치적 노선을 절대적인 선(善)으로 받아들이고 그 정당의 특정한 계급노선과 결부된 인민민주주의 독재방식과 수령론에 기초한 1인의 독재를 통치의 본질로 추구하는 점에서 우리 헌법상 민주적 기본질서와 근본적으로 충돌한다. 북한의 계급독재적 통치이념이 관철되는 사회에서는 모든 국민에게 주권이 인정되는 국민주권원리가 부인됨은 물론, 자유로운 정견(政見)의 표출과 이를 통한 성치석 참여라는 가장 기본적인 표현의 자유 내지 사상의 자유조차 향유하기 어려울 것으로 보이고, 이는 개인의 기본적 인권이 심각하게 침해되는 상황을 강하게 암

시한다.〉

쉽게 표현하면 수령만 '최고존엄'을 누리면서 행복하고 모든 인민이 짐승이나 노예처럼 사는 생지옥을 만들겠다는 게 통진당의 목적이란 뜻이다. 그런데 이 정당과 정책연대를 하고 이 정당의 해산을 반대하였던 사람들이 탄핵사태를 거치면서 대한민국의 조종실을 장악하였다.

안창호, 조용호 재판관의 보충의견은 북한식 사회주의를 추구하는 반역세력의 성장을 도운 지식인들을 맹공한다.

〈그들의 가면과 참모습을 혼동하고 오도(誤導)하는 광장의 중우(衆愚), 기회주의 지식인·언론인, 사이비 진보주의자, 인기영합 정치인 등과 같은, 레닌이 말하는 '쓸모 있는 바보들'이 되지 않도록 경계를 하여야 한다. 스스로를 방어할 의지가 없는 사람들을 보호하는 일은 불가능하다. 국가도 마찬가지다. '우리들과 우리들의 자손의 안전과 자유와 행복'의 바탕인 자유민주주의의 존립 그 자체를 붕괴시키는 행위를 관용이라는 이름으로 무한정 허용할 수는 없는 것이다.〉

'쓸모 있는 바보' 그룹엔 문재인 정권 핵심 세력은 포함되지 않을지 모른다. 그들은 그런 바보들을 이용, 권력을 쟁취, 유지하려는 세력일 가능성이 더 높다.

大逆행위에 용서 없는 응징을 요구

두 재판관의 보충의견은 마무리가 철학적이다.

〈피청구인 주도세력에 의해 장악된 피청구인 정당이 진보적 민주주의 체제와 북한식 사회주의 체제를 추구하면서 대한민국의 자유민주주의 체제를 부정하고 그 전복을 꾀하는 행동은 우리의 존립과 생존의 기반을 파괴하는 소위 대역(大逆)행위로서 이에 대해서는 불사(不赦)의 결단을 내릴 수밖에 없다. 이는 단순히 옳고 그름이나 좋고 나쁨의 문제가 아니라, 존재와 본질에 관한 문제이기 때문이다.〉

국가와 체제를 뒤엎으려는 반역은 흔히 대역죄(大逆罪. High Treason)라고 불린다. 우리 형법엔 반역적 행위를 처벌하기 위하여 국가보안법과 내란의 죄, 외환(外患)의 죄(罪)를 두고 있다. 외환의 죄에는 여적죄(與敵罪, 93조), 외환 유치죄(92조), 간첩죄(98조), 이적죄(利敵罪, 99조) 등이 있다. 이 가운데 여적죄를 범한 자는, 즉 "적국과 합세하여 대한민국에 항적한 자는 사형에 처한다"고 되어 있다. 계급투쟁론자들이 민중민주주의나 진보적 민주주의로 위장하여 대한민국의 자유민주 체제를 사회주의 체제로 바꾼 다음 북한정권과 손잡고 한반도를 북한식 사회주의로 통일하려고 획책하는 자들에겐 주권자들이 대역행위로 규정, 불사(不赦)의 결단을 내려야 한다는 충고일 것이다.

문재인 정권이 대한민국의 정통성과 정체성을 뒷받침하는 6대 원칙(민족사적 정통성, 반공, 자유, 민주, 법치, 한미동맹)을 부정하고 헌법에서 '자유민주적 기본질서'를 삭제, 국체 변경을 시도할 경우, 이를 헌법적으로 어떻게 규정하고 대응할 것인가를 고민할 때 헌법재판소의 통진당 해산 결정문은 결정적 판례, 또는 '국민의 무기'가 될 것이다.

국내입지 강해질수록 국제입지 약해져

그러면 문재인 정권이 개헌을 통한 국체변경을 시도할 경우 성공할 것인가? 민중주권론을 신봉하는 정권과 종북좌파 성향의 민간세력이 일체가 되어 언론과 검찰과 법원을 통제하면서 공포감을 조성, 지지율을 60% 이상 유지하면 분열된 보수정치 세력이 제대로 대응하기 어려울 것이다. 문제는 국민의 여론이다. 한국은 총구에서 권력이 나오는 나라가 아니라 여론에서 권력이 나온다. 여론의 변화는 예단하기 어렵지만 세 가지 변수가 있다. 김정은의 운명, 경제, 그리고 집권층의 자충수. 문재인 정권은 국내 입지가 강해질수록 오만과 허영으로 안보, 경제, 외교 부문에서 크게 실수하여 국제적 입지는 오히려 좁아지는 현상을 보인다.

국내 정치에는 선동과 폭력이 통하지만 국제무대나 국제화된 경제와 과학 분야에선 통하지 않는다. 과학을 무시한 원전(原電) 백지화 정책에 제동이 걸리고, 한미일 관계가 나빠지니 오히려 중국과 북한으로부터 무시당하는 것이 대표적 사례이다. 국제정세는 김정은에게 결정적으로 불리하고, 몰락 가능성도 높아진다. 김정은과 문재인 정권은 계급투쟁론을 공유한 공동운명체의 면이 있다. 문재인 정권이 자유민주적 기본질서를 무시하고 민중적 외교노선을 취할수록 북한정권을 닮게 되고 이는 국제적 고립을 심화시키며 안보와 경제를 파탄낼 수밖에 없다.

북핵 문제는 미국과 북한의 문제에서 세계와 북한의 문제, 즉 문명국가 對 깡패집단의 대결구도로 바뀌었다. 이런 구도에 갇힌 김정은 정권의 말로는 비참할 것이다. 남한의 민중민주주의자들도 세계의 대세(大勢)와 문명의 발전에 역행하는 계급투쟁론 세력이므로 비슷한 최후를 맞을 개연성이 높다.

한민족의 해방과 대한민국의 건국뿐 한국전과 중국공산화, 러일전쟁과 조선조의 멸망, 명청(明淸) 교체기의 병자호란, 일본의 통일과 임진왜란, 원(元)의 쇠망과 조선의 건국, 수·당(隋·唐)의 중국통일과 신라의 삼국통일 등 한반도의 큰 변화는 국제정세의 흐름 속에서 일어났다. 북핵문제를 둘러싼 국제정세가 남북한 계급투쟁론 세력에 결정적으로 불리하다는 것은 문명사적 입장에 서면 훤히 보이는 진실이다.

헌법의 명령

이재춘 전 러시아 대사 등 51명의 전직 외교관이 낸 시국성명이 문재인 정부의 한계와 국민의 대응 방향을 정확히 제시한다.

이들은 친북 종북 성향의 정권 담당자들이 〈북한의 핵과 미사일 위협으로 대한민국의 안보가 백척간두의 위기에 직면한 현실을 외면하고 지금까지 우리 안보의 버팀목이 되어온 한미동맹과 한미일 협력체제를 무력화하고 친북 친중 사대노선으로의 진로변경을 강행하고 있다〉고 분석하였다.

주요 우방국들과 유엔 등 국제사회가 한 목소리로 김정은 체제를 규탄하고 제재를 강화하고 있는 상황에서 문재인 정부의 김정은 끌어안기는 안보리 제재를 약화시키고 북한의 비핵화를 방해하는 행동으로 비쳐지고 있다면서 아마추어식 외교를 이렇게 비판하였다.

〈한일간 위안부 합의와 관련하여 외교부가 소위 Task Force의 이름을 빌려 외교기밀들을 대내외적으로 공개한 것은 한일 간의 문제 이전에 국제사회에 대한 폭거로서 앞으로는 외교 당국 간의 중요 사안에 관한 교섭과 외교활동은 불가능하게 되었다. 국제적 고립을 자초한 대한민국은 외교의 기초인 국제적 신뢰가 무너짐으로써 더 이상 설 땅이 없게 되는 것이다. 특히 헌법에서 자유민주주의 조항이 삭제된다면 국가 정체성이 훼손되어 한미동맹이 와해되고 시장 경제 선진국 포럼인 OECD 회원 자격도 스스로 포기하는 격이 되므로 이런 무모한 시도는

도저히 용납될 수 없다.〉

외교관들은 문정인 특보를 겨냥, 〈학자의 탈을 쓰고 종북 행각을 계속함으로써 한미일을 이간시키고 있는 청와대 외교안보특보를 해임하라〉면서 중국에 대한 3不 약속을 즉각 철회하라고 했다. 〈대한민국의 안보를 제3국에 위임하는 것은 국가반역 행위임을 명심하라〉는 표현까지 써 가면서 〈반일정책으로는 한국 외교의 설 자리가 없어진다〉고 충고하였다. 특히 〈외교부장관은 권한 없는 민간인들이 외교 기밀문서를 뒤지고 공개폭로 하는 등 불법행동을 한 데 대하여 책임을 지고 즉각 사퇴하라〉고 했다.

자격 없는 민간인들을 무더기로 재외공관장에 임명한 것은 민간인을 전방 사단장이나 군단장으로 보내는 것과 같다고 덧붙였다. 신중한 외교관들이 이렇게 강경한 말을 하고 나섰다는 것 자체가 문재인 정권이 국민들을 거칠게, 용감하게 만들고 있다는 징조가 아닐까? 좌익은 권력투쟁의 화신이지만 싸우지 않으면 죽는다고 판단할 때 들고 일어나는 우파의 생존투쟁 앞에선 무력해진다. 북한군의 남침이 일어나자 그 많던 좌익들이 숨어버린 것은 우파의 생존투쟁 결기(決氣)에 압도되어 살 길을 찾아 나선 때문이다. 문재인 정권이 죽기 아니면 살기 식 우파 투쟁을 불러낸다는 것은 자신들을 위하여도 좋은 일이 아니다. 그 전에 헌법재판소의 결정문이 가진 규범력으로 민중민주주의 세력을 자제시키는 것이 누이 좋고 매부 좋은 일이 아니겠는가?

'자유민주적 기본질서'를 삭제하고 민중민주주의적 헌법으로 바꾸려는 것은 헌법재판소 결정문에 의하면 대역죄이다. 공동체의 생존을 위하여 자유를 소중하게 여기는 모든 국민들이 불사(不赦)의 결단을 내릴 수밖에 없다. 이는 헌법의 명령이기도 하다.

chapter 13

개헌을 빙자한 國體변경 음모에 드리운 '사람 중심'이란 惡靈의 정체

개헌의 목적은 반공 자유민주주의–시장경제 체제를 계급투쟁론에 입각한 사회주의 체제로 바꾸려는 의도라고 의심할 수밖에 없다.

개헌을 빙자한
國體변경 음모에 드리운
'사람 중심'이란 惡靈의 정체

'사람'이라는 용어 전술에는 '국민' 해체를 통한 국가 해체의 목적뿐 아니라 '사람'을 '민중'이나 '인민대중'으로 정의, 계급독재를 가능케 하려는 의도도 포함된다고 봐야 할 것이다.

'사람 중심'이란 암호

문재인 대통령은 2012년 대선(大選) 때 '사람이 먼저다'는 슬로건을 사용하였다. 슬로건을 만든 최창희 캠프 홍보고문은 "기득권 중심 사회에서 시민 중심 사회로의 이동을 원하는 시대정신을 잘 실천하기 위해선 그 어떤 것보다 사람을 가장 맨 앞에 두는 것"이라고 설명했다. '사람'이 '국민'과는 다른 개념임을 분명히 한 것이다. 문재인 대통령은 올해 신년 기자 회견 모두(冒頭) 연설에서 '사람 중심 경제'라는 말을 썼다. 이 연설에서 문재인 대통령은 '촛불'을 9회, '평화'를 16회 사용하였으나, '자유'는 한 번도 쓰지 않았다.

친정부 좌파 세력이 개헌안(국회 개헌특위 자문위원회)에서 대한민국의 운영 원리이자 헌법의 최고 가치인 '자유민주적 기본질서'를 삭제하려는 움직임을 보이는 것과 비슷한 맥락이다. 국민주권론을 배척하는 좌파는 '국민', '자유'를 매우 싫어한다. 문 대통령은 연설문에서 '사람 중심 경제'를 설명하면서 사람을 차별적 개념으로 썼다. 그는 〈촛불 든 사람, 저임금 노동자, 소상공인과 영세 중소기업, 청년, 비정규직, 서민, 아동, 저소득층, 어르신〉을 보호 대상, 〈갑질하는 금융권, 재벌 총수, 기업〉을 개혁 대상으로 규정하였다. 과학자, 군인, 경찰, 기술자에 대한 언급은 없었다.

1980년대 말 서울 소재 대학교의 주사파 그룹에서 핵심적 역할을 하였다가 미국으로 이민 가서 살고 있는 49세의 한 교포는 "문재인 대통령이 말하는 '사람'을 들을 때마다 주사파 공부를 할 때 들었던 말이 떠오른다"면서 '데자뷰'라는 표현을 했다. 30년 전 주사파 용어가 재생한 느낌이란 이야기였다.

"사람은 모든 것의 주인이고 모든 것을 바꿀 수 있다. 사람은 자주성, 창조성, 의식성을 가진 존재다"고 배웠던 시절이었다. 주사파는 '국민'을 부정하는데 그렇다고 '인민'이라고 쓸 수도 없으니 '민중', '사람'이라고 했다"는 것이다.

"인간이라는 낱말은 생물학적 존재이지만 '사람'은 주체사상으로 의식화된 사람, 더 쉽게 말하면 인민 대중이라는 뜻으로 구별하여 썼다"는 것이다.

"이론 공부를 할 때는 사람과 대중이라는 단어를 귀에 못이 박힐 정도로 들었는데, 요사이 자주 듣게 되네요. 그래서 데자뷰(旣視感)라는 거예요."

북한의 조선말 대사전에서 '사람'을 찾아보았다.

〈사람은 자주성과 창조성, 의식성을 가진 사회적 존재입니다.〉(김일성)

〈자주성, 창조성, 의식성은 사회역사적으로 형성되고 발전되는 사람

의 사회적 속성입니다.〉(김정일)

사람의 자주성과 창조성을 철저히 말살, 노예화한 김일성, 김정일이 한 말이다. 좌익은 히틀러처럼 거짓말을 180도로 하는 게 특징이다.

북한 헌법에도 '사람 중심'

북한 헌법에도 '사람 중심'이 들어 있다. 제3조는 〈조선민주주의인민공화국은 사람 중심의 세계관이며 인민대중의 자주성을 실현하기 위한 혁명사상인 주체사상, 선군사상을 자기 활동의 지도적 지침으로 삼는다〉고 하였다. 제4조는 〈조선민주주의인민공화국의 주권은 로동자, 농민, 군인, 근로인테리를 비롯한 근로인민에게 있다. 근로인민은 자기의 대표기관인 최고인민회의와 지방 각급 인민회의를 통하여 주권을 행사한다〉고 했다. 3·4조를 합쳐보면 북한정권은 '근로인민'에게만 주권이 있다고 한다. 계급주권론이다(이른바 주체사상의 매개로 수령주권론으로 변질된다). 8조는 더 구체적으로 '사람 중심의 세계관'을 정의(定義)한다.

〈조선민주주의인민공화국의 사회제도는 근로인민대중이 모든 것의 주인으로 되고 있으며 사회의 모든 것이 근로인민대중을 위하여 복무하는 사람중심의 사회제도이다. 국가는 착취와 압박에서 해방되어 국가와 사회의 주인으로 된 로동자, 농민, 군인, 근로인테리를 비롯한 근로인민의 리익을 옹호하며 인권을 존중하고 보호한다.〉

1. '사람 중심'의 '사람'은 북한 주민 전체가 아니고 근로인민 대중(로동자, 농민, 군인, 근로인테리 등)을 뜻한다.

2. 이들, 즉 '사람'만이 주권을 갖는다.

3. 국가가 인권과 이익을 보호해주어야 할 대상은 '사람'이다.

4. '사람' 축에 들지 못하면 적대계층 등으로 분류되어 사람 취급을 받지 못한다.

5. 북한정권이 말하는 '인권'은 '사람'만의 인권이지 적대계층의 인권이 아니므로 국제사회에서 제기하는 인권 문제는 존재하지 않는다.

'국민'을 '사람'으로 대체한 개헌안

주동자들의 이념적 성향으로 보아서 문재인 정권이 추진하는 개헌의 청사진으로 간주할 수 있는 국회 개헌특위 자문위 개헌안에서 가장 놀라운 대목은, 그러나 언론으로부터 가장 주목을 받지 못한 대목은 현행헌법 조문의 '국민'을 '사람'으로 대체(代替)한 점이다. 좌파 인사들이 주도한 이 개헌안 설명서 중 '기본권 체제에 관한 논의' 항목은 〈기본권의 주체를 원칙적으로 '모든 사람'으로 개정함. 다만 권리의 성격상 '국민'으로 한정하여야 하는 경우에는 '국민'으로 함〉이라고 적었다.

그 이유로서는 〈세계화가 진전된 현실에서 거주 외국인들의 인권문제를 입법정책이나 국제법, 조약에만 의존할 수 없으며, 기본권 적용대상의 범위를 공동체에 거주하는 모든 사람으로 확장하는 것이 국제적 위상에도 맞는다고 봄. 새로운 헌법에서는 '모든 사람은 법 앞에 평등하다'는 인류 보편성의 원칙과 가치를 명시할 필요 있음〉이라고 했다.

〈토론회에서 '인간'(육체를 가진 자연인)과 '사람'(법인도 주체가 될 수 있는 기본권)을 구분하자는 견해가 있었으나, 기본권의 성질에 따라 자연인에만 국한되는지 법인에도 인정되는지 구분할 수 있으므로 굳이 '인간'과 '사람'을 구분하여 규정할 필요는 없다고 할 것임.〉

북한에서는 '인간'을 생물학적 존재로, '사람'을 이념적 용어로 구분하고 있음에 유의한다면 토론회의 분위기를 짐작하는 바가 있을 것이다.

대한민국 헌법의 영혼에 해당된다는 평가를 받는 것은 제10조이다. 원문(原文)은 한글 한자 혼용이다.

〈第10條 모든 國民은 人間으로서의 尊嚴과 價值를 가지며, 幸福을 追求할 權利를 가진다. 國家는 個人이 가지는 不可侵의 基本的 人權을 확인하고 보장할 義務를 진다.〉

개헌안은 한글전용인데 이렇다.

〈모든 사람은 인간으로서의 존엄과 가치를 가지며, 행복을 추구할 권리를 가진다. 국가는 개인이 가지는 불가침의 기본적 인권을 확인하고 이를 보장할 의무를 진다.〉

이 개정안은 선언문 같다. 대한민국이 국적을 불문하고 모든 사람의 행복을 보장할 의무를 진다는 이야기인데, 이는 국가 주권을 무시한 것이다. 모든 국가는 자국민을 보호하는 것을 임무로 한다. 그래서 주권, 영토, 국민이 국가의 3대 요소이다. 지구상의 어떤 나라도 모든 타국민에게 자국민과 같은 권리와 혜택을 주지 않는다.

'사람 중심'의 개헌안에선 국가와 국적과 국민 개념이 실종될 수밖에 없다. 헌법 제10조는, 국가를 해체하지 않으면 실천이 불가능한 조항이 되었다. 문재인 정권의 핵심에 있다는 좌익운동권 주사파는 철학의 일파가 아니라 한반도 전체를 공산화하겠다는 김일성주의자 집단이다. 이들이 개헌 작업에 어떤 영향을 끼치는지는 알려진 바가 없다. 다만 '국민'을 '사람'으로 대체한 기발한 발상에서 김일성이란 악령의 그림자를 느낄 수 있을 뿐이다. 주사파는 대한민국을 국가로서 해체하는 것이 목적이므로 그 첫 단계로 헌법 제1조의 국민주권론에 나오는 '국민' 개념을 해체하거나 모호하게 만들어야 한다.

'사람'이라는 용어 전술에는 '국민' 해체를 통한 국가 해체의 목적뿐 아니라 '사람'을 '민중'이나 '인민대중'으로 정의, 계급독재를 가능케 하려는 의도도 포함된다고 봐야 할 것이다. '사람'은 국적의 구별이 없는 '모든 인간'이기도 하지만 이른바 기득권자들을 배제한 '민중'의 의미이기도 하다. 한 단어가 상반된 두 가지 뜻을 가지면 그 단어를 정치적으로 구사하는 권력자에겐 매우 유리하다. 상황에 따라 골라서 쓰면 되니까. 이게 바로 조지 오웰이 불후의 명작 《1984》에서 소개한, 언어를 통한 사상 및 행동 통제의 핵심이다. 개헌안 조문을 읽을 때 '사람'이 나오면 반드시 계급적 관점에서 이해하려고 애써야 한다. 따라서 헌법 10조는 '모든 국민'이 아닌 '모든 민중(사람)'의 행복을 국가가 보장한다는 의미가 될 수 있다.

노동자가 지배하는 나라로!

헌법 개정안 제35조는 노동자의 특권을 이렇게 명시하였다.

〈①모든 사람은 일할 권리를 가진다. ②국가는 고용의 증진에 노력하고, 고용안정을 위한 정책을 시행해야 한다. 노동자를 고용할 때는 정당한 이유가 없는 한 기간의 정함이 없이 직접 고용하여야 한다. ③국가는 적정임금의 보장에 노력하며, 법률이 정하는 바에 따라 최저임금제를 시행한다. 동일한 가치의 노동에 대하여는 동일한 임금이 지급되어야 한다. ④노동조건은 노동자와 사용자가 동등한 지위에서 자유의사에 따라 공동으로 결정하되, 그 기준은 인간의 존엄성을 보장하도록 법률로 정한다. ⑤노동자는 정당한 이유 없는 해고로부터 보호받을 권리를 가진다.〉

36조 ②항은 〈노동자는 단체교섭권 및 단체협약 체결권과 대표를 통하여 사업운영에 참여할 권리를 가진다〉고 했다.

35·36조를 종합하면 사람 중 으뜸 사람인 노동자는 '사람' 축에 들지 않는 기업인들보다 우월적 지위를 갖는다. 기업인은 노동자를 해고할 수 없고, 노동자는 기업인의 고유권한인 사업운영에 참여할 수 있다. 모든 기업은 노동자가 실질적으로 지배하는 구조로 변할 것이다. 왜냐 하면 노조운영에는 기업인이 참여할 수 없으니 최소한의 균형이나 견제도 먹히지 않는다.

이 정도로 노동자를 우대하면 특수계급을 금지하는 헌법 조항에 위반되지 않겠는가, 라고 생각할 것이다.

헌법 제11조 2항은 〈사회적 특수계급의 제도는 인정되지 아니하며, 어떠한 형태로도 이를 창설할 수 없다〉고 못박았다. 이 조항은 문재인 정권이 보여주는 계급주의적 국가운영에 장애가 될 수 있다. 문재인 정부는 불법 폭력 시위로 제주 강정 마을 해군기지 건설을 방해, 국고 손실을 끼친 시위자들에게 박근혜 정부가 제기한 구상권 소송을 취하시켜, 불법을 비호하였다. 반면 불법 폭력 시위를 진압한 경찰관을 기소하는 등 계급주의적 관점에서 '민중'(또는 사람 그룹)에 속하는 이들에겐 법을 호의적으로, 공권력 집행자에겐 가혹하게 적용한다.

놀랍게도 국회 개헌특위 자문위원회 개헌안은 이 14조 2항을 삭제하였다. 이유가 흥미롭다.

특위에서 재벌, 비정규직이 특수계급에 해당되는 것이 아니냐는 논란이 있었지만 "현재 인성되는 사회석 특수계급 제노는 존재하시 않음으로" 이 조항을 없애자는 취지이다. 현재로는 특수계급이 없지만 민중주권론자들이 계급적 가치관으로 정책을 펴면 '민중(사람)계급'이 생길 수 있고 이는 헌법 위반이다. 장래에 등장할 특수계급에 대한 헌법 위반 소지를 미리 없앰으로써 계급독재를 가능하게 만들기 위한 술수처럼 느껴진다.

국가사회주의노동당이 등장하나?

헌법 개정안은 노동자의 특수계급화에 그치지 않는다. 사실상 국가 주도의 사회주의 경제로 가는 길을 열고 싶어 한다.

〈현행 헌법 제119조 1항 : 대한민국의 경제질서는 개인과 기업의 경제상의 자유와 창의를 존중함을 기본으로 한다. 2항 : 국가는 균형있는 국민경제의 성장 및 안정과 적정한 소득의 분배를 유지하고, 시장의 지배와 경제력의 남용을 방지하며, 경제주체간의 조화를 통한 경제의 민주화를 위하여 경제에 관한 규제와 조성을 할 수 있다.〉

개헌안은 2항을 이렇게 고치자고 했다.

〈다수의견 : 국가는 경제의 민주화를 위하여 균형 있는 국민경제의 성장 및 안정과 적정한 소득의 분배를 유지하고, 시장의 지배와 경제력의 집중과 남용을 방지하며, 여러 경제주체의 참여, 상생 및 협력이 이루어지도록 경제에 관한 규제와 조정을 하여야 한다.〉

김형오 자문위 공동위원장은 이렇게 이견을 냈다.

〈'규제와 조정'은 불필요, 췌언임. 그러므로 뒷부분은 과감히 생략해야 문장으로서도 깔끔함. 즉 '국가는 경제의 민주화를 위하여…가 이루어지도록 (노력)한다' 하면 충분함. 또 분과위 안인 '규제와 조정' 표현을 그대로 두게 되면 현재 국가 경쟁력을 좀먹고 있는 '규제 천국'의 틀을 벗어날 수 없게 되며 나아가 경제사회주의 또는 사회주의 경제적 요소가 다분함으로 민주헌법에서는 옳지 않음. 이 표현이 등장한 30년 전의 시대상황과 지금 시대는 맞지 않기 때문에 개헌을 한다는 점을 다시 한 번 상기하기 바람.〉

더불어민주당은 이 개정안을 당론으로 채택하는 방향으로 논의하고 있다고 한다. 노동자의 지배적 위치와 함께 국가의 경제 부문 개입을 의무화하게 되면 대한민국은 자유민주적 기본질서와 정면으로 배치되는 국가사회주의 노동계급 정당의 지배로 넘어갈지 모른다. 참고로 히틀러 나치당의 정식 명칭은 국가사회주의독일노동자당이다.

국군을 국경수비대 정도로 격하

헌법에는 국군을 국토방위뿐 아니라 국가안전보장의 최후 보루로 지명한 조항이 있다.

〈제5조 2항 : 국군은 국가의 안전보장과 국토방위의 신성한 의무를 수행함을 사명으로 하며, 그 정치적 중립성은 준수된다.〉

국회 개헌특위 자문위원회의 개헌안은 이 조항에서 '국가의 안전보장'을 빼고 이렇게 하자고 한다.

〈국군은 국토방위의 의무를 수행함을 사명으로 하며, 정치적 중립성을 준수한다.〉

이유가 이렇다.

〈'국가의 안전보장'은 그 개념이 광범위하고 막연하며 민간영역에 대한 군의 동원을 정당화하기 위해 남용될 우려 있으므로(쿠데타 세력 등에게 헌법상 국군의 사명을 근거로 주장할 빌미를 제공할 우려 있음) 이를 삭제하고, 제헌헌법과 같이 국토방위의 의무를 수행하는 것'으로 규

정. '신성한'은 종교적 표현으로 부적절하므로 이를 삭제함.〉

이렇게 되면 국군은 국경수비대 수준으로 격하될 것이다. 주체사상으로 무장한 북한군을 상대하면서 국가의 안전보장을 수행해야 할 한국의 군대는 평화시의 군대와는 다른 역사적 역할과 임무가 있다. 국군은 건국의 초석, 호국의 간성, 근대화의 기관차, 그리고 민주화의 울타리 역할을 해왔다. 앞으로는 한국이 자유통일을 이룩하여 일류국가로 나아가는 길에서 국민의 자유·생명·재산을 지키는 신성한 임무를 수행할 것이다.

이런 국군은 정치에 개입해선 안 되지만 정치를 알아야 한다. 특히 북한정권과 연계된 남한 내 주사파나 종북세력은 국가 안전보장의 위해요인으로서 국군의 적(敵)이다. 사회주의적 개헌을 추진하는 세력은 이 점이 두려울 것이다. 국군은 북한군뿐 아니라 한국 내의 반역세력을 진압, 국가의 안전보장을 기해야 할 의무와 권리가 있기 때문이다. 개헌을 빙자한 국체변경은 국가적 자살이자 반역이다. 국군이 헌법 5조2항에 따라 체제수호와 안전보장 차원에서 출동, 국가 정통성과 정체성을 수호해야 할 상황이 전개될 수도 있다. 국체변경을 꾀하는 개헌은 체제를 뒤엎는 대역죄에 해당하는데 이때 국군이 구경만 해야 한다는 것이 이 개정안의 숨은 뜻으로 보인다.

국회 개헌 특위 자문위의 개헌안, 이와 유사할 것으로 보이는 민주당의 개헌안, 여야 합의가 되지 않을 경우 대통령이 내어놓겠다는 개헌안은 대차가 없을 것이다. 문재인 대통령이 즐겨 쓰는 '촛불혁명'은 박근혜 탄핵을 '체제탄핵'으로 확대 해석, 체제교체를 시도하기 위한 것으로 보인다.

윤곽이 잡히기 시작한 개헌안에는 마르크스의 유령과 김일성의 악령이 드리워져 있다. 좌익혁명으로써만 성취할 수 있는 목표를 개헌으로 달성하려는 것이다. 피를 흘려서 쟁취할 수 있는 것들을 국민들을 기만하여 피 한 방울 흘리지 않고 얻겠다는 것이다. 국회 개헌자문위의 개헌안을 읽어 내려가면 계급투쟁론으로 써진 좌편향 역사 교과서를 읽는 것 같다.

요약 : 개헌을 빙자한 國體변경

개헌안엔 문재인 대통령과 정권이 지난 9개월간 보여준 정책과 노선이 충실하게 반영되었다. 개헌안의 핵심 논리는 첫째가 계급투쟁론의 다른 이름인 민중주의이다. 둘째가 대한민국의 민족사적 정통성과 민주적 정당성을 부정하는 문 대통령의 1948년 건국 부정론이다. 지지세력엔 법을 우호적으로 적용하고 비판세력엔 가혹하게 적용하는 계급적(민중적) 법집행 노선이 헌법개정안에 고스란히 담겼다. 아직도 전쟁 중인 나라에서 북한노동당 정권에 대한 비판의식이 완벽하게 결여된 개헌안이 등장한 것은 국가 자살의 길을 보여준다.

1. 개헌의 목적은 반공 자유민주주의-시장경제 체제를 계급투쟁론에 입각한 사회주의 체제로 바꾸려는 의도라고 의심할 수밖에 없다.

2. 국민주권의 대원칙을 형해화(形骸化)하고 내용을 민중주권론으로 대체하려 한다.

3. 헌법의 최고 가치인 '자유민주적 기본질서'의 비중을 대폭 축소시킨 자리에 민중민주주의적 요소를 들이민다.

4. 북한정권 및 그 추종세력을 주적이나 반(反)국가단체로 규정할 수 있게 하고 자유통일을 명령하는 근거이자 체제수호의 칼인 제3조 영토조항에다가 애매한 '영역' 개념을 도입, 명확해야 할 영토 개념을 모호하

게 만든 것은 북한식 연방제에 다가가려는 의도가 아닌지 의심이 든다.

〈제3조 : '대한민국의 영토는 한반도와 그 부속도서로 한다'를 '대한 민국의 영역은 한반도와 그 부속도서를 포함하는 영토, 영해, 영공으로 한다'로 변경.〉

5. 국군의 체제수호 기능을 도려내어 국경경비대 수준으로 격하.

6. 예고도 논의도 없이 지방분권형 국가로 개조하려 한다. 이는 북한 식 낮은단계연방제에 수렴하려는 의도로 보인다.

7. '사람'으로 '국민'과 '개인'을 대체, 국민국가의 작동원리를 마비시키 고 노동자 중심의 계급독재로 갈 수 있는 길을 연다. 북한헌법에 들어 있는, 수령 지배 체제를 정당화하는 '사람 중심 세계관'이 정권 안팎의 주사파 세력을 매개로 하여 대한민국의 영혼과 정신이 담기는 헌법에 침투할 가능성이 있다.

8. 노동자에 대한 무기한 고용, 노조 활동의 확대, 경영 참여권 부여 등을 통하여 노동자들에게 특권을 부여, 사실상 새로운 특권 계급을 만들려 한다.

9. 공산주의와 싸우고 있는 현실이 전혀 반영되지 않고, 공산주의 활 동에 자유를 줄 소지가 있는 '사상의 자유'를 신설하였다.

10. 사유재산권과 시장경제를 일단 표방하나 이에 대한 정부의 규제 를 의무화함으로써 사실상 국가 주도의 사회주의 경제정책을 가능하게 하였다.

11. 4·19 혁명, 6월 시위, 촛불 시위 등 저항운동은 헌법 전문에 넣으면 서, 건국, 반공투쟁, 산업화, 세계화 등 대한민국의 문명건설은 무시한다.

12. 문법도 맞지 않고, 논리도 뒤죽박죽인 누더기 문서이다.

13. 개헌이 아니라 제헌이다. 혁명이나 쿠데타로 독재적 헌법제정권자

가 등장, 국체 변경할 때나 가능한 규모의 국체변경이다.

14. '촛불혁명'을 헌법에 넣겠다는 것은 민주적 절차에 의한 집권 과정을 부정하는 反헌법, 反민주적 폭거이고 자기부정에 자가당착이다.

15. 국체변경을 위한 개헌은 위헌(違憲)이고 국가반역이다. 그 개헌이 마구잡이식 정치보복 수사 선풍 속에서 공중파를 앞세운 선동적 공포 분위기가 드리워진 상태에서 정권에 의하여 주도된다면 이는 국헌 문란을 꾀하여 폭동하는 내란죄를 구성할 수도 있을 것이다.

16. 反헌법적 이념으로 뭉친 정권이 위헌적인 국체(國體)변경을 불법적, 反민주적 방법으로 추진한다면 국민저항권 행사를 부를 것이다.

17. 정상적인 국가에서는 헌법 한 조문을 고치는 데도 수십 년 간의 논의가 필요하다(일본의 예). 국민의 기본권에 심각한 제약을 가하는, 제정 수준의 헌법 개정을 수개월 내에 해치우겠다는 이 정권의 의도야말로 적법절차를 무시한 헌법 위반이고 범죄적 행태이다.

18. 그동안 개헌에 대한 국민들의 관심과 논의는 권력구조에 집중되었다. 이에는 결론을 내리지 않고 헌법의 정신과 영혼에 손을 대겠다는 것은 골절환자를 마취시킨 뒤에 뇌를 열고 뇌수를 바꿔치기 하려는 것과 닮았다.

19. 계급투쟁론으로 써진 좌편향 역사 교과서가 헌법으로 침투된 것 같고, 좌익 운동권의 선언문 수준이다.

20. 야당은 문재인 정부 주도의 개헌 협상엔 참여하지 않아야 한다. 다만, 그의 임기 중 개헌을 하지 않는다는 전제하에 개헌을 놓고 범(汎)국민적 공론화를 진개하여 자연스러운 결론을 낼 필요는 있을 것이나.

21. 대한민국이란 세계 10대 문명국가의 구조를 변경하려는 개헌을 아파트 재건축보다도 졸속으로 해치우려는 의도를 국민들이 직시해야 한다.

chapter 14

문재인 대통령은
헌법을 준수하고 있는가?

대한민국 자체를 위헌적 존재로 규정하면 현존하는 헌법과 법률을 위반하는 행위가 정의로운 행동이 된다.

문재인 대통령은
헌법을 준수하고 있는가?

적폐청산과 촛불혁명으로 포장된, 건국부정-헌법부정-법률위반의 구조 해부. 국민국가와 대한민국 헌법의 근거인 '1948년 대한민국 건국'을 부정하는 데서 출발한 문 대통령의 헌법 위반 혐의 11개 항목을 공개한다.

1948년 건국 부정하면 국회와 헌법의 근거도 무너져

문재인 대통령은 3·1절 99주년 기념사에서 〈광복은 결코 밖에서 주어진 것이 아닙니다. 선조들이 '최후의 일각'까지 죽음을 무릅쓰고 함께 싸워 이뤄낸 결과입니다〉라고 했다. 문제 많은 초등학교 6학년 사회 교과서이지만 이 대목에서는, 〈광복은 우리 민족이 독립운동을 벌이고 연합국이 전쟁에서 승리한 결과〉라고 정확히 적었다. 독립운동이 큰 역할을 했지만 직접적 원인은 일본의 패전, 즉 연합국의 승리였다. 연합군이 아니라 우리가 해방을 쟁취하였다는 주장은 소련군이 아니라 김일성이 북한을 해방시켰다는 주장과 비슷해진다.

대통령은 또 〈1940년에는 대한민국 임시정부가 대한민국 최초의 정규 군대인 광복군을 창설했습니다〉라고 했다. 무리하니 문법부터 맞지 않다. 문 대통령은 '1948년 대한민국 건국'의 정통성을 부정하는 다방면의 노력을 하고 있는데, 반공(反共)국군의 정통성도 부정하기 위하여 중국군의 지휘를 받았고 일군(日軍)과 교전한 적도 없는 수백 명 수준의 광복군을 대한민국의 정규군이라고 표현하는 자해(自害)를 하고 있는 것이다.

대한민국 국회의사당에는 '제헌국회의원상'이라는 조각이 있고 이런 설명이 있다.

〈제헌헌법을 제정하여 민주독립국가를 건설한 제헌국회를 기리기 위한 것이다.〉

1948년 5·10 선거로 구성된 국회가 헌법을 제정, 정부를 구성함으로써 8월15일 건국을 선포하게 된 과정을 설명한 것이다. 문재인 대통령의 '1948 건국 부정' 역사관은 국회가 국민국가를 만들어낸 역사도 함께 부정하게 된다. 이는 대한민국이 보유한 민주적 정당성의 근거인, 선거에 의한 건국도 부정함으로써 대북(對北) 우위도 포기, 정통성 싸움을 중심으로 하는 체제대결에서 조국을 불리하게 만든다. 1919년 대한민국 임시정부가 건국이라고 강변한다면 다음과 같은 모순점이 생긴다.

1. 일제시대의 한국인들은 조국(대한민국)이 있는데도 일본 국적으로 살았으니 모두가 반역자나 부역자가 되고 지금의 한국인들은 반역자의 후손들이다. 대한민국 국적법은 헌법 제정 이후 만들어졌으므로 임시정부를 국가라고 규정하려면 '국적자'를 한 사람도 갖지 않은 존재도 국가가 될 수 있다는 새로운 학설을 만들어야 한다.

2. 1919년에 건국한 이후 독립운동을 주도한 김구나 이승만은 분리주의자가 된다.

3. 국가는 국제적 공인이 있어야 한다. 임시정부를 국가로 승인해준 나라는 없다.

4. 국가라면 국군을 가져야 한다. 임시정부의 광복군을 국군으로 격상시키려 하는데 외국의 통제 하에 있던 군대, 즉 주권이 미치지 않았던 군대를 세계적 강군으로 성장한 국군의 뿌리로 삼는 것은 자학사관(自虐史觀)이다.

어린이 교육에 벌써 악영향

문재인 대통령의 1948년 건국 부정론은 정치적 중립을 지켜야 할 공무원들을 이용, 어린이 교육에 벌써 악영향을 끼치고 있다. 교육부 발행 국정교과서인 올해 초등학교 6학년 '사회'의 역사 왜곡 사례이다. 문재인 정권 등장 이후 교육부는 집필 책임자의 반대를 무시하고 1948년 '대한민국 수립'을 '대한민국 정부 수립'으로 격하시켰다. 그렇다고 1919년 임시 정부 수립을 '대한민국 건국'이라 표기하지도 않았다. 손이 떨려서도 차마 그럴 수가 없었을 것이다. '북한정권' 수립이라고만 적었다. 이 교과서에 따르면 한반도에는 정부와 정권만 있고 국가가 없다. 그런데 이런 문장이 있다.

〈1948년 5·10 선거로 구성된 제헌 국회는 나라의 이름을 대한민국으로 정하고…〉

나라의 이름은 있는데 나라는 세워진 적이 없다는 이야기이다. 대통령의 자아(自我)부정적 역사관에 맞추어 교과서를 고치다 보니 어린이들을 혼란에 빠트린 것이다. 집필 책임자 박용조 진주교육대학교 교수는 자신의 농의 없이 교육부가 출판사에 입력을 넣어 고쳤다고 폭로하였다. 교육적 폐단의 규모로 볼 때 이야말로 국정농단으로서 수사 대상이 되어야 할 것이다.

이 교과서는 6학년 어린이들에게 이승만·박정희·전두환 정부를 '장기집권, 독재, 부정선거, 탄압'이라 가르치면서 북한정권에 대하여는 '독재, 세습'이란 표현을 한 번도 하지 않고 인권탄압도 묵살하면서 경제적 어려움만 썼다. 나쁜 교사를 만나면 대한민국은 악한 나라, 북한정권은 어려움을 극복하려고 노력하는 착한 나라로 배울 것 같다.

문재인 대통령은 유엔 총회 연설에서 6·25 남침 전쟁이라 하지 않고 내전이라고 했다. 6학년 사회 교과서는 북한이 '한반도를 무력 통일하기 위하여 38도선을 넘어 침범해 왔다'고 적었다. '한반도를 무력 적화(赤化)시키기 위하여'라고 적었어야 했다. 대한민국 헌법은 '평화적 자유통일'을 규정함으로써 무력 통일을 통일로 보지 않는다. 이 교과서는 남침 전쟁의 전개 과정을 설명하면서 한번도 '미군'의 도움을 쓰지 않았다. 미군이 꼭 들어가야 할 대목에서는 '국제연합군'이라고 했다. 고마움을 가르치지 않으려는 목적을 가진 교과서라고 볼 수밖에 없다.

〈전쟁이 일어나자 국제연합은 여러 나라로 구성된 군대를 대한민국에 파병하고…〉

〈국군과 국제연합군은 인천상륙작전으로 서울을 되찾는 데 성공하였다.〉

〈국군과 국제연합군은 서울을 빼앗겼다가 전열을 정비하여 되찾았다.〉

국제연합군 병력의 90% 이상이 미군이었다는 사실, 약 5만 4000명이 전사하고 10만 명이 다쳤다는 점은 의도적으로 은폐되었다(인명 피해 통계표에서도 한국, 중국, 북한은 있는데 미국은 빠져 있다).

국회는 올해 5월31일이 국회 수립 70주년인데도 문재인 대통령이 건국 70주년을 부정하는 데 맞추어 의미가 큰 생일을 자축(自祝)하지 않을 가능성이 높다. 건국의 산파 역할을 하였고 12명 중 9명의 의원 출신 대통령을 배출한 국회의 자아(自我)부정이다. 유엔이 한국을 한반도의 유일한 합법 정부로 공인한 것은 우리 국회가 공정한 선거를 통하여 수립된 반면, 북한의 최고인민회의는 반대가 불가능한 부정선거로 세워졌기 때문이다. 건국 부정에 이은 국회 부정은 대한민국 헌법의 존립 근거인 민주적 정당성을 훼손한다. 이는 북한 노동당정권과 타협이 절대로 불가능한 총체적 권력투쟁을 벌이는 조국을 불리하게, 반(反)국가단체를 유리하게 만들어준다.

건국 부정은 필연적으로 헌법 부정으로 연결된다

야당에 의하여 주사파(김일성주의자) 출신이라 불려도 논리적 반박을 일체 하지 않는 정권의 핵심 그룹이 추진하는 대내외 정책은 1948년에 수립된 대한민국 건국의 민족사적 정통성과 민주적 정당성을 부정하는 데서 출발한다. 주사파 그룹이 내세우는 민족주의와 민주주의는 위장(僞裝)이다. 그들이 말하는 '우리민족끼리'는 인종주의이고, 자유를 부정하는 민주주의는 계급투쟁론의 변형인 민중주의이다. 인종주의는 전근대적인 수구(守舊)이고 계급투쟁론은 문명파괴의 악령이다. 최악의 조합이다. 지난 70년의 대한민국의 발전은 과학과 사실에 기초한 개방적 실용주의 노선을 따른 문명 건설의 역사이므로 이승만·박정희가 진짜 진보 세력이다. 지난 200년 간 세계에서 벌어진 국민국가 발전 경쟁에서 최우수상을 받아야 할 실적을 남긴 부국강병(富國強兵)의 자유민주 세력이기 때문이다. 문재인 정권이 계급적 적대감을 깔고서 이들을 적폐로 몰아 청산하려는 목적이 북한 노동당 정권과 연방제 통일을 시도하려는 것이 아닌가 하는 의심은 집권세력의 역사관과 이념성향에 비추어 지나친 것이라 보기 어렵다.

문재인 대통령의 1948년 건국 부정과 이런 역사관에 기초한 정책은 필연적으로 1948년의 건국에 기초한 헌법과 그 정신을 위반할 수밖에 없게 만든다. 대통령의 헌법상 책무는 다음과 같다.

1. 국가의 독립과 영토의 보존(66조)

2. 국가의 계속성과 헌법 수호(66조)

3. 한반도 전체의 자유민주화를 위한 평화적 통일 노력(4조, 66조)

4. 국가(영토, 독립성, 정통성, 정체성, 헌법 등) 보위(69조)

5. 국민의 자유와 복리 증진(69조) 및 인간 존엄성 보장(10조)

6. 국민 전체를 위한 봉사의 의무(7조)

7. 공무원들에 대한 정치적 중립 보장(7조)

8. 법의 평등한 집행과 사회적 특수계급 금지(11조)

헌법 위반 혐의 11개 항목

이상의 헌법조항에 비추어 본 문재인 정권의 헌법위반 혐의를 요약하면 이렇다.

1. 1948년 건국 부정 : 국가와 헌법의 존립 근거인 대한민국의 민족사적 정통성과 민주적 정당성을 부정하고 이런 반(反)대한민국 사관(史觀)을 수정한 교과서도 폐기. 이는 헌법 66, 69조의 국가 보위 및 국가 계속성 수호 의무 위반이다.

2. 차별적(계급적) 법 적용 : 우파 정부 반대 폭력 시위자, 반군(反軍) 불법시위 가담자에게 우호적이고, 경찰·국방부·국정원·보훈처의 치안 및

안보 직무 종사자에게 불리한 방향의 차별적 법 집행. 헌법 66조(헌법 수호 의무), 11조(법 앞에 평등), 7조(공무원의 정치적 중립 보장 의무) 위반.

3. 공무원들에게 '촛불혁명' 수행 지시 : 대통령과 국무총리는 선거가 아니라 촛불혁명으로 정권을 잡은 것처럼 말하고 공무원들이 촛불혁명의 도구가 되어야 한다고 지시, 국민주권의 원리를 부정하고 정변(政變)을 미화함으로써 헌법 66, 69조의 헌법 수호 의무 위반. 공무원을, 전체 국민이 아닌 특정세력을 위한 봉사자로 격하시켜 헌법 7조 위반. 차별적 법집행과 함께 감안하면 촛불세력을 초법적인 특수계급으로 대우하는 것으로 헌법 11조 정신 위반.

4. 국가연합 또는 낮은단계연방제 추진 공언(公言) : 자유통일을 명령하고 공산독재통일을 금지시킨 헌법 4조 및 66조 위반.

5. 북한노동당을 위하여 복무한 김일성주의자 신영복을 사상가로 존경한다는 발언 및 6·25는 내전이었다는 주장 : 대통령이 전향(轉向)하지 않은 사회주의자를 사상가로 존경하고 한국전을 남침으로 보지 않는 것은 대통령의 책무인 국가보위(헌법 69조) 위반이며, 반공자유민주 국가 존립의 헌법적, 이념적, 역사적 근거를 허무는 행위이다. 국가 보위 책무는 적(敵)의 무력(武力) 및 사상 공세로부터 국민을 지키는 행위로서 대통령이 공산주의를 악(惡)으로, 북한노동당을 적(敵)으로 보지 않으면 수행할 수 없는 것이다.

6. 중국에 사드 추가 배치 안하겠다는 입장 표명과 핵(核)대피 훈련을 안하겠다는 정책 선언 : 안보주권 포기로서 헌법 66조 국기의 독립 및 영토 수호 의무 위반, 국민의 생명을 적(敵)의 핵미사일 위협에 고의적으로 노출시키는 행위로서 인간의 존엄성 보장(헌법 10조) 의무 및 국민의 자유와

복리를 증진시킬 것을 명령한 헌법 69조 위반.

7. **검찰을 정적(政敵) 표적 수사에 동원** : 공무원은 국민전체를 위한 봉사자이므로 정치적 중립성을 보장해주어야 한다는 헌법 7조 위반.

8. **판사와 판결에 대한 공개적 간섭으로 사법부의 독립 침해, 국가권력을 동원한 공영방송 장악으로 언론통제** : 66, 69조의 헌법 수호 및 국민의 자유 증진 책무 위반, 헌법 21조 언론자유 보장 위반, 헌법의 원리인 삼권분립 원칙 위반.

9. **적법(適法)절차를 생략한 원전(原電) 백지화** : 수많은 법적 절차를 거쳐 가동되는 원자력 발전소를 아무런 법적 검토나 공론화 과정 없이 없애겠다고 선언하고 공사중단을 강행, 국고(國庫)손실을 끼침으로써 헌법 66, 69조의 헌법 준수 의무 위반.

10. **자유민주적 기본질서를 부정하는 헌법 개정 추진** : 개헌을 가장한 국체(國體)변경. 이는 헌법 개정의 한계를 넘는 헌법 파괴적 발상으로서 헌법 66, 69조 위반.

11. 한국과 미국이, 천안함 폭침 주범(主犯)으로 규정, 제재명단에 올린 김영철을 평창동계올림픽 폐막식에 참여하도록 허용하고 그를 상대로 한반도 평화를 논의하며 국방부 국정원 통일부에 김영철이 주범(主犯)이 아니라는 허위보고를 국민들에게 하도록 한 행위는 헌법 66조(영토의 보전), 헌법 69조(국가 보위), 헌법 7조(공무원의 정치중립 보장) 위반이다.

안보 활동이 범죄인가?

대한민국 헌법 제7조를 읽어보면, 공무원은 '정치적 중립'을 보장받는 헌법 제66조 ② 대통령은 국가의 독립·영토의 보전·국가의 계속성과 헌법을 수호할 책무를 진다. ③ 대통령은 조국의 평화적 통일을 위한 성실한 의무를 진다.

헌법 제69조 : 대통령은 취임에 즈음하여 다음의 선서를 한다. '나는 헌법을 준수하고 국가를 보위하며 조국의 평화적 통일과 국민의 자유와 복리의 증진 및 민족문화의 창달에 노력하여 대통령으로서의 직책을 성실히 수행할 것을 국민 앞에 엄숙히 선서합니다.'

헌법 21조 : 모든 국민은 언론 출판의 자유를 가진다.

헌법 제11조 : 모든 국민은 법 앞에 평등하다. 사회적 특수계급 제도 창설은 금지된다.

헌법 제7조 : 공무원은 국민 전체에 대한 봉사자이며, 정치적 중립은 보장된다.

헌법 제4조 : 대한민국은 통일을 지향하며, 자유민주적 기본질서에 입각한 평화적 통일 정책을 수립하고 이를 추진한다.

이들이므로 정권의 불법한 명령에 따라서는 안 되고, 국민 전체를 위한 봉사자의 직무를 다해야 한다고 규정, 헌정질서 수호의 의무를 지우고 있음을 알게 된다.

교육부가 초등학교 6학년 사회 교과서에서 '대한민국 수립'을 '대한민국 정부 수립'이라고 고치면서 집필 책임자를 속이고 출판사에 압력을 넣었다는 보도가 나간 날 조선일보는 박승춘 전 보훈처장을 보훈처가 고발 검토 중이란 기사를 실었다. 보훈처에 따르면 박 전 처장은 2015년 3월 경남 마산에 있는 3·15 민주묘지 기념관 재개관을 앞두고 진시물을 교체하라고 지시했는데 이게 범법(犯法) 혐의가 있다는 것이다.

원래 전시물은 저항적 민주화 운동을 소개하는 내용이었는데 박 전

처장이 "전직 대통령 및 군과 경찰에 대한 부정적 인식을 심어줄 수 있다"고 지적, '마산 3·15 의거 이후 우리나라의 발전상'을 설명하는 다른 전시물로 교체됐다는 것이다.

보훈처는 이날 보도 자료를 내고 "전시물 결정의 절차적 정당성을 훼손하는 행위"라고 했다. 박 전 처장은 재임 중 광주사태 기념식에서 '임을 위한 행진곡' 제창에 반대, 좌파 세력으로부터 공격을 받았다. 민간인 시절 국정원과 협조, 안보 교육을 하였다고 하여 불구속 기소된 상태이다.

이명박·박근혜 정부 시절 안보 분야의 세 책임자 모두가 재판을 받고 있다. 원세훈 국정원장, 김관진 국방장관, 박승춘 보훈처장. 이 세 사람은 가장 확실한 소신을 갖고 공산주의자들과 맞섰던 관료이다. 국방부는 적의 무력 침략에 대비하고 국정원과 보훈처는 사상전을 맡은 기관이다.

〈공무원은 국민 전체에 대한 봉사자이며, 국민에 대하여 책임을 진다. 공무원의 신분과 정치적 중립성은 법률이 정하는 바에 의하여 보장된다〉는 헌법 제7조의 '국민 전체에 대한 봉사'에서 한국이 처한 현실을 볼 때 우선순위가 가장 높은 것은 안보(국방)이다. 국민의 생명과 재산과 자유를 지키는 일이다.

지금 문재인 정권 하의 공무원들이 정치보복으로 보이는 조사·수사·고발을 하는 것은, 특히 북한정권 및 그 협조자들과 싸웠던 안보 책임자들을 상대로 법규와 상식에 반하여 그렇게 하는 것은 헌법 제7조가 규정한 국민 전체에 대한 봉사 의무와 정치적 중립성을 위반하는 것이 아닌가 따져 볼 만하다. 국민 전체에 대한 봉사가 아닌 특정 정치세력에 대한 봉사이며, 정치적 중립이 아니라 정치적 편향으로 밝혀질 경우는 헌법 위반일 뿐 아니라 안보활동을 탄압하는 이적(利敵)행위가 될 수 있다. 불법행위의 결과가 적에 유리하고 대한민국에 불리한 것이기 때문이다.

공무원이 지켜야 할 민주적 기본질서의 내용

헌법 제7조에 근거한 국가공무원법 제1조는 〈국가공무원에게 국민 전체의 봉사자로서 행정의 민주적이며 능률적인 운영을 기하게 하는 것을 목적으로 한다〉고 명시하였다. 국가공무원 복무규정 제2조는 국가공무원이 취임할 때 이런 선서를 하도록 했다.

〈나는 대한민국 공무원으로서 헌법과 법령을 준수하고 국가를 수호하며, 국민에 대한 봉사자로서의 임무를 성실히 수행할 것을 엄숙히 선서합니다.〉

제1조 '행정의 민주적 운영'은 무슨 뜻인가? 헌법재판소의 2014년 12월 통합진보당 해산 결정문은 '행정의 민주적 운영'에 지침이 되는 '민주적 기본질서'를 이렇게 규정하였다.

〈민주적 기본질서는, 개인의 자율적 이성을 신뢰하고 모든 정치적 견해들이 각각 상대적 진리성과 합리성을 지닌다고 전제하는 다원적(多元的) 세계관에 입각한 것으로서 모든 폭력적 자의적 지배를 배제하고, 다수를 존중하면서도 소수를 배려하는 민주적 의사결정과 자유 평등을 기본원리로 하여 구성되고 운영되는 정치적 질서를 말하며, 구체적으로는 국민주권의 원리, 기본적 인권의 존중, 권력분립제도, 복수정당제도 등이 현행 헌법상 주요한 요소라고 볼 수 있다.〉

공무원은 특히 국민주권·권력분립을 핵심으로 하는 민주적 기본질서 수호를 국민 전체에 대한 봉사의 최고 가치로 삼아야 한다는 이야기가 된다. 공무원들이 국민주권론 등 민주적 기본질서와 상반되는 이념을 가진 정치세력을 위한 봉사자가 되어 안보 책임자들을 조사·수사·고발하는 행위는 '행정의 민주적 운영' 의무 조항에 위배된다는 뜻이다. '민주적'이라는 말은 국민이 주인 되는 국민주권주의를 의미한다. 문재인 정권 안에는 국민주권론을 부정하는 민중주권론(계급투쟁론의 변형)을 신봉하는 이들이 많고 이른바 적폐수사에 영향을 끼치고 있다는 비판을 받고 있다.

핵무장한 북한정권 및 남한의 동조세력과 싸워야 민주주의를 지킬 수 있는 현실, 헌법에 적힌 국민의 국방 의무, 공무원의 국민 전체를 위한 봉사 의무, 으뜸 공무원인 대통령에게 헌법이 명령한 국가 보위 및 헌법 수호 책무, 행정의 민주적 운영 의무를 종합하면 대한민국 공무원들은 반(反)헌법 세력, 즉 북한노동당 정권 및 이에 동조하는 세력에 그 어떤 국민들보다 먼저, 적극적으로 대응하여야 할 의무를 진다고 보아야 한다.

공무원의 반역 부역자화를 막으려는 헌법 제7조

박승춘 전 보훈처장은 검찰 수사를 받고 재판을 준비하는 과정에서 흥미로운 논리를 내세우고 있다. 한국의 공무원이 친공세력에 가담, 그들의 특권을 이용, 대한민국이 북한으로 적화통일되는 것을 돕는 행위를 할 가능성을 차단하기 위하여 헌법 제7조가 존재한다는 해석이다. 헌법은 어느 정당이 집권하더라도 공무원은 '국가 수호와 민주 정치 발전'을 위하여 공정하게 직무를 수행해야 할 의무와 권한을 갖도록 함으로써 공무원 집단의 '반역 부역자화'를 막으려고 7조 규정을 두었다는 것이다.

〈북한은 한미연합 방위태세를 해체하지 않고는 적화통일이 불가능하다고 판단, 우리의 민주화에 편승하여 정치를 통하여 한미연합 방위태세를 해체하고 남북연방제 통일을 추진하고 있다. 따라서 공무원의 최우선 직무순위는 북한의 대남(對南)전략을 국민이 정확히 알도록 하는 일이다.〉

그런데 검찰은 원세훈 전 국정원장에게 국정원법 위반혐의를 적용, 기소할 때 아래 행위를 문제 삼았다.

〈주요 국정 현안에 대하여 정부 입장 옹호, 반대를 일삼는 야당과 좌파세력에 적극 대응, 종북세력 내지 그 영향권에 있는 세력이라고 규정한 일부 야당과 야권 후보자 등에게 불리한 여론 조성, 국가 정체성 확립을 위하여 종북세력에 대처, 이들이 제도권에 진입하지 못하게 대처〉 등이다.

검찰은 북한식 사회주의를 추구하는 정당으로 규정되어 해산 결정이 내려진 통합진보당에 대한 국정원 심리전단 직원들의 비판도 정치 간여라고 판단하였다.

박승춘 전 처장은 이런 요지로 반론한다.

〈국방부가 북한정권의 무력 위협에 대한 주무부서라면 국정원은 또 다른 전선인 대남(對南)사상전에 대처하는 주무부서이므로 국민 전체의 안전을 위하여 정치적 고려 없이 반(反)헌법 세력에 대하여 행동해야 한다. 이것이 헌법 제7조의 명령이다. 정치인이라고 하여 국기와 헌법에 반하는 행위를 해도 국정원의 대응에서 면제된다면 대한민국의 민주적 기본질서는 지켜질 수 없다.〉

대한민국의 존재 자체가 違憲인가?

검찰은 북한 정권의 대남(對南) 심리전에 대응하는 과정에서 발생한 혐의와 관련하여 김관진 전 장관에 대한 구속영장 재청구가 기각되자 담당 판사를 공개적으로 비판하였다. 이는 헌법재판소가 판시한 '민주적 기본질서'의 핵심인 '기본적 인권의 존중' 및 '권력분립 제도'를 위반한 것이다. 불구속 재판 원칙이 기본적 인권 존중의 핵심이며 판사가 이 원칙을 지켰다고 하여(즉 안보 책임자를 감옥에 넣고 수사, 재판하지 않았다고 하여) 공개적 압박을 가하는 것은 공무원의 의무인 정치적 중립과 권력분립의 의무를 위반한 것으로 판단된다. 검찰청법 제4조는 〈검사는 그 직무를 수행할 때 국민 전체에 대한 봉사자로서 정치적 중립을 지켜야 하며 주어진 권한을 남용하여서는 안 된다〉고 규정하였다. 김관진 전 장관에 대한 거듭된 영장 청구는 '주어진 권한을 남용'한 경우에 해당될 가능성이 있다.

조선일보는 '김관진 영장 재청구는 法인가 폭력인가'라는 제목으로 이렇게 비판하였다.

〈검찰은 정치 댓글 혐의로 김 전 장관을 구속했지만 지시했다는 증거가 부족한 데다 인터넷 댓글 수도 하루 10건도 안 되는 것이어서 '정치 개입' 혐의 자체가 무리라는 지적이 일었다. 검찰은 처음 혐의가 입증되지 않으면 수사 방향을 틀어 엉뚱한 혐의로 사람을 옥죄고 괴롭힌다. 별건(別件) 수사, 먼지떨이 수사다. 유죄 입증이 아니라 찍힌 사람을 어떤 구실로든 감옥에 보내는 것이 목적처럼 돼 있다. 검사들은 이걸 '정의'라고 한다. 정의가 아니라 불의(不義)이고, 법이 아니라 법을 이용한 폭력이다.〉

원세훈, 김관진, 박승춘 세 사람이 수사 및 재판을 받고 있는 사안의 핵심은 이명박·박근혜 정부 시절의 반공(反共)안보 활동이다. 안보의 핵심은 국가 정통성과 정체성 및 헌법체제, 그리고 국민의 생명 재산 자유를 지키는 것이다. 북한정권 및 그 동조세력의 사상전 활동(사이버 상의 선전 선동)을 견제하기 위하여 심리전 또는 안보 교육 활동을 하는 과정에서 '북한식 사회주의를 추구하는' 통합진보당이나 통합진보당에 우호적인 정치세력이 국가와 국군을 공격하는 것을 비판한 것까지 범죄로 규정되었다.

이런 법적용은 안보의 핵심인 반공활동 자체를 범죄로 모는 것이고 이렇게 하여 안보활동이 위축되면 국민은 피해를 입고 반(反)국가세력은 득을 보게 된다. 검찰이 반공 업무에 대한 수사를 정파적 입장에서 진행하면 〈검사는 그 직무를 수행할 때 국민 전체에 대한 봉사자로서 정치적 중립을 지켜야 하며 주어진 권한을 남용하여서는 안 된다〉는 검찰청법을 위반, 직권남용죄를 구성할 뿐 아니라 이적(利敵) 상태를 결과할 수 있다는 이야기이다.

헌법재판소는 2004년 노무현 탄핵 결정문에서, 〈대통령은 헌법을 수호하고 실현하기 위한 모든 노력을 기울여야 할 뿐만 아니라, 법을 준수하여 현행법에 반하는 행위를 해서는 안 되며, 행정부가 위헌적인 것으로 간주하는 법률에 대해서도 마찬가지로 적용된다〉고 거듭 강조하였다. 대통령은 위헌적이라고 보이는 법률도 헌재에서 위헌 판결이 날 때까지는 지켜야 한다는 것이다. 법률가인 문재인 대통령은 1948년 8월15일 건국을 위헌(違憲)으로 보는 듯하다. 지난 70년간 대한민국의 이름으로 이뤄진 모든 행위와 성취까지도 위헌적 존재로 보고 싶은 충동마저 감지(感知)된다.

대한민국 자체를 위헌적 존재로 규정하면 현존하는 헌법과 법률을 위반하는 행위가 정의로운 행동이 된다. '적폐청산'과 '촛불혁명'이라는 반(反)법치적·반(反)문명적 선동이 그런 행동을 고무 찬양한다. 이를, 주권자인 국민의 각성과 잠자고 있는 헌법의 힘으로 견제될 수 있는가에 대한민국의 명운(命運)이 달려 있다.

chapter 15

북한정권의 이대용－신영복
교환 공작은 이래서 좌절되었다!

3명 구출 위해 21명의 좌익수를 넘겨주기로 합의했으나 우리 정부가 남한 출신 복역자들은 교환 대상이 될 수 없다고 거절했다.

북한정권의
이대용-신영복 교환 공작은
이래서 좌절되었다!

뉴델리 비밀회담 외교 문서 입수 : 北은 남파간첩이나 재일동포 간첩보다 '남선 혁명가' 신영복 등을 데려가는 데 더 집착하였음을 알 수 있다. 박정희 정부는 '자국민 송환 불가' 입장을 고수, 신영복은 여생을 한국에서 보낼 수 있었고 '문재인 대통령이 존경하는 사상가'가 될 수 있었다.

대통령이 존경하는 사상가 신영복

〈제가 존경하는 한국의 사상가 신영복 선생은, 겨울철 옆 사람의 체온으로 추위를 이겨나가는 것을 정겹게 일컬어 '원시적 우정'이라 했습니다. 오늘 세계 각지에서 모인 우리들의 우정이 강원도의 추위 속에서 더욱 굳건해지리라 믿습니다.〉 (2018년 2월9일 문재인 대통령의 동계올림픽 리셉션 연설 중)

1978년 12월 인도 뉴델리, 북한 측 대표단이 입을 열었다.

"이 회담은 남선(南鮮)* 혁명가와 월남에 억류되어 있는 남선 인원과의 교환을 위한 것으로서… 피고인의 입장에 있는 남선 측은 재판관인 북선(北鮮)*의 요구에 따라 본인의 출생지와 거주지에 관계없이 당연히 이들을 넘겨주어야 할 것이다. …남선 측은 남선 출신 '혁명가'들을 연고자 때문에 못주겠다고 하고 있는데 그렇다면 우리가 그 가족을 함께 받을

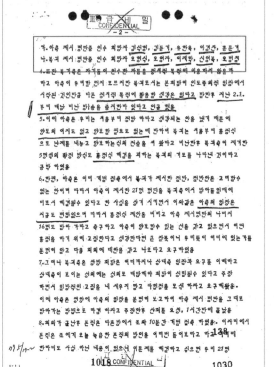

1979년 5월17일자 이범석 대사의 보고. 북한이 인도받기를 원하는 대상자 이름 중에 '신영복'이 보인다.

용의가 있다." (注 : 남선은 남한을, 북선은 북한을 지칭)

북한이 이토록 애타게 데려가고 싶어 했던 '남선 혁명가'는 누구일까? 문재인 대통령이 평창올림픽 리셉션 환영사에서 '존경하는 한국의 사상가'라고 밝혀 새삼 조명된 신영복(1941~2016) 성공회대 교수다.

이 사실은 2016년 외교부가 '베트남 억류공관원 석방교섭 회담(뉴델리 3자회담)' 외교문서철을 비밀해제하면서 밝혀졌다. 在美언론인 안치용 씨가 이 사실을 최초 보도했던 2016년 7월 당시에는 이 외교문서철이 전문 공개되어 있었으나, 기자가 2018년 3월 외교부 산하 외교사료관을 방문해 문서를 확인했을 때는 일부 비공개로 전환된 상태였다. 다행히 국가기록원에서 외교부가 비공개 처리한 기록물의 사본을 열람할 수 있었다.

베트남에 억류된 외교관들

남(南)베트남이 패망한 1975년 4월30일, 공산화된 베트남에서 미처 탈출하지 못한 우리 외교관은 9명이었다. 이들 중 최선임자는 이대용(李大鎔) 공사로 1963년부터 1966년까지 남베트남 한국대사관 무관(대령)으로 재직하였고 1968년 준장 진급 후 다시 파월(派越)되어 한국대사관 공사로 근무하고 있었다. 그는 6·25 남침 직후 6사단 장교로서 춘천지역 방어에 공을 세웠고, 북진 때는 가장 먼저 압록강에 이르러 일시적으로 통일의 기분을 만끽하였던 이다.

북(北)베트남 공산정부와 긴밀한 관계를 맺고 있던 북한은 이들 한국 외교관 9명의 신병 인도를 요구하고 나선다. 외교관은 '빈 협약'에 의거 면책특권을 가진다. 어떤 형태의 체포 또는 구금도 당하지 않을 권리가 있고 형사재판 면제권을 가진다. 교전 당사국 내에 상대국인 적국 외교관이 머물러 있어도 제3국을 통해 본국으로 돌려보내주어야 한다. 당시 한국은 미국과 함께 남베트남 측에서 북베트남 공산정부와 전쟁을 치렀고, 북한은 이런 상황을 이용해 잔류 한국 외교관들을 북한에 데려갈 계획을 세우고 있었다.

9명의 외교관 중 6명은 자력으로 탈출하거나 북베트남 공산정부의 퇴거조치에 따라 한국으로 돌아왔다. 나머지 3명은 북한의 방해공작으로 사이공에서 계속 억류되어 치화형무소에 수감되어 있었다. 이대용 공사, 안희완 영사, 서병호 경무관이 바로 그들이다. 이 공사와 안 영사는 당시 중앙정보부 소속, 시 경무관은 내무부 산하 치안본부 소속 총경으로 대사관 내에서 정보를 다루는 특수 신분이었다. 때문에 북한이 '거물급 인사'로 표적 삼아 북송공작(北送工作)을 벌인 것이다.

특히 이대용 공사는 황해도 출신의 현직 외교관이자 6·25 참전 영웅으로서 선전 가치가 매우 컸다. 북한에서 파견된 공작원들은 이 공사를 전향시켜 북한으로 데려가기 위해 일곱 차례에 걸쳐 심문하며 설득하였다.

북한에 남아있는 누님과 조카를 들먹이며 회유하는 한편 '북반부에서 도망친 도주범'이라며 평양으로 강제로 데려가겠다고 협박하기도 했다. 북베트남 특수경찰들도 시시때때로 이 공사를 신문하며 '가이따우(改造, 사상전향)'하지 않으면 총살형으로 다스리겠다고 협박했다. 이 공사는 치화형무소의 햇볕도 안 드는 방에 갇혀 78킬로그램이던 몸무게가 46킬로그램이 되도록 인권유린을 당하면서도 끝내 그들이 요구하는 '북한 망명 자술서'를 쓰지 않았다.

이대용 공사는 저서 《6·25와 베트남전 두 사선을 넘다》에서 당시 상황을 이렇게 적었다.

〈외교관을 강제로 납치해간다는 것은 국제법상 위법이다. 그러나 자의(自意)에 의한 타국으로의 망명은 불법이 아니다. 내가 자의에 의해 북한으로 망명한다는 성명서를 작성하고 서명한다면, 그것으로 나의 평양행은 합법적으로 이뤄질 수 있는 것이다.

북한노동당 3호 청사측은 이 목적을 달성하기 위해 베트남 안닝노이 찡*과 협조하여 나에게 참기 어려운 굶주림, 육체적 고통, 공갈, 협박, 그리고 함정으로 몰아넣는 회유책을 쓸 것이다. 앞으로 계속적으로 수도 없이 많이 이루어질 신문에서 어떠한 강압적인 변고가 일어날 것인가? 죽어야 할 시기가 오면 깨끗하게 목숨을 끊어야 한다. 나는 결심을 더 굳게 다졌다.〉(注 : 이 공사를 신문한 베트남 특수경찰 중 한 명)

한국 정부는 박정희 대통령의 특명에 따라 이들 억류 공관원을 석방하기 위해 프랑스, 미국, 스웨덴, 유엔 등 가능한 모든 채널을 동원하고 있었다. 마침내 베트남에서 반응이 왔다. 주(駐) 베트남 프랑스 대사가 북베트남 공산정부의 고위층 인사에게 한국 외교관 석방을 권유하자 "북한이 한국 공관원 석방을 반대하고 있기 때문에 어떤 조치와 계기 없이는 석방하기 어렵다"는 입장을 밝힌 것이다.

박정희 대통령은 "최우선 목표는 억류 공관원들의 조기 석방"이라는 지침을 주었다. 프랑스의 중개로 한국에 억류 중인 북한 간첩들과 우리 공관원들의 교환 교섭을 위한 회담이 시작되었다. 1978년 극비리에 진행된 '베트남 억류 공관원 석방 교섭을 위한 뉴델리 3자회담'이 그것이다.

뉴델리 3자회담과 '남한 출신 혁명가'

우리 정부는 3자회담을 진행하는 한편 프랑스 정부의 도움을 받아 치화형무소에 갇혀있는 이대용 공사에게 이순흥 베트남 교민회장을 통로로 외무부 장관 훈령을 전달한다. 현재 억류된 3명의 외교관 석방을 위해 한국, 북베트남 공산정부, 북한이 3자회담을 하고 있으며 본인 의사에 반해 북한으로 강제 납치되는 일은 절대 없을 테니 북한 요원의 협박과 공갈에 겁내지 말고 버티라는 내용이었다.

1978년 7월24일 막을 연 3자회담 본회담에서 우리 정부는 이범석 인도 대사가 수석으로, 하태준 중앙정보부 제1차장보와 공로명 외무부 아주국장, 송한호 중앙정보부 아주국장이 대표로 나섰다. 북한 측은 조명일 조국평화통일위원회 부위원장을 수석대표로 박영수, 한영국, 김완수 등이 대표로 참석했다. 북측 대표로 참석한 박영수는 억류된 이대용 공사를 찾아가 북한으로 데려가기 위해 회유, 협박, 심문했던 사람이다.

3명 구출 위해 21명의 좌익수 넘겨주기로 합의

인도 뉴델리에서 열린 한국과 북한, 북베트남 공산정부의 3자 비밀협상은 사실상 한국과 북한의 양자(兩者) 대화로 진행됐다. 회담은 시작부터 난항이었다. '남한에 복역 중인 북한간첩'들과 베트남에 억류된 공관원들의 교환으로 이해하고 회담에 나섰던 우리 측에 북한이 '체포 구금된 남조선 혁명가들'로 교환 범위를 확대해야 한다고 주장해 실랑이가 시작됐다. 교환 비율에 있어서도 우리 정부는 1대 1을, 북한은 1대 70을 요구하고 나섰다. 무려 4개월여의 논쟁 끝에야 비로소 억류 외교관 1명당 7명, 총 21명을 북한에 인도하기로 합의했다.

교환 비율 합의 과정에서 이범석 대사가 서울에 보낸 긴급 전보에는 중대한 정보가 기록되어 있다. 교환 비율의 타결이 임박했던 1978년 11월17일, 조남일 북측 수석의 요청으로 이 대사가 개별접촉을 갖는다. 조 수석은 북한이 제시한 1대 7 타결안을 우리 정부가 받아들이지 않을까 안달하는 모양새로 이런 말을 덧붙인다.

"1대 7이 사실은 김일성 수령의 명령이다. 우리들 체제상 '수령님의 명령'을 거역할 수 없다는 것은 남측도 잘 알지 않는가?"

이 3자회담에 김일성이 직접 관여하고 있다는 고백이었다.

다음엔 북한에 인도할 21명의 명단 선정이 쟁점이 되었다. 우리는 북측에 인도받길 원하는 21명의 명단을 일괄 제출할 것을 요구했으나 북(北)은 1차 회의에 1명, 2차 회의에 1명 등 산발적으로 이름을 제시했다. 우리 정부가 "이미 사형이 집행된 사람"이라고 답하면 사형 집행 증거를 제시하라는 등 무리한 주장을 계속했다. 우리 측 대표가 "더 이상 개별 확인은 없다"며 명단의 일괄 제시를 강력하게 요구하자 3차 회의에서 7

명, 4차 회의에서 12명, 총 21명(1~4차)의 명단을 전달해왔다.

북한이 제시한 21명을 확인해보니 사형이 집행된 자가 13명, 무기수 7명, 유기수 1명이었다. 살아서 복역 중인 8명은 모두 남한 출신이었다. 복역 중인 8명 중 3명이 김일성에게 충성하는 남한 내 지하당 통일혁명당(이하 통혁당) 사건 관련자들이었다. 우리 대표는 "북괴측은 우리의 회담 진전을 위한 성의를 역이용, 이 회담을 대남(對南) 간첩의 재고조사를 위한 기회로 악용하고 있다"고 비난하는 한편 교환 대상에 남한 출신은 포함될 수 없으며 남한에 가족이 있는 사람도 넘겨줄 수 없다는 기본 입장을 유지했다. "억류 인원의 교환 결과로 말미암아 비인도적 결과, 즉 이산가족 발생이라는 비극이 생겨서는 안 된다"는 것이었다. 우리 측 대표가 북한 출신 남파간첩 및 재일교포 출신 중형자들의 명단 제시를 권하자 "필요치 않다"며 남한 출신 복역자의 인도를 다음과 같이 끈질기게 고집했다. 이는 북한 정권이 남파간첩이나 재일동포 간첩보다도 남한 내의 김일성 추종자들을 더 소중하게 여기고 있었다는 의미이다.

〈"남한 출신 혁명가는 정말로 넘겨 줄 수 없는가? 남한 출신 혁명가를 남한 내 가족문제로 인하여 넘겨주기가 곤란하다면 가족과 함께 넘겨주면 어떤가? 이 경우 그 가족도 21명 속에 계산할 용의가 있다." (1978년 12월4일 1차회의)

"남한 출신이라는 이유로 인도를 거부한다면 회담이 성립될 수 없다." (1978년 12월8일 3차회의)

"이 회담은 '남선 혁명가'와 월남에 억류되어 있는 남선 인원과의 교환을 위한 것으로서 '남선 혁명가' 중에는 남한 출신지가 당연히 포함된다. 남한 출신자를 인도할 수 없는 입장이 진정 강하다면 이 회담은 결렬될 수밖에 없다." (1978년 12월11일 4차회의)

"남한 출신자는 진정 인도가 불가한 것인가? 그렇다면 회담의 장래를 우려하지 않을 수 없다. 이런 형편이라면 월남(注 : 북베트남 공산정부)을 시켜 회담을 그만두도록 할 수밖에 없다." (1978년 12월15일 6차회의)

"억류 인원의 교환에 있어 요청자의 의사에 따라 인원을 넘겨준다는 것은 국제 관례에 비추어서도 당연한 것이다. 피고인의 입장에 있는 남선 측은 재판관인 북선의 요구에 따라 본인의 출생지와 거주지에 관계없이 당연히 이들을 넘겨주어야 할 것이다." (1978년 12월16일 7차회의)

"21명 중 기(旣) 사형집행자에 대해서는 아직도 의문이 있으나 어쩔 수 없지 않겠느냐? 그러나 현재 살아있는 8명에 대해서는 어떤 성의를 보여주어야 다음 명단 토의에 들어갈 수 있을 것 아니냐?" (1978년 12월21일 양측 대표 개별접촉)

"살아있다고 한 8명에 대해서는 이들을 전원 인도해주고 기 사형집행된 자에 대해서는 믿을 수 있도록 납득시켜 주어야 다음 명단 토의에 들어갈 수 있다." (1978년 12월26일 양측 대표 개별접촉)

"남선측은 남선출신 '혁명가'들을 연고자 때문에 못주겠다고 하고 있다. 우리는 이 문제와 관련해서 그 가족을 함께 받을 용의가 있다고 시사한 바 있다. 우리는 이 자리에서 이러한 우리의 입장을 다시 한 번 천명코자 한다."(1978년 12월28일 남북 대표 4자회담)》

북한이 간절하게 데려가고 싶어 했던 사람, 신영복

북한 대표들이 집요하게 '남한 출신 혁명가'를 인도해달라고 주장하는 강도(强度)로 미뤄 교환비율 합의에서와 마찬가지로 김일성의 직접 관심사임을 알 수 있다. 그들은 이산가족 발생이 우려된다면 "가족과

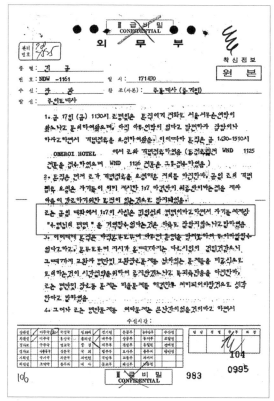

1978년 11월17일 이범석 대사의 보고. 북한측이 '수령님의 명령' 운운했다는 내용이 담겨 있다.

함께 넘겨주면 어떤가"라고까지 물고 늘어진다. 심지어 "이 회담을 통해 얻을 것이 없다고 판단, 동 사실을 월남에 통보해주면 월남은 억류하고 있는 남한 외교관 3명을 월남법에 따라 재판해 사형을 집행하고 그 사실을 신문에 공포할 것"이라고 협박한다. 우리 정부는 자국민 보호 원칙을 내세우는 한편, "북괴측이 남한에 본적을 두고 있는 자들의 인도를 통하여 남한에도 자생 혁명가가 있다는 것을 입증하려는 의도가 보인다. 그 가족까지 데려가려는 의도는 가족을 인질로 하여 재차 남파시킬 것과 가족들이 대한민국에 염증을 느껴 북으로 왔다고 국내외 모략선전에 이용할 것으로 사료되므로 인도 불가"라는 입장을 견지한다.

회담은 교착상태에 빠지고 우리 정부는 북한 출신으로 구성된 21명의 자체 명단을 제시하지만 북한은 이를 거부하였다. 북측은 이어 우리가 제시하는 북한 출신 10명, 북한이 제시하는 남한 출신 11명으로 명단을 확정하자고 제안한다. 여기서 북한이 제시한 남한출신 11명이 진정으로 데려가고 싶어 했던 사람임은 부정할 수 없을 것이다. 북한이 최후의 최후까지 간절하게 원하던 사람들 중에 바로 통혁당 사건으로 무기징역을 살고 있던 신영복이 있다. 신영복의 이름은 3차 회의에서 북한이 제시한 7명 명단에 처음 등장한다. 북측은 "신영복은 독신자로 이산가족이 생기는 '비인도적 결과'가 초래하지 않는다"며 끈질기게 인도를 요구했다.

당시 신영복은 통혁당 사건 관련 반(反)국가 단체인 '민족해방전선' 결성 모의로 무기징역을 선고받아 복역 중이었다. 통혁당은 북한노동당의 남한 내 지하당(地下黨) 조직으로서 북한노동당의 지령과 공작금을 받아 운영됐으며 결정적 시기가 오면 무장봉기하여 수도권을 장악하고 요인암살·정부전복을 기도하려다가 일망타진되었다. 신영복은 서울대 경제학과를 졸업하고 육군사관학교 교관으로 근무하던 중 민족해방전선 조직비서로서 김질락 등 통혁당 사건의 핵심 인물들과 자주 만나 지시를 받고 청년들을 포섭한 혐의로 무기징역을 선고받았다.

서울(외무부)에서 회담 대표자들에게 보낸 '북한 요구 교환 대상자에 대한 인적사항' 자료에는 신영복에 대해 이렇게 기술되어 있다.

〈남한 출신 무기수, 재북 가족 없음, 1968년 8월16일 간첩죄 등으로 검거, 형 인도일 1970년 4월30일, 전향일 1970년 12월21일, 근면 성실.〉

서울에선 다음과 같은 훈령을 내린다.

"북괴측이 요구한 이○○, 신영복은 이북에 연고자가 없으며 검거 후 조기에 사상 전향하여 남한 내 가족들과 긴밀히 접촉을 지속하고 있으므로 '출신지에 관계없이 전향한 좌익수를 본인 의사에 반하여 인도하는 것은 불가'하다는 지난 훈령에 준하여 절대 인도 불가하다."

이어서 남한 출신 전향 좌익수의 인도문제에 대해 "출신지가 남북한 어디이든 간에 기히 전향한 좌익수를 본인의 의사에 반하여 인도하는 것은 국가의 자국민 보호원칙, 우리의 반공정책, 민주주의적 견지에서 절대 불가하며, 대상자의 전향 여부도 밝히지 않는 것이 바람직하다"고 지시하고 있다.

북베트남 공산정부와 북한 관계 急冷

시간낭비만 하며 이견(異見)이 좁혀지지 않는 회담만 계속되던 1978년 12월부터 북베트남 공산정부와 북한 관계에 미묘한 변화가 있었다. 우리 측 수석대표 이범석 주(駐) 인도 대사가 응우옌 반 신(Nguyen Van Sinh) 베트남 대사와 비공식 개별 접촉을 해보니 초기 베트남의 태도와는 다른 반응을 감지한 것이다. 베트남 대사는 개인 의견을 전제로 "베트남은 중립을 지키고 있다. 이 회담이 결렬되더라도 억류하고 있는 3명의 한국 인사들을 북한에 인도하는 일은 없을 것"이라고 밝힌다. 이어 북한 측이 남한 측에 한, "남한 외교관 3명을 월남법에 따라 재판해 사형을 집행하겠다"는 위협 발언에 냉소적 논평을 한다.

"하노이 정부가 나와는 별도로 조명일과 직접 통신망을 가지고 있는 모양이다. 본국 정부로부터 그런 훈령을 받은 바도 없고 사람을 죽임으로써 아무것도 얻는 것이 없다는 것이 월맹정부의 방침이다."

1979년 1월12일자 노동신문은 사설에서 베트남의 캄보디아 침공과 관련하여 "월남이 캄푸차(캄보디아)의 독립과 주권을 유린했다. 월남군의 철수를 요구하며 월남의 무력침공은 국제법 위반인 동시에 사회주의에 대한 신용추락"이라고 비난했다. 양측 관계가 급랭하기 시작한 것이다. 3자회담에 대표로 참석했던 공로명 전 외무부 장관은 회고록에서 베트남과 북한의 관계 변화에 대해 이렇게 증언했다.

〈1979년 3월19일 이범석 대사와 신 베트남 대사의 접촉에서 이 대사가 북한이 교환 대상자 명단 접수를 거부하고 있어 회담의 진전을 기하지 못하고 있으니 베트남이 중간 역할을 해줄 것을 종용했다. 그러자 베트남 대사는 "현재 베트남과 북한의 관계는 기탄없는 의견을 교환할 만한 분위기가 아니다"는 말을 했다. 그 전날의 접촉에서도 신 대사는, 이범석 대사가 "인도차이나 정세가 많이 변화된 이때, 하노이 정부가 이 문제를 재평가할 시기가 되지 않았는가?" 하고 묻자 "아직까지 그런 시사를 받은 적은 없으나 북한 태도에 베트남이 불유쾌하게 생각하고 있는 것은 사실이다"고 덧붙였던 것도 주목되는 일이었다.〉

이 무렵 3자회담에 임하고 있던 한국 대표단에 상부로부터 특별훈령이 하달됐다.

〈가. 현재 진행 중인 회담은 적절한 명분을 내세워 모양 좋게 즉시 결렬시킬 것. 결렬 이유는 억류 중인 우리 외교관에 대한 구제책을 다른 방법으로 강구할 수 있는 전망이 있기 때문임.

나. 향후 북괴 측에서 회담 계속을 종용하는 태도로 나오더라도 북괴에 책임을 전가할 수 있는 명분을 내세워 회담을 결렬시키고 이를 정식으로 북괴 측에 최후 통첩할 것.

다. 회담 결렬 직후 월남 측에 대해 북괴의 무성의한 태도 및 비인간적 처사로 인하여 북괴와의 회담 지속은 무의미하며 시간낭비이므로 부득이 회담이 결렬됐음을 정식으로 통고할 것.

라. 동 회담 결렬 사실을 인도 정부 측에도 적절히 통보하되 결렬 책

임이 북한 측에 있다는 점을 설명해 둘 것.〉

북한과의 협상 없이도 억류 외교관 3명을 자력(自力)으로 구출할 수 있으니 회담을 결렬시키라는 지시였다. 이범석 대사는 훈령에 따라 1979년 5월23일 남북한 비공식 회담에서 회담 종결을 선언했다. 북한 수석대표 조명일은 "한국 측 의견에 동의할 수 없다. 우리는 이 회담을 깨버릴 생각이 없다"고 매달렸지만 이 대사는 회담 종료 후 신 베트남 대사를 만나 남북한 회담 종결을 통보했다. 교환 비율 결정에 4개월, 명단 선정에 7개월. 근 일 년의 지루한 공방에서 '남한 출신 혁명가'를 고집하던 북한은 아무것도 얻지 못했다. 한국 정부가 '자국민 북송은 안 된다'는 원칙을 고수하였기에 신영복 씨는 한국에서 여생(餘生)을 보낼 수 있었고 여러 권의 책을 썼으며 '대통령이 존경하는 사상가'가 될 수 있었다.

10·26으로 중단되었다가 성공

우리 정부는 3자회담 진행 중에도 억류 공관원들의 석방을 위해 우방국들의 협력을 모색했다. 특히 박정희 대통령으로부터 "어떠한 대가를 치르더라도 3명의 억류 공관원들을 살려내라"는 지시를 받은 김재규(金載圭) 중앙정보부장은 외교 공관망과는 별도로 방법을 강구하고 있었다.

1979년 초 이스라엘 정보기관과 밀접한 관계를 갖고서 동아시아를 무대로 활동하던 독일 출생의 유대인 상인 사울 이이젠버그가 등장하였다. 그가 "이대용 공사 등 3명의 한국 외교관을 서울에 데려올 수 있다"고 장담하며 김재규 중앙정보부장에게 접근해왔던 것이다. 아이젠버그는 한국전부터 무역상으로 서울에서 활동하며 턴 키 베이스의 기간 산업 건설과 이에 따른 외자(外資) 알선으로 떼돈을 벌었다. 1969년에는 한국 정부 고위층에 캐나다의 중수로 원자로를 소개하기도 했다. 김재규 부장은 즉시 박정희 대통령에게 보고했고, 우리 정부는 북한과의 협상 없이도 외교관들을 데려올 수 있겠다는 판단 하에 3자회담을 뒤엎었다. 특별훈령 중 "억류 중인 우리 외교관에 대한 구제책을 다른 방법으로 강구할 수 있는 전망이 있다"는 대목이 바로 아이젠버그를 이용한 방안이었다.

김재규 부장은 이종찬 국제정보국 과장에게 아이젠버그를 통한 억류 외교관 3명의 송환을 일임한다. 김 부장이 직접 지시하고 보고받는 비밀 임무였다. 순조롭게 송환 계획이 진행되고 있던 1979년 10월26일 아침, 태국 주재 한국 대사가 외무부로 급전(急電)을 보냈다.

"ESCAP 총회 도중 구엔 코 탁 베트남 외교담당 국무상을 만났는데 그가 억류 공관원 송환에 대해 '아이젠버그를 통해 연락해주겠다. 시간문제이니 최대한 보안에 유의해달라'고 했다"는 전문(電文)이었다. 이는 즉시 김재규 부장에게 보고됐지만 그날 밤 박정희 대통령이 총에 맞아 서거했고 김 부장은 현행범으로 체포됐다.

이종찬 전 국정원장은 2012년 5월 월간조선과의 인터뷰에서 이렇게 밝혔다.

"10·26사태 후 중정(中情)이 추진하던 기존의 사업들은 사실상 마비됐다. 나는 구출 공작건(件)을 마무리하기 위해서는 전두환 보안사령관의 도움이 필요하다고 생각했다. 12·12사태 후 사태가 안정을 찾기를 기다려 12월 말, 나는 보안사로 찾아가 전(全) 사령관 면담을 신청했다. 전 사령관은 17년 만에 만나는 나를 반갑게 맞아 주었다. 나는 그간의 억류 외교관 구출공작에 대해 설명하고, 그 사업을 계속하기 위해서는 김재규를 만나 관련 서류를 받아내야 한다고 말했다. 전 사령관은 김재규와의 만남을 허락하지 않았지만, 연금(軟禁) 중이던 김재규의 비서실장 김갑수 장군이 보관하고 있던 관련 서류를 입수할 수 있도록 조치해 주었다."

이대용 공사, 안희완 영사, 서병호 경무관은 5년여의 수감생활 끝에 석방되어, 1980년 4월12일 아이젠버그의 개인 전용기를 타고 귀국했다. 스웨덴 외무부 차관 라이프란드와 외무부 비서실장 넬슨이 이(李) 공사 일행을 인수하였고, 아이젠버그의 하노이 지사장 그월크맨이 구출공작의 실무를 맡았다고 한다.

"통일혁명당은 없었다"는 신영복

북한의 강력한 희망을 한국 측이 받아들였다면 여생을 북한에서 보낼 수도 있었던 신영복은 통혁당 사건에 연루되어 무기징역을 받아 복역한 지 20년 만인 1988년 8월14일 광복절 특별 가석방으로 출소했다.

통혁당 사건의 주범 중 한 사람인 김질락은 처형되기 전 《어느 지식인의 죽음(원제 : 주암산)》이라는 옥중 수기를 남겼는데, 여기에 신영복을 어떻게 포섭했고 신영복이 어떤 활동을 벌였는지 자세히 나와 있다.

〈9월 중순에 접어들면서부터 나는 이신영과 신영복을 우리집으로 끌어들였다. 육군 중위 신영복은 이미 육사 교수부에 근무하고 있었다. 나는 이진영과 신영복을 교양하면서 여러 가지로 그들의 인품과 사고의 특수성을 간파하는 데 상당히 신경을 썼다. 적어도 이들 두 사람은 나를 만나기 전에 이미 사회주의에 대한 ABC를 알고 있었고, 자진해서 내가 이끄는 방향으로 따라왔다. (중략) 나는 그들의 의식수준이 어느 정도 사회주의 단계에 들어갔다고 생각한 후에야 비로소 종태 삼촌으로부터 불온문서를 받아 신영복에게는 '청춘의 노래', 이진영에게는 '제야의 종소리'를 주며 읽어보라 했다.〉

〈신영복은 나를 만나기 전부터 기독교 학생단체인 CCC 내에 경제복지회와 서울상과대학 내의 경우회에 관련하고 있었고, 구성원의 대개가 이화여대 학생으로 이루어진 여학생 서클을 하나 지도하고 있었다. 가급적이면 기존 서클에 당원을 침투시킨다는 지하당 조직방법은 신영복에게 있어서는 손바닥을 뒤집는 거나 다름없었다. 나는 신영복을 향해 조직을 함에 있어서 너무 덤벼서는 안 된다고 수차에 걸쳐 당부했다.〉

출소 이후 신영복은 각종 인터뷰에서 통일혁명당 사건에 억울하게 연루되었다는 주장을 하기 시작한다. 1989년 1월 김정수 신부와 가진 인터뷰에서 "(학생운동) 과정에서 여러 선후배들과 자연스럽게 연결이 되었는데, 대학 선배이고 또 〈청맥〉이라는 잡지사를 경영하고 있던 김질락 씨도 그중에 한 사람이었습니다. 나중에 통혁당 사건이 발표되면서 다른 사람들 이름도 알게 되고 제가 관여하고 있던 학생서클이라든가 학생운동 전체가 통혁당의 이름 밑에 전부 망라되어서 커다란 피라미드의 하부를 이루는 형태로 받아들여지고 저도 그 피라미드의 메커니즘 속에 일정한 자리를 찾아 도표에 올라있게 되었습니다. 그래서 이 문제는 앞으로 좀 더 확실한 자료로서 다시 규명되어야 한다고 생각합니다"고 문제 제기를 시작한다.

이후 1992년 10~11월 정운영 씨와의 대담에서는 "〈청맥〉지 편집을 맡고 있던 김질락과의 인연으로 집필진에 참여하게 되었다. 당시 학생서클운동에 열심이었던 때라 기관지나 교재 편집이 필요하다고 느꼈고 〈청맥〉의 편집에 관여해 서클의 교재로 이용하도록 하면 좋겠다는 생각을 했다. 〈청맥〉에 글을 쓴 적은 없지만 김질락 선배와 잡지의 내용과 방향에 대해 논의를 많이 했고 이 과정에서 법률적 용어로 포섭당하게 된 셈"이라는 취지의 발언으로 발전한다. 포섭 자체가 공안당국의 누명이라는 뉘앙스다. "통일혁명당은 조선노동당과는 무관한 조직"이라는 발언도 덧붙인다.

사상 전향 부인

〈인물과 사상〉 2007년 11월 호에 실린 인터뷰에서는 더 대담해진다. 아예 통일혁명당이 만들어졌고 주요 간부라는 누명을 썼다는 주장이다.

"제가 학생서클 운동의 1세대입니다. 사실, 당시엔 통일혁명당이란 게 없었어요. 감옥에 들어간 후에 만들어졌다는 걸 들었죠. 아무튼 감옥에 가게 되고 무기징역까지 받을 줄 전혀 몰랐죠. (중략) 정확하진 않지만, 당시 서울대 학생 서클 간부 하나를 사형시켜야 한다는 주장이 있었다고 해요."

이런 신 씨의 주장은 2010년대에 들어와서는 좌파 진영 내에서 기정사실로 받아들여진다. 2015년 5월9일자 한겨레신문에 게재된 인터뷰에서는 기자가 이렇게 단정해 쓰고 있다.

〈스물일곱의 신영복은 육군 중위로, 육사에서 경제학을 가르치는 교관이었다. 1968년 8월 남산의 중앙정보부로 끌려간 후, 그는 '간첩'이 되었다. 대학의 독서회와 연합서클 세미나를 지도한 이력이 '반국가단체구성죄'로 '구성'되었다.〉

1970년 9월 안양교도소에서 신영복이 전향서를 쓴 것에 대해서는 이런 면죄부를 준다.

"교도소 당국은 김종태, 이문규, 김질락을 비롯하여 다른 사람들도 이미 다 전향을 했다며 도장을 찍으라고 했고, 가족들도 통혁당 사건의 다른 관련자들도 전향서에 날인하였다는 사실을 들어 강력히 권하였다. 그래서 인적사항을 적고, 북한 공산주의에 반대하고 대한민국을 위해서 살아가겠다는 간단한 내용으로 '전향의 변' 난을 메워 전향서를 작성했다."(한홍구, '신영복의 60년을 돌아본다' 중)

신영복 씨는 1998년 〈월간 말〉지와의 인터뷰에서는 "물론 사상을 바꾼다거나 그런 문제는 아니고 밖에서 사회활동을 하는 가족들이 그게 좋겠다고 권해서 한 겁니다. 전향서를 썼느냐 안 썼느냐가 문제의 본질은 아니라고 생각해요"라고 사상 전향을 부인하는 발언을 하기도 했다.

문재인 대통령이 존경하는 사상가

신영복 씨는 옥중에서 쓴 서신 모음집 《감옥으로부터의 사색》으로 일약 '스타 교수' 반열에 올랐고 소주 '처음처럼'의 글씨를 쓴 사람으로 이름 났지만 근래에는 문재인 대통령이 존경하는 사상가로 더 유명하다. 문대통령이 2월9일 평창 겨울올림픽 개회식을 앞두고 열린 리셉션 행사에서 한 발언은 신 씨의 저서 《감옥으로부터의 사색》을 인용한 것이다.

문재인 대통령은 올해 초 북한의 김영남, 김여정이 청와대에 방문했을 때 신영복 교수의 서화(書畵) 앞에서 기념촬영을 했고, 각 비서관실에 신영복 교수가 쓴 춘풍추상 액자를 선물해 걸도록 했다. 2012년 대선 당시 문재인 후보의 '사람이 먼저다' 슬로건은 신영복 글씨체다. 현재 문재인 대통령의 청와대 관저에 걸려있다고 알려진 '민주주의 최후의 보루는 깨어있는 시민의 조직된 힘입니다'(노무현 전 대통령의 어록) 족자도 신영복 씨의 친필이다.

문재인 대통령(당시 민주당 전 대표)은 2017년 1월 신영복 1주기 추도식에 참석해 "신 선생은 더불어민주당의 '더불어'라는 당명(黨名)을 주고 가셨다. 선생의 '더불어숲'에서 온 말이다. 여럿이 더불어 함께하면 강하고, 세상을 바꿀 수 있다. 많은 촛불이 모이니 세상을 바꾸는 도도한 힘이 됐다. 촛불과 함께 더불어 정권을 교체하고 내년 2주기 추도식 때는 선생이 강조하신 더불어숲이 이뤄지고 있다고 자랑스럽게 보고드릴 수 있도록 하겠다"고 말하기도 했다.

신영복을 사상가로 존경한다는 문재인 대통령의 사상은 이처럼 구체적 행동이나 정책으로 나타나고 있다. 신영복의 사상이 김일성주의라는 점은 확정된 재판으로, 그리고 그를 이대용 공사와 맞바꿔 데려가려고 그토록 집착하였던 김일성 정권의 행태로 뒷받침된다. 좌파정권 시절에도 신영복은 재심신청을 하지 않았고 과거사 조사 항목에서도 통혁당 사건은 빠졌다. 그렇다면 문재인 대통령은 신영복을, 김일성주의 사상가이므로 존경한다고 봄이 합리적일 것이다. 평양엔 통일혁명당의 주범으로 사형된 김종태의 이름을 딴 김종태전기기관차공장이 있다. 남북한 정권의 수뇌부가 통일혁명당의 핵심인물들을 같이 존경하고 있는 셈이다.

이지영·조갑제닷컴 기자

chapter 16

3대에 걸친 北의 연가시 전략,
6월12일에 총결산, 또는 총붕괴!

연가시의 신경전달물질은 사실, 과학·법치의 광명(光明)과 문명(文明) 앞에 서면 말라죽는다.

3대에 걸친 北의 연가시 전략, 6월12일에 총결산, 또는 총붕괴!

트럼프, 김정은, 문재인이 한국인을 희생시키는 합의를 할지도

宿主를 좀비로 만드는 연가시

가느다란 철사처럼 생겼다고 '철사벌레'라고도 불리는 연가시는 생태계에서 가장 무서운 존재이다. 자신의 능력보다도 엄청난 파괴력과 생존력을 가진 기생충이다. 요사이 한반도 정세의 본질을 이해하기 위하여 연가시를 상징으로 내세워 설명하려고 한다. 동북아의 권력투쟁은 생태계의 생존투쟁과 비슷한 속성이 있을 것이다. 아래 글에서 '연가시'를 북한 노동당 정권 및 남한의 종북세력, 숙주(宿主)인 '사마귀'를 한국으로 읽어주길 바란다.

연가시의 생애 주기는 물 속에서 시작된다. 숙주의 뇌기능을 조종하여 자산에 이르게 하는 '연가시'는, 이를 소재로 한 영화도 제작된 석 있는 실재하는 기생충(寄生蟲)이다. 주로 사마귀, 귀뚜라미, 메뚜기, 여치, 곱등이, 바퀴벌레 등의 곤충을 숙주로 삼는다. 연가시는 물 속에서 짝을 만나, 수십만에서 수천만 개의 알을 낳는다. 알이 2~4주 후 애벌레가 되면 모기의 애벌레인 장구벌레에 먹혀 그 속으로 들어간다. 장구벌레가 모기가 될 때까지 기다린다. 모기가 뭍으로 나왔다가 사마귀 같은 곤충에 먹히면 연가시는 사마귀의 체강(體腔) 속으로 옮겨가 자리잡는다. 연가시는 호스처럼 생겨 별도의 소화기관이 없다. 거머리처럼 사마귀의 살에 붙어 영양분을 가로챈다. 4~20주 정도면 성충(成蟲)으로 자란다. 길이는 10~90cm인데 숙주보다 더 클 수도 있다. 가늘고 긴 철사 모양으로 작은 곤충의 뱃속에 꼬인 실타래처럼 꽉 차 있게 된다. 숙주(한국)가 이렇게 연가시(김일성주의자들)에게 뜯어먹히고도 어떻게 생존할 수 있는지는 미스터리이다.

모든 동물의 궁극적 존재 목적은 대물림, 즉 증식(增殖)이다. 연가시는 물에서만 알을 낳을 수 있는데 사마귀는 물을 두려워한다. 물가에도 가지 않으려 한다. 연가시는 사마귀의 뇌에 신경전달물질을 침투시켜 조종한다. 사마귀는 그때부터 이상한 행동, 즉 연가시가 원하는 행태를 보인다. 사마귀의 좀비화이다.

자살 충동

분별력이 망가진 사마귀는 연가시가 조종하는 대로 물가로 간다. 사마귀가 물 속으로 들어가는 장면은 사람이 아파트에서 투신자살하는 것처럼 거의 다이빙하는 모양이라고 한다. 이승을 빨리 하직하고 싶다는 듯이, 발작적으로, 또는 기꺼이 물 속으로 풍덩 뛰어내려 자살을 감행한다. 사마귀가 물 속에서 죽어갈 때 연가시의 탈출이 시작된다.

연가시는 물 속에서 사마귀의 몸에 구멍을 뚫고 꿈틀거리며 빠져나와

맑은 물에서 살다가 짝을 찾아 알을 낳고 죽는다. 대물림의 소명을 다한 장렬한 죽음이다. 연가시는 증식이 급하면 물 속이 아니어도 사마귀의 몸을 찢고 나오는데, 햇빛에 노출되어 말라 죽는다. 광명(光明. 진실, 과학, 법치, 문명)의 세상에선 살 수 없고 암흑(거짓, 폭력, 증오, 분열)이 지배하는 세상에서만 생존이 가능하다.

사마귀는 곤충의 세계에선 최종 포식자이다. 이 강자가 물 속으로 뛰어들었다가 살아나오는 수도 있다고 한다. 연가시가 몸에서 빠져나가는 중에 정신을 차리고 필사적으로 헤엄을 쳐서 땅으로 나와야 한다. 한국이 김일성주의자들의 기생과 조종으로 암흑의 세계로 뛰어든다면 이승만(李承晩), 박정희(朴正熙)급의 영웅이 나타나야 그런 재생이 가능할 것이다.

연가시 유충이 기생할 수 있는 동물은 중심이 없는 무척추동물이다. 고등동물(성숙한 민주국가) 속으로 들어가서는 생존할 수 없다. 척추가 없다는 말은 뇌와 척수(脊髓)가 있는 척추동물과 달리 사고 기능이 약하다는 뜻이다(사마귀도 뇌는 있지만 기능이 약하다). 연가시는 숙주(사마귀 등) 속에서 숙주만큼 자란다고 한다. 이는 숙주가 연가시에 적대감을 느끼지 않는다는 뜻이다. 즉 누가 적이고 누가 동지인지를 알아내는 피아(彼我) 식별력을 상실한 때문이다. 그 필연적 결과는 연가시에 의하여 조종당하는 것이다. 한국의 조종실에 김일성주의자가 들어간 것과 비유된다. 조종간을 잡은 연가시는 남쪽으로 가는 줄 알고 탄 승객들 몰래 기수(機首)를 북쪽으로 돌려 물 속으로, 즉 공산주의 세상으로 돌진하도록 한 뒤 낙하산을 타고 탈출할 것이다.

숙주를 자살로 몰고 가는 비밀은 숙주의 뇌신경을 조종하는 신경전달물질에 있다. 이는 숙주가 거부감이나 경계심을 일으키지 않도록 교묘하게 설계된, 수면제 진통제 흥분제가 적절하게 배합된 물질일 것이다.

민족의 이름으로 국가를 해체, 자살로 인도하는 신경전달물질

한국인들의 피아(彼我) 식별능력을 마비시킨 신경전달물질의 알맹이는 '민족'이다. 문재인-김정은의 판문점 선언에서도 '민족'이라는 말이 8개 문장에서 발견된다. '민족'이란 말로 북한정권의 反민족적, 反국가적 성격을 흐리고, '민족적 화해' '민족의 혈맥' '민족공동행사' 등의 말로 대남(對南)공산화 공작을 촉진하며, '민족자주' '자주통일'이란 말로 헌법(자유민주적 기본질서에 입각한 평화통일)에 어긋나는 공산화통일로 가는 문을 열고, '민족분단'이란 말로 전범(戰犯)행위를 덮으며, '민족경제의 균형발전'이란 말로 대북(對北)퍼주기를 정당화하고, '민족의 중대사'란 말로 통일문제의 국제화를 반대, 미국 등 우방국들의 도움을 차단하려는 의도를 품고 있다는 의심이 드는 용례(用例)들이다. 워낙 북한식 용어가 많아 이 선언문의 진짜 필자가 누구인지 의심이 생길 정도이다.

● 〈양 정상은 냉전의 산물인 오랜 분단과 대결을 하루 빨리 종식시키고 민족적 화해와 평화번영의 새로운 시대를 과감하게 일어나가며…(후략)〉 6·25남침에서 연평도 포격까지의 反민족적 전쟁범죄 행위를 냉전의 산물이라 호도하고 모든 잘못을 '민족적 화해'라는 말로 덮으려 한다.

● 〈남과 북은 (중략) 끊어진 민족의 혈맥을 잇고 공동번영과 자주통일의 미래를 앞당겨 나갈 것이다.〉 남북통일의 조건이 이념의 통일, 즉 공산주의(주체사상)를 폐기하고 자유민주적 기본질서로 통합되는 것임

을 부정하기 위하여 '민족의 혈맥 잇기'라는 원초적이고 인종주의적 용어를 써서 '자주통일'이란, 헌법 제4조에 위반되는 결론으로 유도한 것이다.

• 〈남과 북은 우리 민족의 운명은 우리 스스로 결정한다는 민족 자주의 원칙을 확인하였으며…(후략)〉 김대중, 노무현 정권 시절에 6·15 및 10·4 선언을 통하여 합의하였던 이른바 '우리민족끼리'와 '민족공조' 노선을 재확인한 것이다. 대한민국 헌법은 국민주권주의이지 민족주권주의가 아니므로 이는 대한민국의 헌법 원칙에 어긋난다. 북한정권의 본질인 민족반역자-전쟁범죄자-反인류적 인권탄압자의 성격을 '인종' 개념의 '민족'으로 은폐하고 있다.

• 〈남과 북은 민족적 화해와 단합의 분위기를 고조시켜 나가기 위하여 각계각층의 다방면적인 협력과 교류 왕래와 접촉을 활성화하기로 하였다.〉 대남(對南)공작 사업을 '민족적 화해'로 미화한다. 억류한 미국인은 풀어주고 국군포로는 돌려보낼 생각조차 하지 않는 집단이 말하는 '민족적 화해'란 공산주의 확산을 막고 있는 반공체제의 소멸을 노린 것이다.

• 〈남과 북은 민족 분단으로 발생된 인도적 문제를 시급히 해결하기 위하여 노력하며…(후략)〉 북한정권의 전쟁범죄 행위로 인한 인권말살의 책임을 '민족분단'이라는 책임 소재를 가질 수 없는 존재에 전가한 것이다. 말장난의 극치이다.

• 〈남과 북은 민족경제의 균형적 발전과 공동번영을 이룩하기 위하여…(후략)〉 한국의 경제가 북한과 하향평준화될 때까지(균형 발전) 북한정권에 뜯어 먹히도록 하겠다는 뜻이다. 연가시가 숙주 사마귀의 영양분을 빨아들여 숙주만큼 자라는 것과 같다.

판문점 선언에 들어간 '민족'의 기능은 민족반역자인 적을 친구로 보게 하여 저항력을 말살하고, 그 적을 돕는 자해(自害)행위를 정당화하며, 민족의 이름으로 국가의 작동원리를 파괴, 국가공동체의 유지를 불가능하게 하고, 종국에 가서는 자유와 광명이 비치는 뭍에서 살아야 할 한국을 사마귀처럼 물 속으로 뛰어들게 하여 자살하게 함으로써 3대로 내려온 연가시(김일성주의자들)가 4대로 번식할 수 있게 하는 역할을 수행할지 모른다.

김일성의 대전략

1977년 12월 평양을 방문한 동독(東獨) 공산당 서기장 호네커에게 김일성은 이런 말을 하였다. 독일 통일 후 필자가 입수한 회담록에서 옮긴다.

〈남한에서 박정희(朴正熙) 같은 사람이 정권을 잡지 않고 정당한 민주인사가 정권을 잡는다면 그 사람이 반공(反共)주의자일 수도 있겠지만 어쨌든 그런 사람이 권력을 잡는다면 통일의 문제는 풀릴 수 있을 것입니다. 남한에서 민주인사가 권력을 잡으면 조선의 평화통일은 이루어질 수 있습니다. 남한에서 민주적인 상황이 이루어진다면 노동자와 농민이 그들의 활동을 자유로이 할 수 있을 것입니다. 외국 군대는 물러가야 합니다. 남한 민중이 그들의 길을 스스로 선택할 수 있을 때 그들은 사회주의의 길을 선택할 것입니다.〉

김일성은 남한이 민주화되면 반공주의자가 집권해도, 노동자와 농민들의 활동이 자유로워지므로 대남(對南)공작에 유리하고, 특히 남한사람들 손으로 주한미군을 철수시키게 될 것이라고 내다보았다. 1980년대 김영삼(金泳三) 같은 민주투사들은 '좌익은 군사정권에 대한 반발로 생겼으므로 민주화만 되면 저절로 사라질 것이다'고 했었는데, 김일성의 전략판단이 적중하였고, 민주화 운동 진영의 막연한 낙관론은 빗나갔다.

김영삼의 좌파宿主化

1993년 2월25일 김영삼 대통령은 14대 대통령 취임연설에서 이렇게 말하였다.

〈김일성 주석에게 말합니다. 어느 동맹국도 민족보다 더 나을 수는 없습니다. 어떤 이념이나 어떤 사상도 민족보다 더 큰 행복을 가져다주지 못합니다. 김 주석이 참으로 민족을 더 중요하게 생각한다면, 그리고 남북한 동포의 진정한 화해와 통일을 원한다면, 이를 논의하기 위해 우리는 언제 어디서라도 만날 수 있습니다. 따뜻한 봄날 한라산 기슭에서도 좋고, 여름날 백두산 천지 못가에서도 좋습니다. 거기서 가슴을 터놓고 민족의 장래를 의논해 봅시다. 그때 우리는 같은 민족이라는 원점에 서서 모든 문제를 풀어나갈 수 있을 것입니다.〉

김일성은 이 연설을 듣고 즐거워했다고 한다. 대한민국을 자살로 몰고 갈 '민족'이란 신경전달물질이 '반공주의자'인 김영삼의 뇌리에 들어갔다고 생각하였을 것이다. 이 대목이 연설문에 들어간 경로를 추적하면 김영삼 및 북한정권과 친밀한 한 일본기자와 이어진다. 부잣집에서 태어나 보수정객들(張澤相, 趙炳玉)의 총애를 받으면서 한국 정치의 보수 본류 속에서 출세하였던 김영삼은 대통령이 된 뒤에는 북한식 '민족' 개념에 홀려 '좌파숙주' 역할을 수행하였다. 좌경성향 참모 등용, 한국 현대사의 정통성 부정(문민정부의 정통성은 상해임시정부에서 바로 이어진다고 함으로써 이승만, 박정희 부정), 무조건적 반일(옛 중앙청 철거), 전교조 교사 복직, 영변 핵시설 폭격 반대, 소급입법에 의한 전두환-노태우 재판, 김종필 세력 추방으로 보수분열, 건국 이후 처음으로 좌파정권 등장 초래 등. 모두 김일성주의자들이 반길 일들이었다. 연가시는 확실한 숙주를 발견한 셈이다.

김대중을 사로잡다

연가시가 숙주의 뇌를 공격하듯이 김일성 세력은 늘 한국의 대통령을 공격이나 포섭의 대상으로 삼았다. 권력의 사령부를 무력화하거나 좀비화하는 것이 가장 효율적인 공산화 전략임을 정확히 안 것이다. 그들은 포섭이 불가능한 박정희와 전두환(全斗煥)은 암살대상으로 삼아 외국에까지 쫓아가 일을 저질렀다(아웅산 테러).

연가시 세력이 김영삼에 이어 표적으로 삼았던 이는 김대중이다. 김대중은 대통령이 되기 전부터 주한미군 철수(또는 위상변경)나 연방제 통일을 지지하는 듯한 발언을 하였고 일본에선 친북세력과 손잡고 反국가단체 한민통을 만들었다. 김정일은, 1997년 대통령 선거 기간에는 그에게 불리한 정보를 한국으로 내려 보내 공개되도록 하는 압박 전술도 구사하였다. 김대중 대통령은 현대 그룹을 앞세워 김정일의 해외비자금 계좌 등으로 4억5000만 달러를 보냄으로써 (그것도 국정원을 시켜서) 김정일에게 약점이 잡힌 상태로 평양에 가서 상당히 위축된 분위기에서 김정일을 만났다. 여기서 합의된 것이 6·15 선언이다. 한국의 피아(彼我)식별 기능을 치명적으로 마비시키는 '우리민족끼리'라는 신경전달 물질이 거기에 들어 있었다.

〈남과 북은 나라의 통일문제를 그 주인인 우리민족끼리 서로 힘을 합쳐 자주적으로 해결해 나가기로 하였다〉는 문장은, 헌법 제4조 위반이다. 헌법 제4조는 자유민주적 기본질서에 입각한 평화적 통일을 추진한다고 하였는데 여기서 강조하는 '자유민주적 기본질서'의 핵심은 反독재이다. 즉 북한주민의 대표성이 없는, 즉 공정한 선거로 뽑히지 않아 민주적 정당성이 없는 북한 노동당 정권과는 긴장완화는 논의할 수 있으나 통일의 의논대상으로 삼아서는 안 된다는 뜻이다(서독은 동독 공산당 정권을 통일 논의 대상으로 삼지 않았다).

〈남과 북은 나라의 통일을 위한 남측의 연합제 안과 북측의 낮은 단계의 연방제 안이 서로 공통성이 있다고 인정하고 앞으로 이 방향에서 통일을 지향시켜 나가기로 하였다〉는 북한노동당 정권을 평화적으로 해체, 우리 영토인 북한지역을 수복, 자유통일하여 한반도 전체를 민주공화국으로 만들라는 헌법 제1, 3, 4조를 총체적으로 위반한 용공적(容共的) 통일방안이었다.

'민족'이 헌법과 국가이성을 마비시킨 것이 6·15 선언이다. 여기에서 그치지 않았다. 김대중은 김정일과 함께 주한미군의 위상 변경을 논의, 합의하였다. 북한정권에 적대적이지 않는 중립화된 주한미군이라면 통일 후에도 필요하다는 내용이었다. 김대중은 전제 조건은 비밀에 붙이고, '김정일 위원장이 주한미군의 통일 후 주둔까지 양해하였다'는 식으로 왜곡, 선달하였다. 주한미군 문제는 통일문제처럼 북한정권과 논의할 사안이 아니다. 한미 양국(兩國) 문제이고 주한미군의 존재 자체가 김일성의 남침에 기인한 것이기 때문이었다. 북한정권을 상대하는 데 있어서 두 개의 원칙을 김대중이 포기함으로써 그 뒤 한국은 북의 연가시 전략에 거의 무방비로 노출되었다.

핵문제의 방관자

노무현 대통령이 정권교체가 확실한 시점에서 차기 정권에 쐐기를 박기 위하여 김정일을 찾아가 합의한 10·4 선언은 신경전달물질의 대물림이 되었다. 6·15의 '우리민족끼리' 코드를 이어 받아 더욱 심화시킨 이 선언은 이명박, 박근혜 정권이 들어서면서 실천이 정지되었다. 김정은은 이를 '잃어버린 11년'이라 표현하였다.

노무현-김정일 회담의 한 장면은 이 회담에 깊게 관여하였던 문재인 대통령의 생각도 엿보게 한다. 2007년 6자 회담 '9·19 공동성명 이행을 위한 초기조치 합의'(2·13 합의)에 따라 북한의 영변 핵시설 폐쇄·봉인, IAEA 감시·검증요원의 영변 복귀, 대북(對北) 중유 5만 톤 제공 등이 마무리되었다. 6자회담 참가국들은 2007년 9월 27~30일간 중국 베이징에서 제6차 6자회담 2단계 회의를 개최하여 '9·19 공동성명' 이행의 다음 단계 진입을 위한 논의를 진행하였다. 이 회담에서 '9·19 공동성명 이행을 위한 제2단계 조치 합의(10·3 합의)'가 도출되었고 10월 3일 6자회담 참가국들에 의해 최종 승인되면서 비핵화 2단계에 진입하게 되었다.

이 합의의 핵심은 〈모든 북한 핵 프로그램을 연말까지 신고한다〉였다. 이날 노무현 대통령은 평양에서 김정일을 만나고 있었다. 김정일은 북한의 6자회담 대표 김계관을 불러 합의 사항을 설명하도록 하였다. 공개된 '김정일-노무현 회담록'에는 이렇게 적혀 있다.

〈김계관(**북한 외무성 부상**) : 신고에서는 우리가 핵계획, 핵물질, 핵시설 다 신고합니다. 그러나 핵물질 신고에서는 무기화된 정형은 신고 안 합니다. 왜? 미국하고 우리하고는 교전상황에 있기 때문에 적대상황에 있는

미국에다가 무기 상황을 신고하는 것이 어디 있갔는가. 우리 안한다.〉

모든 핵프로그램을 다 신고한다고 약속한 북한이 대한민국 대통령 앞에서 핵폭탄과 관련된 핵물질은 신고하지 않겠다고, 즉 핵심적인 약속을 지키지 않겠다고 공언한 것이다. 노(盧) 대통령의 반응이 놀랍다.

〈노무현 대통령 : 수고하셨습니다. 현명하게 하셨고, 잘하셨구요. 나는 공개적으로 핵문제는 6자회담에서 서로 협력한다. 이것이 원칙이다. 그러니까 6자회담 바깥에서 핵문제가 풀릴 일은, 따로 다뤄질 일은 없습니다. 단지 남북간에 비핵화 합의 원칙만 한번 더 확인하고, 실질적으로 풀어나가는 과정은 6자회담에서 같이 풀어나가자 이렇게 갈 거니까요.〉

형사 앞에서 도둑이 "훔친 장물을 어디 팔았는지는 진술할 수 없습니다"라고 해도 형사가 "현명하십니다" 하고 칭찬하는 모습이다. 핵문제의 피해 당사자가 구경꾼, 그것도 가해자를 편드는 사람이 되고 말았다. 요사이 문재인 대통령의 자세도 그러하지 않은가?

미국 국방장관 앞에서 '미국이 안보 위협'

김정일 앞에서 노무현 당시 대통령은 핵문제와 관련하여 이렇게 말하기도 하였다(국정원 공개 노무현-김정일 대화록).

"그동안 해외를 다니면서 50회 넘는 정상회담을 했습니다만 그동안 외국 정상들의 북측에 대한 얘기가 나왔을 때, 나는 북측의 대변인 노릇 또는 변호인 노릇을 했고 때로는 얼굴을 붉혔던 일도 있습니다.(중략). 주적 용어 없애 버렸습니다. 작전통수권 환수하고 있지 않습니까… 대한민국 수도 한복판에 외국 군대가 있는 것은 나라 체면이 아니다… 보내지 않았습니까… 보냈고요… 나갑니다. 2011년 되면… 그래서 자꾸 너희들 뭐하냐 이렇게만 보시지 마시고요. 점진적으로 달라지고 있구나 이렇게 보시면 됩니다. 작계 5029라는 것을 미측이 만들어 가지고 우리에게 거는데… 그거 지금 못한다… 이렇게 해서 없애버리지 않았습니까… 그리고 2012년 되면 작전통제권을 우리가 단독으로 행사하게 됩니다. 남측에 가서 핵문제 확실하게 이야기하고 와라 주문이 많죠. 그런데 그것은 되도록 가서 판을 깨고… 판 깨지기를 바라는 사람의 주장 아니겠습니까? (중략). 나는 지난 5년 동안 북핵문제를 둘러싼 북측의 입장을 가지고 미국하고 싸워왔고, 국제무대에서 북측의 입장을 변호해 왔습니다."

로버트 게이츠 당시 미 국방장관이 그 직후인 2007년 11월에 노무현을 만났다. 게이츠 전 장관이 쓴 회고록에 의하면 노무현은 그의 앞에서 "아시아의 가장 큰 안보 위협은 미국과 일본이다"고 말하더라고 한다. 게이츠는 "나는 그가 반미주의자라고 결론 내렸고 약간 돌았다고 생각했다"고 썼다. 한미일 동맹 관계 속에서 한국 대통령이 미국과 일본을 안보위협으로 본다면 이는 인종개념과 좌익의 제국주의론이 혼재한 '민족'이라는 기준으로써만 설명할 수 있다. 숙주인 한국의 뇌(대통령) 속에 들어간 신경전달물질이 피아(彼我) 식별 능력을 마비시킨 정도가 아니라 연가시(北)의 의도대로 조종할 수 있는 수준에 이르렀다는 증거이다.

영혼 없는, 그림자 없는 유령국가

문재인 정부 들어서 국가의 이성(헌법)과 영혼(정통성)과 정신(정체성)에 대한 자해적 공격은 전면적으로, 공개적으로 진행되고 있다. 문재인 대통령은 '대한민국이 태어나서는 안 될 나라'였다는 뜻을 담아 성공국가의 생일(1948년 8월15일)을 지움으로써 이른바 '조선민주주의인민공화국'이 정통성 싸움에서 유리한 고지(高地)를 차지하게 하였다. 대한민국을 영혼 없는, 그림자 없는 나라로 만들면 유령국가 신세가 된다. 부잣집 아들을 자살로 몰아가는 지름길은 부모를 부끄럽게 생각하도록 조종하고 자신을 태어나선 안 될 가치 없는 존재로 여기도록 유도하는 것이듯이 대한민국처럼 성공한 나라를 정신분열적 자살로 몰고 가려면 국가의 영혼, 즉 정통성을 망가뜨리면 된다.

문재인 정부의 개헌안은 판문점 선언과 함께 집권세력이 대한민국을 끌고 가려는 미지의 세상에 대한 윤곽을 잡게 만든다. 개헌안엔 주체사상의 그림자 같은 '사람'이란 용어를 앞세워 '국민주권주의'를 해체, 대한민국이 반공자유법치국가로 기능하지 못하게 하려는 의도가 노골적으로 담겨 있다.

헌법 전문(前文)에는 저항운동 역사만 나열하고 대한민국 건국, 김일성의 남침 저지, 산업화를 무시하였다. 이는 건국 호국 문명건설 세력을 부정하고 좌파 운동권 세력을 역사의 주인공으로 대체하려는 것이다. 현행헌법의 4·19 민주이념을 4·19 혁명으로 고친 것은 '혁명'을 헌법적으로 정당화하고 이승만(李承晩)으로 대표되는 건국 호국 세력을 反혁명 세력으로 몰 근거로 삼으려 한 것이다. 많은 헌법 조문에서 '국민'을 '사람'으로 대체한 목적은 '국민주권론'을 희석시키고, '사람'을 '인민'으로 해석, 사회주의 계급독재를 가능하게 하려는 의도로 의심된다. 북한헌법의 '사람 중심 세계관'과 비슷한 맥락이며, 헌법재판소와 대법원에 의하여 위헌으로 판정된 '민중주권론'을 끼워 넣으려는 것이다. 세금을 내는 국민이 세금을 내지 않는 외국인을 같은 '사람'이라면서 국민처럼 대우하도록 하고 이슬람 극단세력이 IS를 선전해도 '사람'이 가진 양심의 자유라면서 묵인해야 할 지경이다.

대한민국이 지방분권 공화국을 지향한다고 선언하고, '지방정부'라고 부르면서 지방 자치권을 주민이 가진다고 한 것은 북한정권과 대결하기 위하여 단결해야 할 국가를 지역주의로 분열시키고, 현행 헌법이 불법화하고 있는, 연방제 통일 추진에 이용될 수 있다.

군인도 파업 가능?

군인, 납세자, 기업인, 생산자, 소비자의 권익은 무시하고 이미 특권적 존재인 귀족노조에 또 다른 특권을 추가하는 여러 조항들은 노조 및 노동자 중심의 국가권력 재편을 가져올 것이다.

34조4항 〈현역 군인 등 법률로 정하는 공무원의 단결권, 단체교섭권과 단체행동권은 법률로 정하는 바에 따라 제한하거나 인정하지 않을 수 있다〉는, 현역 군인들에게 노조설립과 파업권까지 인정하는 것을 전제로 한 조문이다. 북한군이 남침하였을 때 군인이 파업할 수 있단 말인가? 현행 헌법 및 개헌안 제7조는 공무원을 국민 전체에 대한 봉사자로 규정하는데, 공무원 자신들의 이익을 위한 파업권을 인정하는 것은 이 자체가 위헌이다.

연기사의 신경전달물질은 '민족' '민중' '사람'이란 달콤한 말로 포장되어 있는데 나라 국(國)자가 붙은 것들을 선택적으로 공격, 그 기능을 해체하는 특성이 있다. 국가(國家), 국법(國法), 국민(國民), 국군(國軍), 국익(國益) 등이 표적이다. 2012년 총선 직전에 작성된 민주당과 통합진보당의 정책합의문에는 이런 대목이 있었다.

〈헌법상 보장된 교사와 공무원의 정치활동을 보장하여 정당한 정치활동에서 배제되는 집단이 없어지도록 한다.〉

이 합의 내용이 문재인 정부의 개헌안 34조4항에 반영된 것 같다. 그렇다면 주체사상(김일성주의)으로 무장한 통합진보당 주도세력이 연가시의 신경전달물질을 중간 숙주 민주당을 통하여 대한민국의 뇌 속으로 침투시키려 한 것인가?

보디가드 몰래 스토커와 연애하는 여자

부산의 동서대학 B.R 마이어 교수는 북한정권의 선전선동을 연구하여 한국인의 원초적 본능을 자극하는 민족주의 노선의 힘과 본질을 분석한 사람이다. 그는 〈미국이 한국이란 여자의 보디가드 역할을 하는데 이 여자가 스토커와 연애하더니 반대를 무릅쓰고 연방제 결혼을 한 후엔 맨날 맞고 다닌다〉는 우스개를 만들어 한국 좌파 세력의 변태적인 행태를 비꼰다. 보디가드가 스토커(이제는 남편)를 혼내주겠다고 하면 이 숙녀는 '폭력에 폭력을 쓰는 것은 좋지 않다'면서 맞고 사는 방향의 선택을 한다는 것이다.

그는 김대중-노무현-문재인 정권이 대물림하고 있는 낮은 단계 연방제는 창시자 김일성이 고백하였듯이 대한민국 소멸용이며, 북한정권은 주한미군만 나가면 그렇게 할 자신이 있다고 생각한다는 것이다. 마이어 교수는 한국의 좌파는 공산전체주의를 반대하였던 유럽의 좌파와는 반대로 북한을 비판하는 사람을 비판하는 데 열심이라고 했다. 그 이유는 이들이 연가시의 신경전달물질에 오염된 때문일 것이다. 그의 분석과 비판은 날카롭다.

• 북한의 핵무기는 공산통일이 목적이다.

• 북한정권은 남한 지도부를 경멸한다. 허약하고 미국에 의존하고 있다고 본다.

• 북한은 햇볕정책, 북방정책, 화해 교류를 다 거부한다.

• 북한은 핵무력을 완성한 이후 경제발전에 주력할 생각이다.

• 한국은 북한을 응징할 용기가 없다. 한국은 미국이 나서서 대신 응징해줄 것을 기대한다.

• 1970년대 이후 지금까지 한국의 경제는 발전하였으나 국가는 약화되었다.

• 북한은 국가를 건설하는 데 주력하였다. 가난이 북한주민들을 전쟁에 견딜 수 있도록 단련하였다.

• 북한은 한국의 젊은이들이 북한을 정통국가로 보도록, 그리고 선의(善意)를 가진 집단으로 보도록 세뇌시키는 데 성공하였다.

• 1960년대 이후 한국의 시위는 항상 반미(反美), 反정부, 반일(反日), 그리고 평화주의였다.

• 1980년대 이후 한국의 지도자들은 시간이 흐를수록 북한의 도발에 약한 대응을 보였다.

• 그중에서도 문재인이 가장 약하다. 보수세력을 숙청하는 데만 열심이다.

• 문재인은 급진주의 운동권 세력으로 둘러싸여 있다.

• 북한은 연방제를 남북대결의 전리품으로 생각한다.

• 북한은 통일을 위하여 희생할 각오가 되어 있는데 한국 정부는 평화에만 집착한다.

• 한국은 국가의 상징이나 정체성을 소중하게 여기지 않는다.

- 한국의 영화에 북한의 영웅이 등장한다.
- 한국의 교과서는 북한의 선전선동을 사실인 것처럼 가르친다.
- 연방제 통일을 추진하면 엘리트 계층과 자본이 해외로 빠져나갈 것이다. 경제적 붕괴도 가능하다.

6월12일 이후의 세상

북한노동당 정권의 연가시 전략은 문재인 정권을 중간 숙주로 삼아 이제는 트럼프를 공략하려 한다. 6월12일 싱가포르 회담은 70년에 걸친 연가시 전략의 총결산이 될 것인가, 아니면 총붕괴가 될 것인가?

1. 둘 다 배수진을 치고 만난다. 김정은은 북한노동당 전원회의의 결정으로 핵보유국임을 선언하였고 앞으로는 책임 있게 세계 평화를 위하여 노력하면서 민생경제 발전에 신경을 쓰겠다고 했다. 트럼프는 전 정권의 실수를 연일 공격하면서 '완전하고 검증가능하며 돌이킬 수 없는 폐기'를 다짐한다.

2. 이런 대치 상황에서도 회담이 열린다는 것은 타협점을 찾았다는 뜻이다. 그 타협점의 도마 위에 핵무장하지 못한, 자주국방 의지를 상실한, '피아식별파괴 신경전달물질'에 감염된 한국이 올라간 것이 아닐까?

3. 김정은이 핵폐기의 조건으로 제시한 적대행위 중단 및 체제보장은 한미동맹 해체(또는 주한미군 중립화), 핵우산 철거, 국가보안법 폐지, 종전선언 및 평화협정, 한국의 대북(對北)지원, 유엔안보리 제재의 완화 등일 것이다. 트럼프는 이 요구에 극구 반대해야 할 문재인 정부가 반대하지 않으므로 미국의 안전과 이익을 우선적으로 확보하기 위하여 한

국을 희생시킬지 모른다. 한국인의 생명, 재산, 자유를 제약하는 일에 트럼프, 김정은, 문재인이 합의할 가능성이 있다.

4. 이러한 합의에 반대하는 유일한 지도자는 일본의 아베 수상이다. 한국에서는 아베가 김정은보다 인기가 없다. 핵무기로 자신들을 죽이려 하는 김정은을, 안보에 관한 한 한국인 편인 아베보다 더 좋아하는 사람들이라면 물이라는 사지(死地)를 향하여 자살 투신을 감행하는 사마귀 신세도 공상이 아닐 것이다.

5. 연가시는 영어권에선 '고르디우스 벌레'라 불린다. 알렉산더 대왕이 일도양단(一刀兩斷)으로 풀었던 매듭처럼 생겼다고 해서이다. 여기에 상징적 메시지가 있을 법하다. 연가시 전략을 일거에 날려버리는 것은 알렉산더 대왕으로 상징되는 용기, 그리고 문명의 힘이라는 은유(隱喩)이다. 약 170년의 헬레니즘 시대를 연 알렉산더는 서구 문명의 뼈대인 그리스-로마 문명을 만들었다. 그것이 기독교-르네상스-종교개혁-산업혁명-민주화로 이어졌고, 이승만의 자유민주주의 건국, 박정희의 실용적 부국강병(富國强兵) 전략 또한 그런 세계사의 주류 속에 있다.

한반도의 김일성 세력은 인간의 증오심을 부추기고 거짓선동과 폭력혁명의 기술을 연마하여 문명파괴에 열중하다가 '헬조선'을 만들었다. 연가시의 신경전달물질에 노출된 한국인들은 자유의 나라를 '헬조선'이라 말한다. 한국의 현대 문명을 만들어낸 이승만, 박정희를 잇는 영웅적 지도자가 나서든지 두 사람이 만든 문명(국가, 국군, 국민, 국법, 제도 등)의 힘이 절박한 생존투쟁으로 전환되어, 연가시를 광명 속으로 끌어내 말려 죽이는 길이 있다.

6. 호주의 로위 연구소가 최근에 발표한 아시아 주요 25개국의 파워 랭킹에서 1등은 미국이었다. 2등은 중국 3등은 일본, 4등은 인도, 5등

러시아, 6등 호주, 7등 한국, 북한은 17등. 북한, 러시아, 대만은 부적격 국가로 분류되었다. 특히 북한은 군사력 부문에선 한국을 앞서지만 종합적인 국력 면에선 부서지기 쉬운 나라라는 평을 받았다. 반면 한국은 호주, 싱가포르와 함께 경제 및 군사력에 비하여 더 큰 영향력을 행사하는 나라로 꼽혔다.

한국이 호평을 받은 이유는 한미동맹 관계였다. 미국과 친하다는 것이 군사나 경제면에서 실력보다 더 큰 영향력을 갖게 하였다는 것이다. 한미동맹을 만들어낸 것은 김일성의 남침을 저지하면서 흘린 국군과 미군의 피, 그리고 이승만의 위대한 외교력이었다. 그 덕을 가장 많이 보는 이가 문재인 대통령이다. 문 대통령이 그 고마움을 안다면 연가시 전략에 더는 말려들지 않을 것이다. 김정은 또한 진정으로 북한 인민들의 삶을 향상시키길 원한다면 가까이 있는 박정희의 경제개발 사례를 연구하지 않을 수 없을 것이다.

7. 그렇다면 죽은 이승만, 박정희가 살아있는 문재인, 김정은을 이긴다기보다는 올바르게 인도하는 날이 올지 모른다. 이게 진정으로 한민족(韓民族)이 인류와 함께 공동번영하는 길이 아닐까? 연가시의 신경전 달물질은 사실, 과학·법치의 광명(光明)과 문명(文明) 앞에 서면 말라죽는 길밖에 없다.

대한민국 最後의 날

지은이 | 趙甲濟
펴낸이 | 趙甲濟
펴낸곳 | 조갑제닷컴
초판 1쇄 | 2018년 6월 28일

주소 | 서울 종로구 새문안로3길 36, 1423호
전화 | 02-722-9411~3
팩스 | 02-722-9414
이메일 | webmaster@chogabje.com
홈페이지 | chogabje.com

등록번호 | 2005년 12월 2일(제300-2005-202호)
ISBN 979-11-85701-58-5 03340

값 14,000원

*파손된 책은 교환해 드립니다.